Heinrich Matthias Marcard

Beschreibung von Pyrmont

Heinrich Matthias Marcard
Beschreibung von Pyrmont
ISBN/EAN: 9783744643818

Hergestellt in Europa, USA, Kanada, Australien, Japan

Cover: Foto ©ninafisch / pixelio.de

Weitere Bücher finden Sie auf **www.hansebooks.com**

Henrich Matthias Marcard,
Königl. Großbrit. Hofmedicus zu Hannover, Mitgliedes der Königl. Großbrit. und Königl. Dänischen Gesellschaften der Aerzte zu Edinburg und zu Copenhagen, der Göttingischen Societät der Wissenschaften Correspondenten,

Beschreibung von Pyrmont.

Zweyter Ban

Leipzig,
bey Weidmanns Erben und Reich. 1785.

Inhalt des zweyten Bandes.

❊❊❊❊❊❊❊❊❊❊❊❊❊❊❊❊

Beschreibung von Pyrmont.

Inhalt des zweyten Bandes.

Drittes Buch.
Von den Krankheiten, bey welchen der innerliche Gebrauch des Pyrmonter Wassers von wahrem Nutzen ist.

Erstes Capitel.
Von dem, was von Rechtswegen in diesem Buche geleistet werden muß. Einleitung   S. 3

Was eigentlich den wahren Werth eines Arztes bestimme   6

Grundsätze und Regeln, nach welchen dieses Buch abgefasset ist   8

Wessen Urtheil über dieses Buch der Verfasser gern vor dem Abdrucke eingeholt hätte   11

Dieses dritte Buch ist dasjenige, welches im ganzen Werke am wenigsten vollendet ist   12

Zweytes Capitel.
Vorerinnerung zu der Abhandlung einiger Hauptursachen langwieriger Krankheiten   S. 14

Inhalt

Drittes Capitel.

Von der Schwäche, oder der erschlafften Constitution   S. 15

- Erschlaffte Constitution und Schwäche der Nerven ist nicht einerley   19
- Die französischen und schweizerischen Aerzte verstehen sich auf diese Dinge besser, als die deutschen und englischen   21
- Das Pyrmonter Wasser ein treffliches Mittel bey erschlaffter Constitution   22

Viertes Capitel.

Von den Stockungen in den Eingeweiden des Unterleibes   S. 25

- Beschreibung der Stockungen   29
- Sie sind die Ursach vieler langwierigen Krankheiten   33
- Von dem gewöhnlichen Verfahren dagegen   34
- Von den bessern Methoden   39
- Der Pyrmonter Brunnen gehört unter die besten Mittel gegen diese Stockungen   41
- Beyspiel davon   42

Fünftes Capitel.

Von den Blutanhäufungen des Unterleibes   S. 47

- Diese Materie ist noch nicht gehörig bekannt und aufgeklärt   49
- Kämpf der ältere hat hierin das größte Verdienst   51
- Auf den deutschen Universitäten ist die Sache bisher nirgends im Cours gewesen, und es ist darüber noch vieles zu sagen   52
- Die Alten verstanden nichts davon   52
- Unter den neuern Stahl am meisten   53
- Was man bisher von dieser Materie gewußt hat, schränkt sich auf etwas unzulängliches von den Hämorrhoiden und dem Blutbrechen ein   55

des zweyten Bandes.

Kämpf der jüngere bearbeitet diese Materie*) S. 58
Ursachen der Blutanhäufungen 59
Folgen der Blutanhäufungen 64
Irrthümer der Kranken und Aerzte über die güldene Ader 65
Verwechslung derselben mit der Hypochondrie 67
Blutanhäufungen sind eine Ursach der obscuren hitzigen Krankheiten 69
Sie können die Ursach eines plötzlichen Todes seyn; Beweis davon durch eine Leichenöffnung 70
Gewöhnliche verkehrte Behandlung der Blutanhäufungen 74
Beyspiel davon 77
Verkehrte Behandlung der Hämorrhoidalbeschwerden 78
Unter welchen Umständen das Pyrmonter Wasser bey dem Hämorrhoidalzustande und den Blutanhäufungen des Unterleibes nicht paßt 86
Wo das Pyrmonter Wasser vortrefflich dabey wirkt 88
Merkwürdiges Beyspiel davon 89

---

*) Das vortreffliche Werk des hessenhanauischen Leibarztes, Herrn Joh. Kämpf, (Abhandlung von einer neuen Methode die hartnäckigsten Krankheiten, die ihren Sitz im Unterleibe haben, zu heilen. 1784.) ist erschienen, seitdem dieser Band großentheils abgedruckt war. Es ist kürzlich kein medicinisches Buch von so vorzüglichem Werth geschrieben, als dieses Kämpfische, und verdient die größte Aufmerksamkeit wegen der vielen lichthellen medicinischen Ideen, und des Reichthums von sinnreich ausgedachten Hülfsmitteln. Eine sehr wichtige Ursach vieler Nervenkrankheiten ist hier aufs deutlichste aus einander gesetzt worden. Ganz etwas anders herrscht in diesem Buche, als was die stolzen Practici Erfahrung, und die von unfruchtbarer Vielwisserey strotzenden Litteratoren Gelehrsamkeit nennen. Hier ist brauchbare (nicht die curiöse und nichtswerthe) Beobachtung, nützliche Kenntniß, und über dieses alles ein Geist, der es zu brauchen und anzuwenden weiß.

Inhalt

Sechstes Capitel.

Von den Schärfen in den Säften   S. 92

    Sie wirken gern als ein Reiz   93
    Aeußern sich oft in Gestalt der Ausschläge   94
    Irrthum, in welchem man in Absicht auf die Wegschaffung der Schärfen durch vieles Wasser steht   103
    Kräfte des Pyrmonter Wassers hierbey   104

Siebentes Capitel.

Von der kränklichen Reizbarkeit   S. 106

    Unbilligkeit der meisten Menschen gegen solche, die an kränklicher Reizbarkeit leiden   109
    Nicht jeder gereizte Zustand setzt kränkliche Reizbarkeit voraus   113
    Gewöhnlich verwechselt man die kränkliche Reizbarkeit, vermittelst der Benennung von Nervenschwäche, mit der schlaffen Fiber oder Atonie   115
    Hierauf gründet sich die unvernünftige Methode, die so häufig gegen Nervenkrankheiten angewandt wird   116
    Von den guten Mitteln bey der Nerven Reizbarkeit   118
    Wo der Pyrmonter Brunnen hier seine Stelle habe   122

Achtes Capitel.

Rückblick auf die im vorhergehenden abgehandelten Krankheiten und auf die Complicationen derselben. Zwey Krankengeschichten zur Erläuterung S. 125

    Von den Aerzten, die gern alle Krankheiten aus einer Ursach herleiten möchten   125
    Von den Complicationen   127

des zweyten Bandes.

Wer die wahre, oder Hauptursach der Krankheit am besten ausfindig machen kann, ist der beste Arzt S. 128
Von der Unzulänglichkeit der gewöhnlichen Palliativcuren und der Curen mit Specificis .. 128
Erste Krankengeschichte 130
Diese Geschichte ist ausführlich und nicht nach Seips ganz unbrauchbarer Manier erzählt 137
Das Pyrmonter Wasser würde nicht zu jeder Zeit so trefflich gewirkt haben 138
Zweyte Krankengeschichte 138
Ist ein Beyspiel von der verkehrten Art, Nervenkrankheiten zu behandeln 139

Neuntes Capitel.

Von den Nervenkrankheiten überhaupt, und der Hypochondrie S. 140
Wie unerträglich dumm manche Leute die Leiden der Nervenkranken beurtheilen, weil sie nicht begreifen können, was sie nicht selbst fühlen 141
Der Pyrmonter Brunnen hat Kräfte bey Nervenkrankheiten 142
Von Aerzten, die am Daseyn der Nervenkrankheiten zweifeln 143
Von deutschen Aerzten, die Tissots Verdienste nicht zu erkennen affectiren 144
Niemand sehe diese Abhandlung für etwas vollständiges und ausgearbeitetes an 145
Beyträge zu einer Definition der Nervenkrankheiten 147
Von Hypochondrie und Hysterie 151
Zu welcher Zeit dabey das Pyrmonter Wasser heilsam sey 154
Traurige und niedergeschlagene Kranke finden oft große Linderung in Pyrmont 161
Von den Fällen, wo das Pyrmonter Wasser bey Nervenkrankheiten geholfen hat 166

Inhalt

Von den Lähmungen und deren vielfältigen Heilung zu Pyrmont   S. 169

Zehntes Capitel.

Von den gichtischen Krankheiten   S. 173

Gichtische Beschwerden und Podagra gehören zu den Krankheiten, bey welchen das Pyrmonter Wasser, beynahe ohne alle weitere Rücksicht, heilsam ist und vortrefflich wirkt *)   175

Eilftes Capitel.

Von einigen Krankheiten des Systems der lymphatischen Gefäße, der Drüsen und der Haut   S. 182

Von Ausschlägen   183
Von der Cachexie   185
Von der Bleichsucht (pales couleurs)   188
Vom übermäßigen Fettwerden   188
Von der schleimigen Disposition   189
Von den schleimigen Hämorrhoiden   190
Von dem weißen Flusse   193

Zwölftes Capitel.

Von einigen Krankheiten des Kopfes   S. 193

Bey den consensualischen Beschwerden des Kopfes aus dem Unterleibe ist der Pyrmonter Brunnen von guter Wirkung   195

Dreyzehntes Capitel.

Von einigen Krankheiten der Brust   S. 197

Vom Husten   199
Vom Asthma oder Engbrüstigkeit   203
Vom Herzklopfen   205

Vierzehntes Capitel.

Von einigen Krankheiten des Unterleibes   S. 207

Von

---

*) Ich habe die rheumatischen Krankheiten nicht besonders genennt, aber sie gehören deswegen nicht minder hieher.

des zweyten Bandes.

Von der Verdauung S. 209
 Schwäche des Magens durch Pyrmonter Brunnen gehoben 213
 Elender Zustand der Därme zu Pyrmont gehoben 216
 Von der Gelbsucht 217

Funfzehntes Capitel.

Von den Krankheiten der Harnwege S. 220
 Verhaltung des Harns zu Pyrmont gehoben 223

Sechzehntes Capitel.

Von den Geschlechtskrankheiten der Männer. Vertheidigung der Enthaltsamkeit und Keuschheit S. 225
 Impotenzen zu Pyrmont gehoben 226
 Die Enthaltsamkeit ist keine gefährliche Tugend, wie ein schädliches Vorurtheil behauptet 230
 Des Priester Blanchets Furcht davor sind Grillen 231
 Die unwillkührlichen Ausleerungen des Saamens haben mehr moralischen als physischen Nutzen 242

Siebenzehntes Capitel.

Von einigen Geschlechtskrankheiten der Weiber und von den Kinderkrankheiten S. 246
 Wirkung des Pyrmonter Wassers bey den Mängeln und Krankheiten der weiblichen Reinigung 247
 Von der Unfruchtbarkeit 252
 Von den Folgen der Wochenbetten 254
 Von den Kinderkrankheiten 255

Achtzehntes Capitel.

Von der Neigung zu gewissen Krankheiten S. 256
 Von der Neigung zu hitzigen Krankheiten, die das Pyrmonter Wasser hebt 257
 Von der Neigung zu Wechselfiebern 258

Inhalt

Von der Neigung zu Verkältungen   S. 259
Schluß dieses Buchs   260

Viertes Buch.

Brunnenregeln und Anmerkungen über die Cur überhaupt.

Erstes Capitel.

Von der Vorbereitung zur Brunnencur; Einleitung   S. 261

Brunnengäste sollten gute Krankheitsgeschichten mitbringen   262
Vom Aderlassen   264
Vom Abführen   266

Zweytes Capitel.

Von der Einrichtung der Cur in Absicht auf die Jahrs- und Tageszeit und die Dauer derselben   S. 269

Von der Frühcur   271
Von der Spatcur   272
Von den doppelten Curen   273
Von den Curen zu Hause   273
Von den Wintercuren   274
Von der Dauer der Curen   274
Von der besten Tageszeit zur Cur   275
Von dem Frühstücken vor dem Trinken   276
Von der Nachmittagscur   277

Drittes Capitel.

Von dem, was bey dem Trinken des Brunnens selbst zu beobachten ist   S. 279

Zahl

Des zweyten Bandes

Zahl der Gläser S. 279
Vom Brunnensaufen 282
Von der Ordnung, in der man trinkt 283
Von der Bewegung während dem Trinken 286
Man muß das geistige Wesen nicht verfliegen lassen 288
Man bedarf hier keiner stärkenden Sachen während des Trinkens, wie zu Spa, wegen des Reichthums an geistigem Wesen 290
Vermischung des Wassers mit Milch 291
Erwärmung des Brunnens 293
Einige Vorsichtigkeitsregeln 294

Viertes Capitel.
Von der Lebensordnung bey der Brunnencur S. 295

Von der Ordnung eines Curtages 296
Vom Frühstück und der Unmäßigkeit dabey 297
Von den Mahlzeiten 299
Warnung vor Verkältungen 303
Von der Leibesübung 304
Der Putz hält das Frauenzimmer von den nöthigen Leibesübungen ab 307
Rath hierüber 309
Vom Tanzen 309
Von der Seelendiät 310
Anstrengung der Gemüthskräfte 311
Vortheilhafte Wirkung angenehmer Gegenstände auf das Gemüth 313
Vorzüge von Pyrmont vor den Bädern, die den Inbegriff des menschlichen Elends in einer Nuß enthalten 313
Von der nöthigen Regierung der Einbildungskraft 314
Von Beherrschung der Leidenschaften 318
Von Erregung der Leidenschaften durchs Spiel 320
Unsinnigkeit des hohen Spiels für Curgäste zumal, aber auch für andere, die es eben nicht übrig haben 321

Fünf-

Inhalt des zweyten Bandes.

Fünftes Capitel.

Von einigen Zufällen, die sich bey der Cur einfinden können, und von einigen Arzneyen, deren man zuweilen dabey nöthig hat S. 322

    Von allerley kleinen Empfindungen, die der Brunnen hervorbringt 322
    Von einigen größern Beschwerden, die während der Cur entstehn können und von ihren Hülfsmitteln 324
    Von den Magentropfen 324
    Vom Gebrauche tonischer Mittel bey der Cur 336

Sechstes Capitel.

Beantwortung einiger casuistischen Fragen, die Cur betreffend; Betrachtungen über die Nachwirkung S. 342

    Wegen der Cur alter Personen 342
    Wegen der Cur junger Kinder 343
    Wegen der Cur der Schwängern und Säugenden 343
    Wegen der Reinigung der Weiber 345
    Wegen des Beyschlafs 346
    Wegen des Tobacks 347
    Wegen der Nachmittagsruhe 348
    Wegen der Nothwendigkeit, die Cur zu wiederholen 351
    Von der Nachwirkung des Brunnens 353

* * *

Die Titelvignette des zweyten Bandes stellt eine Aussicht auf das in Ruinen stehende Bergschloß Schellpyrmont vor. Dieses war die ehemalige Residenz der Grafen von Pyrmont, und ist also ein gutes Gegenbild zu der Vignette vor dem Ersten Bande, welche die jetzige Residenz vorstellet.

Henrich

Henrich Matthias Marcard's
Beschreibung
von
Pyrmont.

Zweyter Band.

Beschreibung
von
Pyrmont.

Drittes Buch.

Von den Krankheiten, bey welchen der innerliche Gebrauch des Pyrmonter Wassers von wahrem Nutzen ist.

Erstes Capitel.

Von dem was von Rechtswegen in diesem Buche geleistet werden muß.

Einleitung.

Aus dem vorhergehenden zweyten Buche kennt man die Natur und den Gehalt unsers Gesundbrunnens, und die Kräfte, welche man theoretisch daraus zu vermuthen hat. In dem gegenwärtigen liegt es mir ob, dasjenige, was vorhin allgemein gesagt ist, auf das Besondere practisch anzuwenden, und zu zeigen, bey welchen Krankheiten dieses Mittel nun, der Erfahrung nach, von wahrem Nutzen sey.

Es ist nicht genug, blos im Allgemeinen zu wissen, was für Kräfte ein Arzeneymittel habe, und in welchen Krankheiten es überhaupt heilsam sey, um einen zweckmäßigen Gebrauch davon zu machen. In dem Falle wäre sonst das ganze Buch, was ich hier zu schreiben habe, und das eben nicht das leichteste ist, ganz überflüssig. Aber man weiß, von wie geringem Nutzen die Anleitung ist, die man in den meisten Arzeneibüchern findet, in denen bey jedem Mittel gewöhnlich alle Krankheiten, wider welche dasselbe, angeblich mit Erfolg, gebraucht wurde, hergenannt werden, ohne Einschränkung, ohne Vorsichtigkeitsregel, ohne Unterschied. Als wenn zwey Fälle von Krankheiten, die unter denselben Geschlechtsnamen gehören, auch auf die gleiche Weise müßten behandelt werden; da ja nicht einmal die Behandlung eines und desselben Falles zu verschiedenen Zeiten der Krankheit sich gleich ist.

Um also etwas Nützliches in diesem Capitel zu liefern, darf ich nicht auf jene allgemeinen Kräfte des Wassers hin, nach Seips*) Manier, alle Krankheiten

---

*) Seip ist bekanntlich der Verfasser der neuesten Brunnenbeschreibung, die man bisher von Pyrmont hatte, die zum erstenmale 1717 und zum letztenmale 1750 heraus-

Drittes Buch. Erstes Capitel

heiten des Leibes vom Haupte bis zum Füssen durchgehen, und sagen, wie Seip Seite 304 seines Werks thut: "Es heilet also dieses Wasser von den Krankheiten am Haupte: Kopfschmerzen, Schwindel, Hauptflüsse; Fallende Sucht, Milzsucht, Schlaflosigkeit, Schlafsucht, alte Catarrhen", und so mit diesem Namenverzeichniß bis zu den Zeen hinabsteigen. Die Manier ist kurz und leicht, ohne Zweifel aber, ob sie gut sey, das ist eine andere Frage.

Es ist ohnstreitig gewiß, daß der Pyrmonter Brunnen ein ganz vortreffliches Heilmittel gegen die Hypochondrie sey, und unzählige haben dieses erfahren. Aber bey allen hypochondrischen Zufällen ohne Ausnahme paßt er denn doch nicht. Es giebt sogar einen Zustand, den man gewöhnlich auch unter den Namen Hypochondrie mit begreift, und von dem in der Folge mehr gesagt werden wird, bey welchen ich den armen Kranken zur Verzweifelung treiben will, blos durch hartnäckig fortgesetzten Gebrauch des Pyrmonter Brunnens zur unrechten Zeit. Was hilft es uns

herauskam. Ein Buch, das zu seiner Zeit Verdienst hatte, aber dessen medicinischer Theil unter allen der schlechteste war, und nach meinem Sinne fast gar nichts brauchbares enthält.

uns also, wenn Seip schlechtweg sagt, der Pyrmonter Brunnen sey gut gegen die Milzsucht? — So viel sieht man also wol, im Vorbeygehn zu sagen, daß ich nicht, nach der gewöhnlichen Weise der Brunnenbeschreiber, das Pyrmonter Wasser zu einem Universal-Mittel mache.

Die Nutzbarkeit medicinischer Betrachtungen und Lehren wird durch den Grad der Brauchbarkeit und Anwendbarkeit bestimmt, den sie bey den wirklich vorkommenden Fällen von Krankheiten haben; und selbst den Werth eines Arztes bestimmt am Ende die richtige Beurtheilung der einzelnen Fälle, weil hier die größte Vielwisserey und die längste Erfahrung oft eben so jämmerlich beyhin schiessen, als die Unwissenheit und der spitzfindige Theoreticus. Deswegen sind denn auch so allgemeine Regeln unbefriedigend. Man muß tiefer eindringen, ohne sich in Subtilitäten einzulassen, man muß suchen die wichtigsten verschiedenen wahren Ursachen der Krankheiten zu ergründen, ihre Dunkelheiten ins Licht zu setzen, sonderlich die Complicationen von Ursachen, die sich fast bey allen langwierigen Krankheiten finden, und die Verwickelung verschiedener Uebel, deutlich darzustellen. Nur alsdann erst kann man mit Nutzen und mit

mit einiger Gewißheit von Mitteln reden, die dem Uebel entgegengesetzt werden können, weil man nur alsdann erst den einzelnen Fällen, so wie sie in der Natur vorkommen, sich nähert. Viele Aerzte und Schriftsteller fehlen hierin, nehmen eine Krankheit auf ihren Namen an, und behandeln sie darauf ohne weiter auf Ursachen zu sehen. Wie viele Beyspiele könnte ich hier nicht anführen, aber es soll nur Eines seyn, und ich will hier den sonst vortrefflichen, um die Arzneywissenschaft äußerst verdienten Schottischen Arzt Home nennen. In seinen übrigens höchst nützlichen clinischen Versuchen, wenn er unter andern mit den krampfstillenden Mitteln Experimente macht, wie stellt er sie an? Er nimmt irgend einen Kranken, der einen Krampfzufall hat, versucht die berühmtesten eigentlich krampfstillenden Mittel an ihm, ohne nur daran zu denken, von welcher oft sehr deutlichen reizenden Ursach die Krämpfe herrühren könnten, gegen welche offenbar kein Antispasmodicum etwas vermag. Welche Mannichfaltigkeit ist nicht da. Wie viele Krämpfe rühren nicht aus dem Unterleibe her, bey denen also die wahren antispasmodischen Mittel die sind, welche den Unterleib reinigen, die Stockung, oder anderweitige Fehler heben, und gegen welche keine riechenden, allein auf die Nerven wirkenden

Arze-

Arzeneyen, etwas helfen können. Home's Versuche sind sehr nützlich und brauchbar bey solchen Krankheiten, die immer aus einer Ursach entstehen, wie etwa die eigentliche Gicht, aber gar wenig helfen sie uns vorwärts, wo das nemliche Uebel aus so verschiedenen Ursachen entstehn kann wie die Krämpfe.

Indessen ist doch dieses das Verfahren des größten Theils der Aerzte, und natürlicher Weise verfällt man sehr leicht dahinein, wenn man durch die Gewohnheit viele Kranken zu besorgen in einen Schlendrian verfällt, und nicht sich verbunden hält, über jeden Fall nachzudenken. Man verfährt alsdenn empirisch, nach den Namen der Krankheit; und das giebt denn nicht die gute Empirie, sondern in der Folge und durch lange Gewohnheit so zu verfahren die gemeine Routine. Daher giebt die Spital Praxis gewöhnlicher Weise, auf die Dauer keine gute Art die Arzney auszuüben.

Ueberflüssige Beyspiele führe ich nicht an, und nur solche, die wirklich unterrichtend sind, und die etwas Besonderes beweisen. Es wäre mir sonst leicht gewesen, hin und wieder einen Satz durch eine Krankengeschichte zu bestätigen, denn in den funfzehn Jahren, da ich die Arzneywissenschaft ausübe, habe ich

ich manchen Fall erlebt, der sich hier anbringen ließe, aber es unterbricht allzusehr den Vortrag, und ohne ein beträchtlicher Gewinn zu seyn, verlängert es zu sehr. Ich habe es mir daher fast durchgehends zum Gesetz gemacht, keiner Krankengeschichte zu erwähnen, die nicht ganz besondere Beziehung auf den Pyrmonter Brunnen hat.

Von den Krankheiten, bey welchen der Pyrmonter Brunnen entweder gar nicht oder nur mit großer Vorsicht zu brauchen ist, handle ich in einem eigenen folgenden Abschnitte, nemlich im fünften Buche dieses Werks, und ich halte dieses Buch für eins der nöthigsten und wesentlichsten.

Von der Art und Weise, wie man trinken solle, handle ich hier gar nicht, sondern davon ist das vierte Buch nachzusehn; aber die eigentliche wahre Vorbereitung zur Cur ist in diesem dritten Buche oftmals bey den Ursachen genugsam angegeben.

Dieses sind die Regeln, die Grundsätze und der Plan, welchen ich bey Abfassung dieses Buchs gefolgt bin. Ich habe die Krankheiten mehr nach ihren innern Verschiedenheiten betrachtet, und nach den Ursachen, woraus sie herkommen. Auch habe ich so viel möglich das Tempo angegeben, wann der Brunnen

A 5   dienlich

dienlich ist. Ich habe dieses Wasser nicht als eine Universalarzeney angesehn und behandelt, sondern als ein vortreffliches Mittel, das bey vielen Krankheiten unter den kräftigsten einen Platz hat, das aber eben so wenig blindlings verordnet werden muß als andere Arzneyen, die wahre Kräfte besitzen.

Beynahe alle jene Dinge haben meine Vorgänger gänzlich vernachlässigt und übertreten, daher ist mir von allen ihren vielen Arbeiten und Krankengeschichten fast gar nichts zu Nutz gekommen. Ich hoffe deswegen, daß meiner Arbeit, aus diesen Ursachen einiges Verdienst werde zuerkannt werden. Man wird wenigstens diesen ganzen Abschnitt als eine Monographie aus der Materia Medica über den Pyrmonter Brunnen betrachten können, wenn man will; doch wird man auch einiges Brauchbare darin finden, das weiter keine unmittelbare Beziehung auf das Pyrmonter Wasser hat. So viel ist leicht voraus zu sehn, daß meine Art zu behandeln mich ziemlich tief in die Natur der Krankheiten führen, und diesem Theil meines Werks das völlige Ansehn eines medicinischen Buchs geben werde. Ich mußte hier anzeigen, was außer dem Pyrmonter Brunnen noch bey vielen Fällen nöthig sey; dieses führt mich zu den

besten

besten Methoden, und oftmals zur Beurtheilung der gewöhnlichen Methoden, die man unter den heutigen Aerzten findet. Alles zusammen mußte nothwendig eine ziemliche Ausführlichkeit nach sich ziehn, die mein Plan unvermeidlich macht, und die nichts rechtfertigen kann, als seine Nützlichkeit, wenn ich meinen Zweck nicht verfehle.

Wie groß wäre der Vortheil für meine Arbeit gewesen, wenn die Umstände es verstattet hätten, dieses Buch meinem verehrungswürdigen Freunde, dem Herrn Hofrath Zimmermann, zur Durchsicht vorzulegen. Das Urtheil und die Erinnerungen eines so großen Kenners, eines so vortreflichen Schriftstellers, und eines Arztes, wie es sehr wenige gegeben hat, der Pyrmont noch dazu aus langer Erfahrung kennt, und dessen vieljährigem lehrreichen Umgange ich ohnehin so vieles, selbst manchen Gedanken schuldig bin, der mir bey diesem Buche vom äußersten Nutzen war, hätte meiner Arbeit einen vorzüglichen Werth gegeben. Aber was ich auch hierin zu andern Zeiten von der Freundschaft dieses vortreflichen Mannes, der nicht liebt wie gewöhnliche Menschen, hätte hoffen können: so entbehrt dennoch mein Buch der Zeit und der Umstände wegen diesen Vorzug ganz.

Aber

Aber nicht allein dieses ist es, was ich bey der halb erzwungenen zu frühen Herausgabe dieser beyden ersten Bände zu beklagen habe, sondern auch ich selbst habe nicht einmal alles zur Vollendung desselben thun können, was meine Absicht war, und was von Rechtswegen hätte geschehen müssen.

Es ist ein wahres Unglück für mich, daß ich diese beyden ersten Bände, und zumal dies dritte Buch, dem Drucke übergeben muß, so wie es in meinem ersten Entwurfe ausgefallen ist, und ihm daher nicht die Vollkommenheit geben kann, die ich mir zum Ziele vorgesetzt hatte. Ich sehe mich nemlich durch meinen Gesundheitszustand ganz abgehalten, eine zweyte Hand daran zu legen, und muß mich fremder Hände bedienen, um meinen ersten Aufsätzen eine lesbare Gestalt zu geben *). Auf der andern Seite aber konnte ich einem mir gewissermaaßen schmeichelhaften Anbringen nicht wol widerstreben, und mußte dem Bedürfnisse einer Brunnenbeschreibung von Pyrmont, lieber unvollkommen und mit einiger Gefahr für mich abhelfen, als sie noch länger verschieben, um alsdenn besser für meine Sicherheit sorgen

---

*) Man sehe auch die Vorrede des Ersten Bandes.

sorgen zu können. Vielleicht entschuldigen diese Umstände, bey manchem billigen Leser, viele Fehler, die ihm im Folgenden vorkommen werden, diesen oder jenen Mangel an Deutlichkeit, Genauigkeit, Bestimmtheit, Zusammenhang, Vorsicht und Kürze, oder auch einige Auswüchse, Rauhigkeiten und Wiederholungen. Solche Flecken sind mir an meinen eigenen Arbeiten um desto empfindlicher, je weniger ich die husarischen, uncorrecten Schriftsteller, die Verfasser der gewöhnlichen Meßwaare liebe, die mit flüchtiger Feder ihre Gedanken, wenn man sie so nennen kann, bogenweise hinpoltern, sie mögen roh oder halb gahr seyn, und sich, vielleicht mit Ausnahme einiger kindisch kleinlichen neologischen und orthographischen Affectationen und Schönschreiberenen, die mit der größten Nachlässigkeit bestehn können, um Sprache und Vortrag, und den allerwärts wol angebrachten Schmuck der Simplicität, gar nicht bekümmern.

Zweytes

Zweytes Capitel.

Vorerinnerung zu der Abhandlung einiger Haupturſachen vieler langwierigen Krankheiten.

Da ich mir vorgeſetzt habe, bey der Abhandlung der Krankheiten auf ihre Urſachen zu ſehn, und danach zu beſtimmen, ob der Pyrmonter Brunnen dabey heilſam ſeyn könne: ſo glaubte ich, es werde nützlich ſeyn, vorher von einigen gewiſſen kränklichen Beſchaffenheiten des Körpers zu reden, welche bey vielen langwierigen Krankheiten und Kränkeleyen zum Grunde liegen. Der hierauf verwandte Raum wird im folgenden genugſam wieder eingebracht, weil ich daher nicht nöthig habe, bey jeder abzuhandelnden Krankheit dieſelbe Sache aufs neue zu ſagen, ſondern mich ſchlechterdings hierauf beziehen kann; um ſo mehr da ich von der Behandlung dieſer Krankheitsurſachen umſtändlich rede.

Von allen und jeden Krankheitsurſachen hier zu handeln konnte mir nicht einfallen, nur von einigen der wichtigſten.

Dieſe

Drittes Buch Drittes Capitel

Diese sollen seyn: die erschlaffte Constitution; die Verstopfung der Eingeweide des Unterleibes; die Blutanhäufungen des Unterleibes; die Schärfen in den Säften, und die kränkliche Irritabilität. Eine jede von diesen fehlerhaften Beschaffenheiten hat ihr eignes Capitel.

Drittes Capitel.
Von der Schwäche, oder der erschlafften Constitution.

Die erste der kränklichen Abweichungen vom natürlichen Zustande, von der ich hier rede, ist die in unsern Tagen, zumal unter der bessern Classe von Menschen, so überschwenglich häufige erschlaffte Constitution, der verlorne Tonus (fibra laxa). Sie ist, wie es scheint, der Mangel der Steifigkeit und Elasticität, oft der Thätigkeit in den festen Theilen, und zeigt sich äußerlich an durch eine weiche schlaffe Haut, gemeiniglich blassere Farbe, Neigung zum Kaltwerden der Hände und Füsse, unvollkommene Vollendung aller oder doch vieler Wirkungen des Körpers, schwächere oder doch unregelmäßige Wirkung der Organen im Ganzen, zu starken oder zu geringen

ringen Aussonderungen, sehr oft größere Empfindlichkeit und Reizbarkeit; und wenn das Blut unter die äussern Kennzeichen gerechnet werden kann, durch ein dünnes, wässeriges und blässes Blut *). Die Anlage hierzu ist oft angeboren, aber am häufigsten wird sie durch die Lebensart oder gewisse Vorfälle erzeugt, oder doch entwickelt; durch Mangel an Leibesübung und Bewegung, Weichlichkeit, unmäßigen Genuß warmer Getränke, oder durch entkräftende Aus-

---

*) Man hätte glauben sollen, daß der Engländer Whiters diesen Zustand in seinem Buche von der langwierigen Schwäche (on chronic Weakness) im Sinne gehabt habe; aber man wird sehn, daß er nicht gehörig unterscheidet, und unrichtig die ganze Hypochondrie mit hineinzieht. Ich habe von dieser Schrift weitere Nachricht gegeben, in den Göttingischen Gelehrten Anzeigen vom Jahr 1778. S. 307. — Eben so wenig finde ich in einer neuen Schrift eines unbekannten Verfassers, die den Titel hat: some thoughts on the relaxation of human bodies, and the misapplication of the bark in this and other cases. Lond. 1783, etwas erhebliches über diese Materie, wie sehr es auch der Titel erwarten läßt. Das Buch enthält zwar einige andere gute Gedanken und Bemerkungen, aber jede Art von Schwachheit und selbst die Niedergeschlagenheit aus körperlichen Ursachen wird darin für Erschlaffung genommen.

Ausschweifungen, Blutverlüste, Mangel gehöriger Nahrung. Auf die erste Erziehung kommt dabey viel an; und darin scheint man jezt auf dem graden Wege zu seyn, eher zu viel als zu wenig zu thun, um die schlaffe Constitution bey den Kindern zu verhüten; wenn man nur nicht am Ende alles wieder damit verdürbe, daß man ihren Kopf zu früh und zu stark anstrengt, und ihnen an Seelenkräften eben so sehr zu viel zutraut, als an Leibeskräften zu wenig. Es ist zwar nichts nutzlicher, als den Kindern durch viel Bewegung, durch Gewöhnen an jede Art von Luft und Wetter, durch einige Härte in der Lebensart, frühzeitig einen festen dauerhaften Körper zu geben. Aber hierin ohne Unterschied zu verfahren, jedes junge Kind über den Kopf ins kalte Wasser zu werfen, oder es den ganzen Winter in einem kalten kaum geheizten Zimmer fast ohne hinlängliche Kleidung frieren zu lassen, ist auch unrecht, kann üble Säfte und andre Schwäche nach sich ziehn, und manches kann dabey in der Lehre bleiben. Man führt uns zwar die wilden Völker zum Beyspiel an, wie sie, durch die härteste Erziehung, alle so gesund, so stark, so munter und elastisch sind, wie ihr Gang ein beständiger Tanz ist: aber man bedenkt nicht, daß bey den wilden Nationen alle die Schwachen früh sterben, und nur die Starken leben, und denn allerdings sehr gesund sind; dahingegen unsere Lebensart den Vorzug hat, daß die Schwachen auch erhalten werden.

Die gewöhnlichen Folgen der erschlafften Constitution sind gemeiniglich schwächerer Umlauf des Bluts und der Säfte, schwache Verdauung, Neigung zu Durchfällen und zu Verstopfungen, zum Schweiß, zu allen schleimigen Aussonderungen, dem weißen Flusse, den schleimigen Hämorrhoiden, zum Schnupfen und zu allen Verkältungen, zu Pollutionen und zur Cachexie. Ferner, weil die Organen des Körpers in diesem Zustande nicht mit gehöriger Kraft würken, so geschehen die Absonderungen nicht vollkommen und die Ausleerungen nicht in gehörigem Maaße; es bleiben Theile zurück, die ausgeworfen werden sollten, dadurch häuft sich in den Säften das an, was wir nachher unter der Gestalt der Schärfen sehn, welche Ausschläge, und tausenderley andere Würkungen durch Reize, hervorbringen. Die Blutgefäße und die lymphatischen Gefäße thun das Ihrige ebenfalls nicht mit gehöriger Kraft, daher entstehen Stockungen in denselben und in deren Nachbarschaft, und zwar hauptsächlich da, wo die Säfte ohnehin von Natur schwächer und langsamer circuliren, in den Eingeweiden

geweiden des Unterleibes und auch wohl in den Blutgefäßen derselben.

Sehr oft ist die erschlaffte Constitution eine Anlage zu Nervenkrankheiten. Daß die Schlaffheit der Fibern eine große Anlage zu Convulsionen, folglich zu Nervenkrankheiten, einschließe, folglich auch zu großer Reizbarkeit, zeigen die Kinder und die Weiber, die desto mehr zu Nervenzufällen geneigt sind, je größer ihre Atonie ist. Aber immer und nothwendig ist es doch nicht so: denn es giebt Menschen, die äusserst zärtlich und schlaff sind, und damit oft wol etwas empfindlicher und reizbarer, aber deren Nerven dabey ganz wohl sind. Man sieht auch oft die äusserste Schlaffheit bey der Cachexie, auch bey Menschen, die lange in Kerkern gesessen haben, die im höchsten Grade erschlafft sind, ohne eine Spur von allem dem, was man schwache Nerven nennt. Anderseits setzen auch die Nervenkrankheiten durchaus nicht immer einen verlornen Tonus voraus; wie ich unten im siebenden und neunten Capitel mit mehrerm zeigen werde. Man wird dort sehn, daß die Schwäche, von welcher ich hier rede, und die so genannte Schwäche der Nerven, die Mobilität und Empfindlichkeit derselben, zwey verschiedene Dinge sind, die

zwar

zwar neben einander, aber auch eins ohne das andere vorhanden seyn können. Wir haben zwar das Beyspiel bey van Swieten, der die äusserste Beweglichkeit der Nerven bey der höchsten Schlaffheit der Fiber fand, so daß er die äussern Theile einwickeln mußte, um ihr Festigkeit zu geben. Aber hinwiederum fehlt es auch nicht an Fällen, wo die höchste Mobilität der Nerven, durch lauter erschlaffende Mittel, durch Nahrung aus Milch und Pflanzen, mit Vermeidung aller kräftigen Dinge, alles Weins und alles Fleisches und Gewürzes, und durch laulige Bäder, gehoben wurde. Selbst wenn würklich die Schlaffheit bey der Nervenkrankheit ist, so hat man dennoch sehr oft erst ganz andre Dinge aus dem Wege zu räumen, wenn man mit Glück die Nervenkrankheiten behandeln will, ehe man die Erschlaffung zu heben trachten darf. Aber hierin hat der größte Theil unsrer Deutschen und der englischen Aerzte, einige wenige ausgenommen, seit langer Zeit gefehlt und fehlen noch diesen Tag darin, daß diese Nervenkrankheit oder, wie mans auch wol nennt, Nervenschwäche, und das, was hier erschlaffte Constitution heißt, für Eins nehmen, nur immer bemüht sind den Tonus herzustellen, nur immer China, kalte Bäder, Stahl und was dergleichen mehr ist, geben,

ben, und die armen Kranken in unheilbares Elend stürzen, in der Absicht ihnen zu helfen. Es ist unläugbar, daß hierin die französischen und schweizerischen Aerzte häufig bessere Wege eingeschlagen sind. Daher sehe ich so oft mit wahrem Erbarmen, daß manche Deutsche eben diese Franzosen sehr verächtlich ansehn und stolz auf ihre Litteratur, auf ihre Nomenclatur und echtdeutsche Vollständigkeitspedanterey gestützt, jenen grade eben so wenig Gerechtigkeit wiederfahren lassen, als wenig sie dieselben verstehen, und als wenig die Franzosen von solchen, für sie so gut als im Monde gemachten Urtheilen, wissen, sich darum bekümmern oder lesen*).

Um die eigentliche wahre und richtig erkannte erschlaffte Constitution zu heilen, wenn noch keine andere wichtige Fehler sich dazu gesellet haben, die vorher auf andre Weise gehoben seyn müssen, dienen

ohne

---

*) Ueberhaupt hier ein Wort von den Methoden der französischen Aerzte zu sagen; so bedienen sie sich bey langwierigen Krankheiten, zumal bey Nervenbeschwerden, gemeiniglich und höchst vernünftig, gern sehr sanfter Mittel; aber in der Diät, auf welche so überaus viel dabey ankommt, die man bey uns so sehr vernachlässigt, sind sie sehr genau und unerbittlich strenge.

ohne Zweifel alle die unter uns zum Ueberfluß bekannten stärkenden Mittel, und der Pyrmonter Brunnen ist unter diesen gewiß eins der ersten und größten Mittel, zumal wenn er an der Quelle kalt getrunken, das Bad dazu genommen wird, und die reine stärkende Landluft mit angemessener Lebensordnung und den nothwendigen Leibesübungen dabey zu Hülfe kommt. Oft habe ich unter solchen Umständen nach einer Cur von vierzehn Tagen schon Rosen und Lilien wieder blühen sehn auf welken mißfarbigen Wangen. Sind aber vielleicht schon Verstopfungen der Eingeweide oder Blutanhäufungen im Unterleibe entstanden, haben sich Schärfen gesammlet, ist eine sehr große Reizbarkeit neben der Schwäche entstanden: so kann es wol seyn, daß man eben nicht gleich mit dem Pyrmonter Brunnen anfangen darf, oder nicht mit ihm allein, wenn er auch in der Folge, oder neben andern Mitteln, vom größten Nutzen wäre. Es kann seyn, sage ich, aber es ist auch möglich, daß man mit dem größten Nutzen sogleich anfangs zu diesem Gesundbrunnen greifen darf; hier kommt es auf ein richtiges und geübtes Auge an, so wird man die Fälle unterscheiden können. Es wird in der Folge darüber noch manches näher bestimmt werden.

Wenn

Wenn die Nervenkrankheiten ganz gewiß nichts anders, als eine Erschlaffung, zum Grunde haben, und keine Umstände vorhanden sind, die den Gebrauch des Brunnens verbieten, keine überschwengliche Reizbarkeit da ist, die zuerst besänftigt seyn will, so ist bey diesen Nervenkrankheiten der Pyrmonter Brunnen gleich von Anfang ein eben so großes Mittel, als er es bey der Erschlaffung allein ist, wenn er in der gehörigen Ordnung und mit der nothwendigen Vorsicht gebraucht wird.

Daß neben dem Pyrmonter Brunnen hier nun auch oft andere zusammenziehende Mittel unter den gehörigen Präcautionen nöthig sind, wenn würklich erschlaffte Constitution da ist, daß in solchem Falle Eisen, China, kalte Bäder, angemessene Diät, Vermeidung warmer Getränke, mehr Fleisch, mehr Gebratnes, oft lauter kalte Speisen, manchmal etwas Gewürzhaftes und der Wein nützlich sey, brauche ich hier kaum zu erinnern.

Ueberhaupt ist aber doch von dieser ganzen Lehre zu bemerken, daß man wol in den meisten Fällen dieser Art irrig schließt, daß man allzuoft Krankheiten für Folgen von Erschlaffung ansieht, die im Grunde ganz andere Ursachen haben, und daß man daher die

stärken-

stärkenden Mittel so oft zur Unzeit giebt. Eigentlich, wenn man sagt, es fehlt am Tonus, so ist das schon ein Schluß und keine Beobachtung, man giebt niemanden anziehende Arzeneyen blos weil er eine schlaffe Haut oder andre Zeichen von schlaffen Fasern hat, so bald er dabey gesund ist; aber wel, wenn gewisse Würkungen nicht gehörig, oder unnatürlich, im Körper vorgehn. Gemeiniglich sind dieses solche Fälle, wo die Verrichtungen des Körpers nicht mit gehöriger Kraft und Nachdruck vor sich gehn. Man giebt also eigentlich Mittel zu diesem Zweck, die den Würkungen des Körpers mehr Leben und Kraft geben, und spricht hingegen von Schlaffheit und Hebung derselben durch tonische Mittel. Verstärkt der Pyrmonter Brunnen die Kraft der Würkung, und giebt den Organen größer Leben und Schwung, wie er allerdings thut, so ist er freylich ein großes Mittel zu Hebung der Krankheiten, die man der Schlaffheit, oft ohne Grund, zuschreibt, ob er gleich nicht eine solche Menge von Eisen in den Leib bringt, als man in den meisten Fällen zur Ungebühr in Pulvern und Tincturen hinein jagt. Aber im Folgenden wird noch genug von den Krankheitsursachen gesprochen werden müssen, deren Würkungen man irrig auf Schwäche und Erschlaffung schiebt, und

es

es ist hier noch nicht Zeit diese Materie zu erschöpfen.

In wie fern die Bäder zu Pyrmont in diesem Zustande Hülfe versprechen, wird aus dem sechsten Buche dieses Werks mit mehrerem erhellen.

In so fern auch der Pyrmonter Brunnen ein Mittel gegen diesen Zustand ist, begreift man, warum er der Wiederkehr der Krankheiten, wovon im letzten Capitel dieses Buchs geredet wird, vorbauet.

Viertes Capitel
Von den Stockungen in den Eingeweiden des Unterleibes.

Eine wichtige Stelle unter den Ursachen vieler Krankheiten nehmen die Verstopfungen oder Stockungen in den Eingeweiden des Unterleibes ein. Man hört zwar zuweilen einen sceptisch seyn wollenden Arzt über solche Verstopfungen, als über einen altfränkischen Gedanken, lachen, und ihn wie ein Hirngespinst ansehn: aber was beweist das? Daß es überhaupt Verstopfungen geben könne und von der Größe gebe, daß sie genug in die Augen fallen, das beweist die Oeffnung der Leichen genugsam. Ich habe selbst das Beyspiel eines jungen Mannes, der lange übel aussah, eine Weile kränkelte, endlich in fieberhaften Zustand gerieth, und dessen Leber nach seinem Tode an Bürgergewicht zwölf Pfunde wog; da er doch mit einer Leber von etwa vier Pfunden möchte genug gehabt haben. Wer kennt nicht die großen Lebern und die verstopften Drüsen, die in den dicken Bäuchen der Kinder liegen?

Weil zu andern Zeiten solche Verstopfungen nicht so groß sind, oder weil sie andre Würkungen auf die Gesundheit nach sich ziehn, oder aber, weil sie wieder gehoben werden: soll man daraus schließen, es gebe keine Verstopfungen der Eingeweide, als jene unmäßig großen?

Von einer andern Seite: wo glaubt man denn, daß die große Menge von unnatürlichen Materien, zumal der unglaublich viel zähe Schleim und das vielfarbige, oft pechschwarze Zeug, seinen Sitz habe, das man so vielfältig, nach langwierigen wohlbehandelten Krankheiten, oder durch die Kräfte der Natur*),

mit

*) Ich habe selbst einen dergleichen Fall beschrieben, wobey ich den schwarzen Auswurf nicht für Blut halten

mit Erleichterung, und oft mit völliger Besserung, abgehn sieht, wenn dies alles nicht in den Eingeweiden verschlossen und verhärtet gesessen hat, und nun in aufgelöster verdünnter Gestalt ausgestoßen wird? Geschieht nicht dieses so oft in solchen Krankheiten, die man nur grade hin gewöhnt ist auf Verstopfung der Eingeweide zu schieben? Es braucht viel zu lange Zeit dergleichen aufzulösen und in Bewegung zu bringen, als daß man annehmen könnte, dergleichen Zeug sitze blos in den Därmen.

Warum sollte auch in den feinern Gefässen der Eingeweide des Unterleibes, worin doch bekanntlich die Bewegung der Flüssigkeiten sehr langsam vor sich geht, ein zäher Saft nicht stocken, und darin zu einem gewissen Grade erhärten können, alsdenn die benachbarten Gefässe zusammendrücken, und das Uebel ausbreiten — am Ende sehr schwer und sehr langsam, zuweilen gar nicht mehr, loszuspülen seyn? In einem so überaus zusammengesetzten System, wie das der Eingeweide des Unterleibes, das so vielen äussern Ursachen zu Unordnungen unterworfen ist,

auf

halten könnte. Man sehe meine medicinischen Versuche 2 Band. S. 194.

auf daß der Druck von auſſen, Diätfehler, und ſichtbarlich die Leidenſchaften, ſo ſtark würken, ſollte man eben nicht zweifeln, daß oft Irrungen entſtehn müßten, und darunter allerdings auch Stockungen.

Es iſt ſo, und man darf nur die Schriften der Beybachter und die Sammlungen von Leichenöfnungen nachſehn, um ſich zu überzeugen. Unzählige Male waren Verſtopfungen in der Leber, der Milz, in der großen Drüſe, in den Drüſen des Gekröſes, und wo ſonſt noch Stockungen im Unterleibe ihren Sitz haben können, die wahre Urſach oder doch eine Miturſach langwieriger und beſchwerlicher Krankheiten; und, damit ich mich nicht zu weit von meinem Ziele verliere, ſolcher Krankheiten, bey denen das Pyrmonter Waſſer ein ſchönes Mittel abgiebt, wenn man es auf eine angemeſſene Weiſe braucht, unter den nöthigen Vorbereitungen, im rechten Zeitpunkt, mit Vernunft und Ordnung.

Ich bin wol überzeugt, daß wir von den Verſtopfungen der Eingeweide des Unterleibes noch nicht alles wiſſen, was möglicher Weiſe etwan einmal davon gewußt ſeyn kann: ich werde daher vorſichtig ſeyn von dem zu reden, was noch nicht ſo ganz im Hellen iſt.

Zuerſt

Zuerst handle ich von den eigentlichen Verstopfungen der Eingeweide, und lasse die Stockungen in den Blutgefässen des Unterleibes aufs folgende Capitel.

Man ist zuweilen bey der Beurtheilung der Schriftsteller etwas strenge in Absicht auf Definitionen, und man wird auch mich fragen, was ist Verstopfung der Eingeweide? Ich weiß in Wahrheit nicht, daß ich mich jemals hierin als Recensent oder Beurtheiler einer Unbilligkeit schuldig gemacht, und etwas von meinem Verfasser verlangt hätte, was seine Kräfte überstieg, aber gegen mich ist man hierin wol einmal unbillig gewesen. Ich will gern mein möglichstes thun, und suchen es hierin zu deutlichen Begriffen zu bringen, wenn das, was ich sage, auch nicht für eine zierliche Definition gelten kann. Deutliche Begriffe sind doch das Leben der Wissenschaften.

Ein Gefäß im thierischen Körper heißt verstopft, wenn sich von den Feuchtigkeiten, die bestimmt sind dadurch hin zu laufen, etwas in verdickter Gestalt darin fest setzt, oder, wenn es von aussen so gedrückt ist, daß aus einer von diesen zwey Ursachen die durchlaufenden Feuchtigkeiten entweder ganz zurück gehalten werden, oder doch nur mit Mühe und schwach durchdringen.

bringen. In beyden Fällen wird dieses Gefäß ausgedehnt und nimmt einen größern Raum ein, als im natürlichen Zustande. Wenn daher viele einzelne von den kleinen Gefässen eines Organs in diese Umstände gerathen, so ist es natürlich, daß dadurch das ganze Eingeweide im Umfange vergrößert werden muß, nach Verhältniß der Menge Gefässe, die es in sich schließt, und die aufgetrieben werden. Nun haben aber die Eingeweide des Unterleibes und die Drüsen überaus viele Gefässe, daher ist es begreiflich warum man sie zuweilen um so erstaunlich viel grösser findet, als sie es natürlicher Weise seyn sollten. Mehr hier nicht, damit man mich nicht beschuldige, ich sey zu mechanisch.

Wir nennen gewöhnlich ein Eingeweide oder Drüse verstopft, wenn es unnatürlich groß oder hart ist. Was eigentlich die wahre Ursach solcher Verstopfungen sey, ob Mangel der Elasticität in den Gefässen, Mangel der Lebenskraft, zu große Langsamkeit des Durchganges, Zähigkeit oder anderweite unnatürliche Beschaffenheit der Säfte; ingleichen, ob die stockenden Säfte sich auch ausserhalb der Gefässe in das Parenchyma der Eingeweide ergiessen; ferner worin der Unterschied und wo die Gränze zwischen

Versto=

Verstopfung und Verhärtung oder Scirrhus sey? Alles dieses wäre hier zu weitläuftig zu untersuchen, und aufrichtig, ich könnte darüber auch nicht alle die Befriedigung geben. Ein Glück ist es aber hierbey, daß, könnten wir auch nicht aufs genaueste von allem dem Obigen Rede und Antwort geben, wir doch so ziemlich gelernt haben, die Verstopfungen zu bezwingen, wenn es nicht zu weit damit gekommen ist.

Solche Verstopfungen entstehen oft langsam, aus Fehlern der Lebensart, und oft auch schnell, wie nach fieberhaften Krankheiten, ohne daß dieses auf die Behandlung einen Unterschied machte.

Die Eingeweide des Unterleibes, welche den Verstopfungen hauptsächlich unterworfen sind, dienen der Ernährung des Körpers, und daher ist die nächste Folge von diesem Fehler, daß dieses Geschäft darunter leidet. Die Verdauung, die Zubereitung des Milchsafts, der Uebergang desselben in die circulirenden Säfte, die Ausleerung der in den Därmen überbleibenden Hefen, kann dadurch in Unordnung gebracht werden, je nachdem der Fehler in verschiedenen Theilen sitzt, je nach dem verschiedenen Temperament und Beschaffenheit des Körpers. Ausserdem können sie durch Reiz und Sympathie, durch Druck und

mechani-

mechanische Ursachen, mittelbar und unmittelbar tausendfache andere Würkungen haben, und auf diese Weise entstehen Kopfschmerzen, Krämpfe und Nervenkrankheit, gichtische Beschwerden, Cacherieen, Wassersucht, Verunreinigungen der Säfte und daraus Ausschläge, und viele andere langwierige und beschwerliche Krankheiten, oftmals ganz allein, aus den Verstopfungen der Eingeweide.

Es ist zuweilen nicht leicht die Verstopfungen in den Eingeweiden zu erkennen: nicht immer sind sie so groß, daß der Leib davon dick wird, oder ein elendes Ansehn des Gesichts daraus entsteht; oftmals muß man es blos rathen, und vielleicht aus der Lebensart, aus der Würkung der gebrauchten Arzeneymittel oder vorhergegangenen Schicksalen und Umständen der Kranken vermuthen, oder auch aus der Abwesenheit anderer Ursachen und der Erfahrung nach schließen. Vielfältig aber giebt sich der Sitz des Uebels durch deutliche Merkmale im Unterleibe zu erkennen, durch Unordnungen in der Verdauung, in den Ausleerungen, durch Empfindungen, Härten, die weniger zweydeutig sind.

Mein Zweck erlaubt mir nicht hier tiefer einzubringen, ich wollte auch eigentlich nur auf diese große

und

und wichtige Ursach so unsäglich vieler langwieriger Krankheiten aufmerksamer machen, und insonderheit von ihrer Behandlung reden, die doch überhaupt wol nur von einer sehr kleinen Anzahl von Aerzten mit der gehörigen Aufmerksamkeit, Thätigkeit und Beharrlichkeit, und daher auch nicht immer mit dem größten Erfolge, unternommen wird.

Wenn jemand fragte: was muß der Arzt thun, wenn er einem Kranken helfen soll, bey dem die Ursachen des Uebels in verstopften Eingeweiden des Unterleibes sitzen? So würde man dieses für die Frage eines Unwissenden halten, weil ein jeder Arzt weiß und antwortet, man müsse eröfnende, auflösende Mittel, aperientia, deobstruentia geben, und nicht daran zweifeln, daß es solche Mittel gebe, und welche es sind. Von dieser allgemeinen Uebereinstimmung aber muß man sich nicht verleiten lassen zu glauben, daß würklich die Aerzte in ihrem Verfahren eben so übereinstimmten, gesetzt auch, daß sie in der Beurtheilung der Fälle überein kämen, welches doch nicht immer geschieht. Sie nennen wol einerley eröfnende Mittel, aber wie verfahren sie damit? Das ist die große Frage.

Boerhaave pflegte wol in den Krankheiten, die wir großen Verstopfungen der Eingeweide des Unterleibes zuschreiben, Mittel aus verschiedenen Gummis, auch wol seifenhafte Arzneyen, zu verordnen. Andre Aerzte brauchen dagegen bittere Extracte, die Arnica, die Ipecacuanha, die Kräutersäfte, den Honig, die Weintrauben, Mittel aus dem Quecksilber, aus dem Spiesglase, Salze, Schwefel, des allerdings stopfenden und zusammenziehenden und keinesweges eröfnenden oder auflösenden Eichelncaffe's nicht zu erwähnen*). Einige rathen viel kalt Wasser dabey an, andre die Molken, oder sonst verdünnende Tränke, und jeder Brunnenarzt unfehlbar seinen Brunnen; weil er sich gewöhnlich für einen kleinen Cammerpräsidenten über diese Domaine ansieht, und klüglich

*) Einige Tropfen eines jeden Aufgusses von Eichelncaffe's, mit Wasser oder Weingeist bereitet, in eine Eisenauflösung getröpfelt, würken wie Galläpfeltinctur; und wie alle andern zusammenziehenden Dinge: es wird Dinte daraus. — Für jeden, der nur ein bißgen Chymie versteht, beweiset dieser Versuch mehr für die zusammenziehende Natur des Eichelncaffe's, als alles Geschwätz dawider, wenn es auch mit so genannten, immer ganz nach Wunsch ausgefallenen Observationen belegt und bekräftiget wäre.

klüglich die Staatswirthschaft mit seinem Handwerke
vereinigt. Aber durch ein unbedingtes Anpreisen
eines Gesundbrunnens handeln kurzsichtige Brunnenärzte ihren Endzwecken grade entgegen.

Es ist kein Zweifel, daß in einigen von jenen
Mitteln große Kräfte von der Art sind; aber der
Fehler, in den die meisten Aerzte fallen, besteht
darin, daß sie nicht zu rechter Zeit mit den Mitteln
kommen, oder nicht weit genug damit gehn. Wenn
man nachfragt, was hat der Kranke gebraucht?
So heißt es: anfangs eröfnende und alsdenn stärkende
Mittel; das mögte nun ganz recht scheinen: erkun-
digt man sich aber weiter, so wären vielleicht einige
Unzen Salz und einige Grane versüßt Quecksilber,
höchstens einige unzureichende Antimonialmittel oder
ein Paar Abführungen gebraucht worden, und denn
sechs Wochen lang China oder Stahl; so daß nicht
der hundertste Theil Nutzen aus jenem Gebrauch erhalten wird, gegen den Schaden zu rechnen, den die
zusammenziehenden und stopfenden Mittel geschafft
haben, wenn der Fall würklich von Verstopfungen
der Eingeweide herrührt. An einen Kranken von
dieser Art, der so behandelt war, wie hier angegeben
ist, schrieb Zimmermann 1779: "Sie sind behan-

„delt worden, wie es hier Mode ist, und Ihre Ge-
„schichte ist die Geschichte unzähliger Kranken, die
„mich aus so mancher Gegend von Deutschland seit
„12 Jahren um Rath gefragt haben." Der Fehler
liegt hier oftmals darin, daß man sich von den Symptomen verführen läßt und der Ursach vergißt; man
glaubt etwa, weil Blähungen da sind, so sey der
Tonus der Därme verloren, oder weil Schwindel,
Hypochondrie und andere Nervenzufälle da sind, man
müsse die Nerven stärken*); etwas aber thut hiebey
auch

---

*) Mit Vergnügen habe ich gesehn, daß schon ein englischer Arzt ums Jahr 1716. über die stärkenden Mittel und Stahlcuren weit vernünftiger dachte, als mancher Practicus unsrer Zeit. Aber dieser Arzt ist in Deutschland eben nicht bekannt, er ist Iohn Woodward, und sein beynahe 40 Jahre nach seinem Tode herausgekommenes Buch heißt: Select Cases and Consultations in Physic (in which, hieß der ursprüngliche Titel, the ill consequences arising from an injudicious administration of the Bark and Steel — are pointed out, the absurd practice of certain eminent Physicians clearly evinced by facts, and the right method of cure in all the great chronical deseases established upon a rational foundation). Wenn auch gleich der Verfasser nicht, ganz dem Inhalt dieses seines Titels gemäß, alles dieses geleistet hat, weshalb denn freylich der gelehrte Herausgeber, auch das Vorurtheil. Nemlich die Practici führen benn für ihre Stahlcuren etwan einen vortrefflichen Mann der Vorzeit zum Gewährsmann an, und bedenken nicht, daß wenn der große Mann (zum Beyspiel Werlhof) mit der Zeit fortgegangen wäre und noch an den Fortschritten der Wissenschaft bis auf unsre Tage Theil genommen hätte, er auch hierin anders würde gedacht und gehandelt haben.

Ein wenig Nachdenken zeigt uns unwidersprechlich beutlich, daß durch kleine Mittel bey den verstopften Eingeweiden nichts ausgerichtet werde. Die Krankheit sitzt nicht im ganzen Körper zerstreuet umher, so daß ein jeder Gran von dem genommenen Arzneymittel etwas darauf würkt, sie ist an einem Orte eingeschränkt, und nur das wenige, was zu dem

ausgeber, der Doctor Templemann, alles jenes in Klammern geschlossene weggelassen hat: so sieht man doch, daß, unter einigen freylich wunderlichen Meynungen, Woodward gute und vernünftige Begriffe von der Würkung zusammenziehender Arzneyen auf die Stockungen in den Eingeweiden hatte, und unter andern die Natur der Wechselfieber besser kannte und vernünftiger behandelte, als mancher heutige Arzt. — Wem kommen nicht Fälle vor, daß die besten Naturen durch übelbehandelte Wechselfieber zerstört werden.

Theile hin kommt, würkt eigentlich unmittelbar zum Zwecke. Es ist daher nöthig, dieses Wenige oft und lange zu wiederholen; zudem entstehn dergleichen Fehler langsam, und lassen sich deswegen nicht in der Eile heben. Man muß zuweilen die ganze Masse der Säfte verändern, um seinen Zweck zu erreichen, man muß lange aufweichen und losspülen, ehe man durch alle Hindernisse hinbringt, die wegen entfernter und enger Wege die Würkungen aufhalten. Was will nun ein Krug Seidschüzer Wasser, oder ein wenig Schwefelmilch.

Was für Mittel man auch zur Auflösung der Verstopfungen wählt, die feinern eindringenden Salze, die Molken, die kräftigen auflösenden und seifenhaften Säfte der Pflanzen, die man aber niemals ungekocht geben sollte, die sanften verdünnenden Getränke, in vielen Fällen die leichtern und im höhern Grad auflösenden Gesundwasser, wie das Carlsbäder, das Emser, oder manchmal auch die Wasser zu Pfeffers in der Schweiz, die so sehr würksamen Clystire und die lauligen Bäder: so muß man lange und eifrig damit fortfahren, wenn man seiner Sache gewiß ist; nicht Tage oder Wochen reichen zu, sondern Monathe, und eingewurzelte Uebel erfordern Jahrlange unermüdete bete Fortsetzung. Es ist doch ein Glück, daß man hier noch so viel ausrichten kann, und nicht wenig trägt dazu bey, daß zum Exempel in die Leber, wo fast die meisten Stockungen entstehn, die auflösenden und verdünnenden Mittel, welche man nehmen läßt, grade durch die einsaugenden Gefässe zugeführt werden, ohne den Umweg durchs Blut zu machen.

Es giebt viele Grade in diesen Verstopfungen der Eingeweide, die sich zwar nicht genau bestimmen lassen, die man aber nach grade ohngefehr kennen lernt, sie sind natürlicher Weise verschieden in Absicht auf die Behandlung. Für den höchsten Grad rechne ich die unheilbaren, die man Verhärtungen heißt; diese ertragen sanfte Versuche sie zu heben, leiden, daß man die Zufälle lindert, aber alle etwas kräftigen Curen, und alle stärkenden Mittel verschlimmern sie augenscheinlich. Hier ist also der Pyrmonter Brunnen so wenig, wie irgend eine andere Arzney, ein Heilmittel; im Gegentheil, durch sein stärkendes Wesen, durch die größere Kraft, die er dem Umlaufe der Säfte mittheilt, die also mit mehrerer Gewalt gegen die unüberwindlichen Hindernisse getrieben werden, verschlimmert sich der Zustand ohnfehlbar, da er nicht zu bessern steht. Die Gefässe sind manchmal durch das lange Stocken der in ihnen scharfgewordenen Säfte schon angefressen, und es braucht nur einen schwachen Impulsus, um sie zum Reißen zu bringen. Ich kenne Personen, die im Zustande unheilbarer Stockungen sind. Einer unter diesen, der sein Uebel beständigem Sitzen großentheils zuschreiben muß, dem man seine Beschwerden im Anfange nur mit stärkenden Mitteln heben wollte, und der jezt ohnfehlbar eine ungeheuer angeschwollene Leber hat, diesem Manne kann man seine Leiden, die groß sind, lindern, wenn er sanfte Mittel nimmt, und er befindet sich immer auf die Molken etwas erleichtert, aber er hat verschiedentlich den Pyrmonter Brunnen versucht, und allemal mit Vermehrung seiner Beschwerden mußte er den Gebrauch desselben, so wie aller stärkenden Arzneyen, aufgeben.

Der zweyte Grad wäre der, welcher noch heilbar ist, wenn er auf die gehörige Weise angegriffen wird, dessen Auflösung man aber nur mühsam erhält durch alles, was die verschloßnen Canäle wegsam machen kann. Wenn man diesen Zweck erreicht hat, so müssen denn freylich zur rechten Zeit stärkende Mittel zur Hand genommen werden, wie Tissot wol erin-

erinnert*), damit nicht die Schlaffheit neue Anhäufungen zulasse. Und da ist unstreitig das Pyrmonter Wasser eins von den Mitteln, was zuerst statt findet, weil es neben den stärkenden noch große auflösende Kräfte hat, und zu gleicher Zeit, da er noch an der Auflösung arbeitet, auch den durch lange Unthätigkeit erschlafften Theilen ihre Stärke und Elasticität, und dem durch die Kränklichkeit dürftig gewordenen Blute und Säften Feuer und Kraft wieder giebt, und dadurch so mannichfaltige Krankheiten endlich hebt, als aus den Verstopfungen der Eingeweide entspringen: aber in diesem Grade des Uebels die Cur mit diesem Gesundbrunnen anzufangen, ist unstreitig und der Erfahrung nach nicht der rechte Weg, weil zu dieser Absicht die stärkenden Kräfte des Wassers den auflösenden das Gewicht halten. Wenn er aber hier zu rechter Zeit, nach gehörigen Vorbereitungen und an der Quelle mit allen hülfreichen Umständen getrunken wird; so ist es denn auch eine

*) Debellata obstructione, tunc locus est tonicis, quorum si nocet intempestivus usus, periculo non vacat semper omissus. Corporis pars quæ obstructa fuit, fusa materie obstruente, debilis & atona remanet, &, nisi corroboretur, promte recidivat. Diss. de Febre biliosa.

Freude zu sehn, was für Fortschritte die Kranken aus dem traurigsten Zustande machen*), was für widernatürliche Materien von ihnen gehn, welcher zäher wunderlich gefärbter und beschaffener Schleim, von dem man wol sieht, daß er weiter herkommt, als aus den Därmen, wie sie dabey wieder anzünden und aufleben, eine gesunde Farbe und Ansehn bekommen, und zuweilen in wenigen Wochen sich nicht mehr gleich sind; und zu gleicher Zeit bauet er, als ein Stärkungsmittel, der Wiederkehr des Uebels vor.

Die geringern Grade der Verstopfungen hebt der Brunnen oftmals zuweilen ganz allein und sehr glücklich, oder mit einiger angebrachten Nebenhülfe. Im Sommer 1784, da dieses alles längst geschrieben war, hatte ich einen schönen Beweis hiervon. Ein Mann vom mittlern Alter war durch ein mit vieler China übelbehandeltes immer wiederkommendes Wechselfieber in einen erbärmlichen Zustand gerathen, und litt seit langer Zeit. Man fühlte eine deutliche Härte in der linken Seite, und sahe eine Dicke daran, er sah übel aus, hatte abgenommen, litt Drücken

in

---

*) Ein ausführlich erzähltes Beyspiel dieser Art findet man in der Krankengeschichte zu Ende des folgenden achten Capitels.

in der Seite, Traurigkeit, Mangel an Oefnung, an Appetit, Kopfschmerzen und vielerley Uebel, die ich jetzt vergessen habe. Er war der Auszehrung nahe, verzweifelte an seiner Herstellung, und kam von fern her nach Pyrmont, aber ohne hinlänglich dazu vorbereitet zu seyn. Im Anfange wurde er auch in Pyrmont nicht zweckmäßig geführt, und der Brunnen bekam ihm übel, weil er verstopft dabey war. Ich rieth ihm endlich zu auflösenden Mitteln neben dem Brunnen, zu zwey Clystieren alle Tage, zum fleißigen Gebrauche der herrlichen auflösenden und stärkenden Pyrmonter lauwarmen Bäder. Am Ende der Cur schien wol einige Besserung da zu seyn, doch war die Herstellung noch nicht völlig. Aber nach zwey Monathen hatte ich Gelegenheit, meinen Kranken auf einer Reise wieder zu sehn, und fand ihn ganz vollkommen gesund und von allen Rückfällen des Fiebers befreyt. Dieser Fall kann auch als ein Beyspiel von der Nachwirkung des Brunnens dienen.

Weil man nicht immer die wahre Größe des Uebels deutlich und zuverläßig sehn kann, wenn man auch seine Natur richtig erkannt hat: so glaube ich, daß man doch auch in solchen Fällen, wo vielleicht

der

der Brunnen gradezu gebraucht, helfen könnte, der Vorsicht halber, besser thue, durch etwas vorgängiges dem Brunnen den Weg zu bahnen, oder wenigstens daneben etwas zu geben, das die Zwecke erreichen helfe, die man hierbey haben kann.

Daß das warme Pyrmonter Bad hier oftmals eine vorzügliche Stelle verdiene, begreift man leicht, weil seine Kräfte, als warmes Bad, noch durch den mineralischen auflösenden Gehalt ungemein befördert werden.

Zuweilen nehmen verhärtete oder überhaupt stockende Unreinigkeiten in Windungen der Därme, sonderlich des Grimmdarms, der einer ausnehmenden Ausdehnung fähig ist, die Gestalt und den Anschein von Verstopfungen in den Eingeweiden an, und sind zuweilen würklich die Materien, die sich aus den Eingeweiden, welche dadurch verstopft waren, durch eine glückliche Würksamkeit der Natur, oder durch gute Curen, losgelöset, und in die Därme abgesetzt haben, wo sie nun wieder fest sitzen.

Solche Ansammlungen verursachen Austreibung des Unterleibes, Aengste, Krämpfe und allerley hypochondrische Beschwerden, Schwindel und fieberhaften Zustand; und können Jahre lang sich unterhalten,

wenn

wenn sie nicht auf die gehörige Weise angegriffen werden; können auch da hitzige Krankheiten verursachen. Was für eine unglaubliche Menge dieser Unreinigkeiten ein Mensch bey sich haben könne, und wie schwer es oft sey sie wegzuschaffen, wie lange Zeit und wie viel Mühe und Beharrlichkeit dazu gehöre, das wissen nur die Aerzte nicht, die, wenn sie auch Erfahrung haben, entweder von Vorurtheilen beherrscht werden, oder die allemal auf der Oberfläche bleiben. Man sieht dergleichen in hitzigen Fiebern zuweilen in solchem Maaße, daß man darüber erstaunt und nicht begreift, wie nach so großen Ausleerungen noch so viel Zeug übrig sey, und wie es überhaupt in einem so engen Raume Platz haben könne, wie der Unterleib ist. Ein Paar gewöhnliche Abführungen helfen hier noch nicht immer.

Bey der Methode, die man so vielfältig allen Beschwerden entgegen setzt, die man für hypochondrisch ansieht, und deswegen der Nervenschwäche zuschreibt, und, wie ich so oft gesehen habe, mit Chocolate, China und Stahl vertreiben will, läßt man in diesem Falle sicherlich das Uebel nicht nur sitzen, sondern vermehret es, und giebt zu, daß andere größere und überwindlichere Krankheiten daraus und darneben

neben entstehn. Der Pyrmonter Brunnen ist hier, wegen seiner auflösenden und abführenden Kräfte, ein viel besseres Mittel, und es ist gewiß, daß mancher Kranke, ohne die wahre Ursach seiner Besserung zu wissen, nur deswegen in Pyrmont sich so wohl fühlt, und so erleichtert davon wieder abreist, weil er aus den Händen seines roborirenden, oder vielleicht voller Vorurtheile steckenden Arztes*) entwischte, und durch häufige Oefnungen die Menge verhärteter Unreinigkeiten los wird, die eigentlich das war, was ihn quälte. Doch würde manchem seine Cur noch besser nützen, wenn er vorher etwas gethan hätte, um diesen Quark zu erweichen und aufzulösen, damit der Brunnen nicht alles allein thun müsse, weil er nun die Zeit verliert, in welcher das Pyrmonter Wasser seine Därme stärken und vor ähnlichen Anhäufungen bewahren sollte.

*) Man sollte es nicht denken, aber es giebt würklich noch Aerzte, die gar nicht zu den unwissenden gehören, die, zumal bey fieberhaften Krankheiten, nichts von Unreinigkeiten und vom Abführen wissen wollen. Neulich fand ich, daß ein solcher Ungenannter die Aerzte, welche an Fieber von Unreinigkeiten oder Gallenfieber, folglich an Abführungen, glauben, sehr beissend mit dem Spottnamen Ailhauds belegte.

Fünftes

Fünftes Capitel.
Von den Blutanhäufungen des Unterleibes *).

Nicht allein in dem Innern der Eingeweide des Unterleibes und in den feinsten Gefässen derselben giebt es Stockungen, sie finden auch statt in den viel grössern Canälen, die bestimmt sind das Blut im Unterleibe herumzuführen. Die Leichenöfnungen setzen dieses ausser Zweifel. Wesalius sah einst die Hämorrhoidalader, vom Ende des Grimmdarms an bis an die Oefnung des Afters, fast eines Zolls dick im Durchschnitt, und von Blute strotzend; Junker fand in einem Leichname die Hämorrhoidalgefässe ihrer ganzen Länge nach strotzend von schwarzem Blute, Daumes dick, an welchen der Kranke einige Jahre lang unsäglich viel gelitten hatte; Guarinonius fand die Blutgefässe im Gekröse so dick, daß sie aussahen wie

---

*) Aus den im ersten Capitel dieses Buchs, und in der Vorrede des ersten Bandes angeführten Ursachen, habe ich unter andern sonderlich auch diesem Capitel nicht die Vollkommenheit geben können, die ich zur Absicht hatte, und es aus der ersten Handschrift dem Druck übergeben müssen.

wie Gedärme. Aehnlichen Zustand sahen Brunner, Mercatus und andere. Ein französischer Arzt, Rollin, erzählt die Leichenöfnung eines Hämorrhoidarii, (dem der Gebrauch des Eisens auch nicht half, sagt er), dessen Hohlader im Unterleibe so dick war wie der Mastdarm. Solche seltene Fälle von außerordentlich großen Unordnungen in diesem Stücke, beweisen allemal, daß ähnliche Abweichungen im geringern Maaße häufiger vorhanden seyn. Was für Ursach hätte man auch anzunehmen, daß nur allein die Blutgefässe äusserlich am Mastdarm fähig wären, ausgedehnt und in Blutsäcke verwandelt zu werden, und daß hingegen die inwendigern nicht auf gleiche Weise von Blute strotzen könnten. Es haben auch würklich die Beobachter oftmals solche varicose Anschwellungen der Venen des Unterleibes bemerkt, so Bonnet und Columbus, und ich habe selbst eine merkwürdige Anhäufung des Bluts wahrgenommen, von der ich unten zu reden habe. Wie häufig die vasa brevia in diesem Zustande sind, ist eine bekannte Sache. Wedel sah sie von einer ausnehmenden Dicke sich frey in den Magen öffnen bey einer Person, die häufig Blut gebrochen hatte; Riolan fand sie in einem ähnlichen Falle eines kleinen Fingers weit. In der lehrreichen Bibliothek des Herrn Tode ist ein

merk-

merkwürdiges Beyspiel von einem Brandtweinsäufer aufbehalten, in dessen übelbeschaffenem Unterleibe unter andern viele Blutgefäße am Magen sehr aufgetrieben worden waren, und ganz hartes Blut enthielten. Allerdings müssen diese Blutgefäße sehr viel aufnehmen können, wenn man die dicken zähen Materien betrachtet, und zumal die unglaubliche Menge, die zuweilen durch dieselben ausgeworfen wird, und wovon ich selbst ein Beyspiel gesehn habe.

Es ist zu wünschen, daß die Zergliederer, und alle, welche häufig Gelegenheit haben Leichen zu öfnen, sich der Blutanhäufungen des Unterleibes erinnern, über die wir zuverlässig noch nicht alles wissen, was sich davon wissen läßt; obwol, in Wahrheit, die Leichen, welche auf den anatomischen Theatern zergliedert werden, am wenigsten hierin zu beobachten geben, indem die Menschen von der geringsten Classe, die nur dahin kommen, keine Lebensart führen, die zu solchen Fehlern disponirt. Indessen sind doch selbst die Thiere davon nicht ausgenommen. Ich habe oft von Landleuten eine Krankheit des Hornviehes nennen hören, die man in Niedersachsen das Rückenblut nennt, bey der man dem Vieh mit der Hand in den After greift, und zuweilen Fäuste voll Blut gemeiniglich

niglich ohne Nutzen herausholt; weil man nur das ergoſſene Blut wegnimmt, ohne auf den Grund des Uebels zu kommen. Ein ſehr einſichtsvoller Zergliederer, der ſich ganz der Thieranatomie widmete, der nun verſtorbene Herr Kerſting in Hannover, verſicherte mich auf meine Nachfrage, er finde, ſonderlich im Rindvieh, oft die Blutgefäſſe des Unterleibes ſtrotzend, und oft zerriſſen, da denn das Vieh natürlicher Weiſe davon ſtirbt. Sehr irrig hat man daher behaupten wollen, die Blutanhäufungen ſeyen blos Folgen von Diätfehlern, oder gar vom aufrechten Gange der Menſchen.

Auch ſelbſt die Pulsadern ſind von dieſen Ausdehnungen nicht ganz befreyet. In den Schriften der Academie zu Siena erzählt Nenci die Geſchichte eines Mannes, der nach vielem Elende plötzlich ſtarb, und in deſſen Unterleibe man endlich die Aorta, Coeliaca, die linke arteria renalis und die arteria ſplenica ſehr erweitert, und die letzte zerriſſen, fand, und zehn Pfund Blut im Unterleibe.

Dieſe Blutanhäufungen werden gemeiniglich mit zu den Verſtopfungen der Eingeweide gerechnet, die man alle zuſammen unter dem Namen Infarctus begreift, und wie ich fürchte, auch in den wenigen guten

guten Schriften darüber, damit vermengt. Indessen da sie zuverläßig eine von den wichtigsten Ursachen der chronischen und sonderlich sehr vieler obscuren Krankheiten ausmachen, und das ganze Geschlecht der beträchtlichern Hämorrhoidalbeschwerden einschliessen, da auch ihre Behandlung von der der Stockungen in den Eingeweiden sich unterscheidet, so will ich sie lieber, obwol wider die Gewohnheit, von jener trennen, und will um so mehr etwas umständlicher davon handeln, weil ich gute Gründe habe zu glauben, daß manche Aerzte, sowol von der schreibenden als von der ausübenden Classe, nicht mit aller der Deutlichkeit hierin sehen, die doch möglich ist. Kämpf der ältere hat sich ein wesentliches Verdienst durch die Aufklärung dieser Materie erworben, der nicht allein die Sache theoretisch ins Licht gestellet, sondern auch den rechten Weg gezeigt hat, wie man dabey helfen kann, wenn er gleich die eigentlichen Blutanhäufungen nicht gehörig von den übrigen Anhäufungen im Unterleibe unterschieden hat, und alles zusammen unter dem Namen Infarctus zusammen begreift. Es ist höchstens zu verwundern, daß seine Lehren dreyßig Jahre haben können durch öffentliche Schriften in Deutschland bekant gemacht seyn, und daß seine Ideen demohngeachtet noch etwas Neues haben,

das

das von einem sehr großen Theile von Aerzten ganz und gar nicht gekannt wird. Selbst ganz neue Verfasser, die von den Krankheiten des Unterleibes schreiben, denen die Kenntnisse nicht fremd sind, die auf den deutschen Universitäten Cours haben oder im Umlauf sind, und die davon wissen würden, wenn auf den Universitäten davon gesprochen würde, erwähnen dieser Anhäufungen mit keinem Worte. Und dieses setzt mich in die Nothwendigkeit hier umständlicher davon zu handeln, als von irgend einer andern Ursache langwieriger Krankheiten.

Die Alten hatten, was auch sonst ihre Verdienste sind, hiervon keine richtige Begriffe, dieses zeigt schon der Name und die ganze Geschichte der schwarzen Galle, Atra bilis, womit sie einen Zustand benannten, der im größten Zusammenhange mit dem steht, wovon ich rede. Wenn nun auch Hippocrates sagt, die Atra bilis habe mit den Hämorrhoiden eine Aehnlichkeit, oder, es sey gut, wenn ein Atrabilarius die Hämorrhoiden bekomme: so wird man doch selbst bey der närrischsten, ich fürchte oft affectirten, Vorliebe für die Alten, daraus wol nicht erweisen wollen, daß er die Natur der Blutanhäufungen des Unterleibes in ihrem vollen Lichte gekannt habe; er

konnte

konnte sie ja nicht kennen! Aber es thut mir leid zu sagen, ich finde bey vielen trefflichen Schriftstellern, die nach Harvey schrieben, wenn etwa unsre deutschen Litteratoren doch diesem das Verdienst der Erfindung des Blutumlaufs zubilligen wollen, eben so wenig große Klarheit über diesen Punkt.

Der berühmte Stahl ist einer von den Wenigen, und wohl der erste, der dieser Sache eine mehr als gewöhnliche Aufmerksamkeit gewidmet hat, und in dessen Begriffen davon sich eine ziemliche Deutlichkeit findet, ob sie gleich auch nicht ohne ihre Nebel sind *). Aber Stahls Lehren waren verrufen, aus Gespensterfurcht vor selber Seele; und weil er, zumal seine Schüler, die China zu allgemein verwarf, war alles was von ihm kam, verdächtig, und wurde wieder verworfen. Cullen erinnert zwar noch neulich gegen Stahl, er habe die Hämorrhoiden zu sehr als eine local oder topische Krankheit angesehn, und zu wenig als eine allgemeine Krankheit des Körpers; er hält auch dafür, die blinden Hämorrhaiden seyen nicht erweiterte

*) Man sehe davon seine bekannte und berühmte akademische Schrift, De vena portæ porta malorum hypochondriaco-splenetico-suffocativo-hysterico-colico-hæmorrhoidariorum. Halæ. ohne Jahrzahl.

weiterte Blutadern, sondern nur im Zellgewebe aus
gegossenes Blut, und ein anderer Verfasser sieht sie
gar für entzündete und angeschwollene Drüsen an.
Aber man wird aus diesem ganzen Capitel wol sehen,
daß Stahl vollkommen Recht habe.

Hofmann, ob er gleich Stahls Arbeiten vor sich
hatte, umfaßt diese Lehre bey weitem nicht so gut als
dieser, wie man sich davon in dessen Abschnitten von
den Hämorrhoiden, vom Blutbrechen und von der
Hypochondrie, überzeugen kann; und ich finde, daß
er einmal in seinen Consultationen das Gutachten eines ungenannten Arztes etwas schnöde behandelt,
welches nach meinen Begriffen, im Betracht es im
Jahre 1722 geschrieben war, viel Gutes hierüber
enthält.

Boerhaave und van Swieten leisten hierin auch
keine Genüge. Alles was sie über die Blutanhäufungen sagen, steht unter dem Titel von schwarzer Galle,
wodurch sie ein dickes Blut verstehn, das, so lange
es im Körper umlaufe, die Melancholie, wenn es
aber sich in den Hypochondriis festsetze, alsdenn die
Hypochondrie hervorbringe. Die Hämorrhoiden
aber sieht van Swieten beynahe ganz als eine Folge
der Vollblütigkeit, und nicht als Congestion, an.

Es

Es würde mich hier viel zu weit führen, zu sagen, was ich etwa Wunderliches hierüber bey neuern und ältern Schriftstellern gesagt finde, die ich darüber nachgelesen habe, und die überhaupt entweder nichts von der Sache wissen, oder sie doch schief gefaßt haben; ich kann hier nur überhaupt einen Begriff geben, wie im Ganzen diese Lehre pflegt abgehandelt zu werden, weil ich nicht sowohl die Absicht habe eine gelehrte, als vielmehr eine nützliche Abhandlung davon zu schreiben.

Von allen Uebeln, die Blutanhäufungen des Unterleibes voraus setzen und davon abhängen, pflegt man gewöhnlich in medicinischen Büchern nichts zu nennen, als die Hämorrhoiden und das Blutbrechen. Die Hämorrhoiden betrachtet man blos in so fern als sie zu stark fließen, oder etwa Schmerzen an den Säcken äusserlich erregen, oder in so fern sie verhalten werden, und also, wie man meynt, befördert werden müßten. Ohne Zweifel vergleicht man überhaupt die Hämorrhoiden zu sehr mit dem natürlichen Blutflusse der Weiber, man achtet sie mehr für eine nützliche Ausleerung deswegen, weil sie erleichtert, als für ein Merkmal und die Folge eines widernatürlichen Zustandes, nemlich einer Blutanhäufung im

Unterleibe, die man trachten sollte zu heben. Indem ich dieses schreibe, habe ich mit einem Manne zu thun, der sich äusserst angelegen seyn läßt, seinen Hämorrhoidalfluß acht bis zehnmal im Jahre zu befördern, und sich sehr freuet, wenn er eintritt, weil er ihn, sagt er, erleichtert, und er sieht jeden Rath verdächtig und gefährlich an, der darauf abzweckt, die Ursachen seines Hämorrhoidalflusses zu heben, weil er sich vorstellt, man wolle diesen Abfluß stopfen, und ihn ums Leben bringen. Es gehen allerdings von der Versammlung des Bluts vor der Ergießung Beschwerden vorher, die wegfallen, wenn das Blut fort ist, das ist die Erleichterung; aber dieser Mann weiß nicht, daß er vielleicht der nicht brauchte, wenn es möglich zu machen wäre, daß die Anhäufung des Bluts gar nicht geschähe, welches allerdings oftmals möglich ist; und also die dadurch verursachten Beschwerden durch den Abgang desselben nicht gehoben zu werden brauchten.

Ich läugne nicht, daß es Fälle von Hämorrhoiden gebe, die eine größere Aehnlichkeit mit der Reinigung der Weiber, oder mit manchem Nasenbluten hätten, und die folglich ohne sonderliche Blutanhäufung vor sich gehn; ich kenne selbst welche, die höchst
wahr-

Drittes Buch Fünftes Capitel

wahrscheinlich die Folge von würklichem Ueberfluße des Bluts sind: aber gewiß sind dies die wenigsten; es bleibt doch immer eine Krankheit, und ganz muß man sie nie mit der weiblichen Reinigung vergleichen.

Das Blutbrechen betrachtet man wieder als eine Krankheit für sich, nennt es unter gewissen Umständen die schwarze Krankheit, und den Auswurf Atra bilis, und wenn etwa einmal ein Auswurf einer Materie wie Kaffeesatz, der ursprünglich von Stockungen in den Blutgefässen mag hergerühret seyn, ein Hämorrhoidalbrechen genannt worden wäre, so ist das gewiß ein unpaßlicher Name.

Das sind die beyden Krankheiten von dieser Art, um die man sich gemeiniglich bekümmert, und zwar auch nur unter den angeführten Umständen, und hingegen läßt man die Ursach dieser Zufälle, die Blutanhäufungen im Unterleibe, die eine so große Rolle spielen, und die Ursach von so vielen andern Uebeln sind, ganz außer Acht, und bemüht sich nur die Würkungen zu benennen und zu heben, ohne auf den Grund zu reichen.

Kämpf hat daher, wie gesagt, das wahre und große Verdienst, zuerst über diesen Gegenstand ein Licht angezündet zu haben, das vorher schlechterdings

D 5

dings fehlte, und das bey weitem noch nicht aller‑
wärts hinleuchtet.

Seit Kämpfs Zeiten aber weiß ich niemand, der vortrefflich oder nur erträglich über diese Materie ge‑schrieben habe, wenn ich ausnehme, was Tissot da‑von im Jahre 1760, in dem bekannten Briefe an Zimmermann über die schwarze Krankheit *); aber nur beyläufig sagt. Ich freue mich daher, daß ich Hoffnung machen kann zu einer eignen Schrift über diese Materie von dem vortrefflichen Hanauischen Leib‑arzt Kämpf, dem Sohne von dem, welchem wir so viel hierüber schuldig sind.

Ueberhaupt bemerke ich, daß die holländischen Aerzte im Ganzen auf diese Art von Krankheiten mehr Aufmerksamkeit wenden als andere. Es sind mir verschiedentlich Beyspiele davon in Pyrmont vor‑gekommen, und noch kürzlich eins, welches der nun verstorbene van Doevern mit großer Einsicht und mit vielem Glücke behandelt hatte. In ihrem Lande ha‑ben sie unstreitig auch vorzügliche Gelegenheit alle Arten

---

*) De morbo nigro, scirrhis viscerum, inoculatione variolarum et irritabilitate. Epistola ad perillu‑strem I. G. Zimmermann.

Arten von Stockungen im Unterleibe kennen zu lernen. So viel ich aber bemerke, unterscheiden sie die Arten derselben nicht hinlänglich, sondern begreifen alles zusammen unter dem Namen von schwarzer Galle. Wenn ich aber jenes überhaupt von den holländischen Aerzten sage, so will ich damit doch nicht was ich bemerkt habe auf alle erstrecken, so wenig als ich einzelnen Männern von andern Nationen die Kenntniß dieser Uebel abspreche.

So viel wird man mir wol, wegen der Wichtigkeit der Sache, hier von der gelehrten Geschichte dieser Materie verzeihen, für die sonst in diesem Buche eigentlich der Ort nicht ist.

Es sind viele Ursachen vorhanden, warum das Blut in den Venen des Unterleibes häufiger stockt, als anderswo. Der Fortgang in denselben ist langsam, zumal in dem System der Pfortader, der Trieb des Bluts wird durch die häufigen Krümmungen und Windungen der Adern geschwächt, und die Kräfte des Herzens, sowol die fortstoßende der Kammer, als die wegen ihrer beständigen Ausleerung ansaugende der Aurikel, werden dadurch gebrochen, um so mehr, da auch wegen Mangel der Valveln das Gewichte des Bluts dem Aufsteigen entgegen würkt.

Hierzu

Hierzu kommt, daß im Unterleibe die Venen mehrentheils in schlaffen, nachgebenden, weichen, häutigen Theilen fortlaufen, und nicht zwischen derben Muskeln, die sie unterstützten, und durch ihre Action nöthigen könnten sich auszuleeren; hingegen leiden sie hier häufig einen ungleichen Druck, der dem Aufsteigen des Bluts nothwendig hinderlich wird. Es ist daher kein Wunder, daß das Blut schwerer aus dem Unterleibe in die Höhe steigt, deswegen die Gefässe ausdehnt, und endlich dick und unbeweglich darin wird. Dieses geschieht insonderheit, wenn große Fehler der Lebensordnung hinzukommen, beständiges Sitzen, oder eine Diät, auch wol Arzneymittel, welche die Därme reizen, oder die das Blut erhitzen und antreiben, und es folglich am ersten in die Theile treiben, wo der wenigste Widerstand ist. Mancher hat eine natürliche oft geerbte Anlage zu Blutanhäufungen. Wenn da alsdenn viel hitzige Getränke, Gewürze und viele Kraftbrühen hinzu kommen, so ist ihr Schicksal entschieden, und das zuweilen schnell. Ich kannte einen äusserst hämorrhoidarischen Geistlichen, der eine übermäßige Menge Pfeffer aß, ob man ihn gleich warnte; er fiel des folgenden Tages in eine solche Hämorrhoidalkrankheit, daß er nach dreyen Tagen todt war. Starkes und häufiges Abführen,

Drittes Buch. Fünftes Capitel

führen, zumal mit Aloe, trägt auch dazu bey, daß Blut nach dem Unterleibe zu treten und Stokungen darin zu veranlassen. Ueberhaupt gehört üble Diät, der häufige Genuß erhitzender Speisen und Getränke ohne nöthige Abkühlung, Ueberladungen, heftige Bewegungen und Mangel aller Bewegung unter die Ursachen der Blutanhäufungen. Es ist mir schon wiederfahren, daß ich jungen Leuten aus ihrer Lebensart die Hämorrhoiden prophezeihte, und zur Antwort erhielt: die haben sie schon längst.

Die Beobachtung zeigt, daß zwar in allen Venen des Unterleibes das Blut stocke, indessen findet man es am häufigsten in den Gefässen des Magens, der Därme, vorzüglich der dicken, und der Mutter. Es ist merkwürdig, daß, den Beobachtungen zu Folge, die Pfortader diesen Stockungen weniger unterworfen ist, da sie doch wegen des langsamen Fortganges des Bluts in derselben, gewiß eine von den Ursachen der Zurückbehaltung des Bluts in den meisten jener Gefässe ist; aber die stärkern Häute, aus denen sie besteht, befreyen sie mehr davon, obwol sie doch dem Uebel allerdings auch unterworfen ist.

Die Zeichen der Anhäufungen des Bluts im Unterleibe sind mannichfaltig und zuweilen unsicher, sie

sind

sind auch nach der Verschiedenheit des Sitzes des Uebels verschieden. Die meisten Zeichen der eigentlich so genannten Hypochondrie, nemlich der Beschwerden des Unterleibes, die man ursprünglich unter diesem Namen verstand, haben die Blutanhäufungen mit ihr gemeinschaftlich, und es ist ausser allem Zweifel, daß sehr oft etwas Hypochondrie genannt worden ist, was Blutanhäufungen hätte heißen sollen. Jedoch geht man auch auf der andern Seite wiederum zu weit, wenn man alles was Hypochondrie heißt, auf Fehler, gewöhnlich auf Verstopfungen im Unterleibe überhaupt, und deren Folgen schiebt, wie dieses von vielen geschehen ist. Wenn die Blutgefässe, die am Magen und den Gedärmen und in deren Nähe liegen, in einem widernatürlichen Zustande sind, so ist es wol begreiflich, daß solches auf diese Theile einen vorzüglichen Einfluß haben, allerley Unordnungen darin erregen müsse, und oft als ein Reiz würken und allerley krampfhafte Bewegungen hervorbringen könne. Aber es bleiben sicherlich noch andre Ursachen für ähnliche Würkungen übrig. Das Magendrücken, die Aengste, die üble Verdauung, die Leibesverstopfung, der häufige wäßrige Urin, die Blähungen, der Speichelfluß, sind allzumal Zufälle, die von Blutanhäufungen sowol, als von der eigentlichen

lichen Hypochondrie, herrühren können, und die zuweilen schwer zu unterscheiden sind. Wenn alsdenn vielleicht zu jenen Zufällen ein hämorrhoidalischer Abgang, oder Knoten am Mastdarm und häufige Rückschmerzen hinzukommen, oder beträchtliche und deutliche Unordnungen im Umlaufe des Bluts: so kann dieß ein großes Licht anzünden; oder wenn alle Beschwerden entstanden, nachdem etwa ein ungewohntes Nasenbluten, oder ein Blutabgang von hämorrhoidalischer Art, ausblieb, so giebt dieses auch einen Anlaß mit großer Wahrscheinlichkeit auf die Ursach des Uebels zu schließen. Manchmal hat der Kranke schon vielerley gebraucht, und aus der Würkung, welche die Arzneymittel, oder das Verfahren, hatten, lassen sich sehr oft gute Schlüsse machen.

Man rechnet gewöhnlich auch wol den schlechten Fortgang des Ernährungsgeschäfts, folglich das magre und üble Ansehn des Gesichts und des Körpers unter die Kennzeichen der Blutanhäufungen. Ich läugne auch gar nicht, daß sie dabey seyn können und oft seyen, indessen sind sie dazu eben nicht nothwendig, und den Stockungen in den Eingeweiden, zumal in den Drüsen, weit mehr eigen, als den Stockungen in den Blutgefässen. Manchen dicken wohl-

gemäste-

gemästeten Bauch kenne ich, dem ohne Zweifel alles
Elend und Uebel aus der Blutanhäufung kommt,
und der demohngeachtet nicht mager wird.

Die Folgen dieses widernatürlichen Zustandes in
den Blutgefässen des Unterleibes sind mehrentheils
lästig und quälend, und oft gefährlich.

Wenn das stockende Blut sich unter allerhand Plagen bis zu einer gewissen Menge in den untern Gefässen angesammlet hat, so sucht es mit mannichfaltigen Bewegungen sich auszuleeren, und wenn es geschieht, so entstehn die Hämorrhoiden. Sie heben
zwar das Uebel keinesweges gründlich, aber natürlicher Weise bringen sie große Linderung, weil die strotzenden Gefässe in einen bessern Zustand für eine Zeitlang gesetzt werden, und nun nicht mehr als eine auf
tausendfältige Weise reitzende Ursach würken. Aus
dieser Linderung nun rührt alles Lobpreisen der güldnen Ader her, alles Verlangen, Befördern und
Treiben derselben, und allerdings auch dieser präch-
tige goldene Name. Wegen dieser empfundenen
Linderung wußte der selige Doctor Luther kaum Worte
zu finden, seinem Freunde Justus Jonas, in einem
Briefe, den uns Hofmann gedruckt aufbehalten hat,
die Glückseligkeiten der güldnen Ader zu rühmen.

Ich

Ich fürchte, daß nur allzuviele Aerzte die güldne Ader eben so ansehn, wie der Kranke, der grade sich davon erleichtert fühlt. Daher höre ich alle Tage, daß man den Kranken Mittel verordnet, um die Hämorrhoiden zu befördern, und das sind gemeiniglich Arzneyen, die wenigstens etwas nach unten treiben; eins von den gelindern darunter ist an dem Orte wo ich lebe, wegen des eingeführten Herkommens, das Lac Sulphuris. Aber man sollte doch immer bedenken, daß der Zustand eine Krankheit sey; warum nennt man die Hämorrhoiden eine Wohlthat, als weil sie Beschwerden auf eine Zeitlang heben. Es ist wahr, es giebt viele Fälle, wo der Ausfluß eine ziemliche Ordnung hält, und zwar kein beschwerdenfreyes, aber doch erträgliches Leben bis zu einem ziemlichen Alter erhält, und einigermaaßen den natürlichen Fluß der Weiber nachahmt. Indessen ist doch die Zahl derer viel größer, deren Gesundheit und Leben durch die Blutanhäufungen aufgerieben wird, die keinen, oder keinen so regelmässigen Abfluß finden, bey denen er zu stark wird, oder die ihn zu erzwingen suchten und sich dadurch schadeten; und am Ende ist und bleibt es immer eine Krankheit und kein natürlicher Ausfluß; fast allemal eine Anlage zu gefährlichen Krankheiten.

Man kennt alle die Blutflüsse, die bey der sogenannten Hämorrhoidaldisposition entstehen, das heißt, aus den Blutanhäufungen im Unterleibe, und der sogenannte Leberfluß gehört unstreitig auch unter die Folgen. Daher sollte man immer bedacht seyn, zwar nicht den Abfluß zu hindern, aber so viel möglich seine Ursachen zu heben und zu vermindern.

Alle Blutanhäufungen des Unterleibes sind nicht geschickt, sich in die fließende güldne Ader aufzulösen, es können das nur diejenigen Gefässe, welche unmittelbar an den Därmen liegen. Was höher oder entfernter ist, würkt anders; und wenn die strotzenden Gefässe des Magens reißen, so entsteht ein Blutbrechen. Dieses ist seiner Natur nach nicht viel von der güldnen Ader verschieden, es erleichtert auch von großen Beschwerden, und ich habe es manchmal sehr heftig und doch ohne alle Folgen, so gut wie Hämorrhoidalflüsse, vorüber gehn sehn. Dennoch steht das Blutbrechen bey weitem nicht in so gutem Geruch als die güldne Ader; dieses rührt vermuthlich von den beunruhigenden Auftritten und der davorhergehenden Aengstlichkeit her, die damit verknüpft zu seyn pflegen, und weil es überhaupt seltener ist, und gefährlicher aussieht.

Wenn

Wenn das Blut keinen Weg aus diesen Gefäſſen findet, weder durch Ausleerung, noch dadurch, daß es wieder in den Umlauf kommt, oder nach andern Theilen regurgitirt, und etwa durch Naſenbluten oder Blutſpeyen ausgeleert wird, und alſo eine lange Zeit in den Gefäſſen geſtockt hat, ſo wird es zäh und dick darin, es wird ſchwarz, pechartig, polipös, verurſacht wohl fiſtulöſe Geſchwüre, und geht zuletzt ganz in eine verhärtete ſteinartige Materie über, wie man ſie oft in den Adern des Unterleibes gefunden hat, und wie ich ſie einmal ſelbſt unter einer ſchwarzen in Menge ausgebrochenen Materie ſahe. Indeſſen iſt doch nicht ſchlechterdings aller ſchwarze Abgang aus Blutanhäufungen herzuleiten, es ſcheint doch auch zuweilen ſo etwas aus den Eingeweiden zu kommen.

Das ſolchergeſtalt ſtockende Blut, wenn es nicht glücklicherweiſe von der Natur durch eine Kraftoperation ausgeworfen, oder durch Kunſt ſanft aufgelöſet und in Bewegung geſetzt wird, macht von Anfang ſeiner Anhäufung an allerhand Reize, Schmerzen, Krämpfe, Aengſte, Unordnungen und Beſchwerden aller Art. Gewöhnlich rechnet man dieſen Zuſtand unter die wichtigſte Urſach der ſo viele

Uebel unter Einem Namen zusammenfassenden Hypochondrie. Sie verursacht auch würklich einen leidenden der Hypochondrie ähnlichen, aber doch davon wesentlich verschiedenen Zustand, in welchem so viele Menschen, sonderlich von der sitzenden Classe, ihr Leben durchjammern, indem sie immer an sich flicken lassen, ohne jemals recht zu wissen, was ihnen fehlt.

Aber die Folgen der Blutanhäufungen bleiben nicht immer bey bloßen Beschwerden stehn, die nur plagen und erst nach und nach das Leben vernichten, sie drohen auch oftmals nähere Gefahr, und tödten zuweilen plötzlich. Von dieser Art sind alle aufwärts gehende Bewegungen des Bluts, die natürlich sind, wenn der ordentliche Umlauf desselben in einem grossen Theile gestört ist; daher dasjenige Blutspeyen aus der Lunge, welches seinen ersten und wahren Grund im Unterleibe hat, und die daraus herrührenden Lungensuchten, wenn das Blut sich durch dieses Eingeweide einen Ausgang sucht; daher die Schlagflüsse, wenn der unordentliche Lauf des Bluts Congestionen nach dem Kopfe macht, die Gefässe zerreißt und das Hirn überschwemmt. Daher entstehen auch die oftmals tödtlichen Hämorrhoidalcoliken, die man wol mit großem Rechte Blutcoliken nennt.

Manche

Manche obscure Krankheit, deren wahre Ursach der geschickteste Arzt Mühe hat ausfündig zu machen, sitzt in heimlichen Anhäufungen des Bluts im Unterleibe. Die Natur will sie ausleeren und kann nicht, sie macht die größten Bewegungen desfalls, heftige Fieber, Erschütterungen und Schmerzen; zuweilen liegt sie unter, aber wenn sie obsiegt, so geschieht denn die Crisis durch den Abgang einer Menge Bluts.

Ich erinnere mich eines solchen Falles aus der allererſten Zeit, da ich Kranken besorgte, und bekenne, daß ich die Krankheit damals nicht begriff; und ich war hierin gewiß zu entschuldigen, weil von solchen Krankheiten in den Schulen nicht gesprochen wird. Ein Fieber wie eine hitzige Krankheit, das viele Wochen dauerte, das durch nichts gelindert werden konnte, wo die beste China und andere vortreffliche Arzneyen nicht nur gar nicht half, sondern wol übel bekam, wobey zu meiner Verwunderung blos das Aderlaſſen einige doch nur geringe Erleichterung schaffte, ohne daß sich die kleinſte Spur von entzündetem Zuſtande äuſſerte, viele Schmerzen und Beschwerden, die ich nun vergessen habe; und welches alles beſſer wurde, als auf einmal unvermuthet eine große Menge geliefert Blut fortgieng. Der Mann,

Mann, an dessen Herstellung ich sechs bis acht Wochen lang zweifelte, lebt noch diesen Tag, nach 14 Jahren, völlig gesund, durch seine Naturkräfte allein geholfen, und durch keine Arzney.

Daß aber auch der unordentliche Umlauf des Bluts im Unterleibe schon ganz unmittelbar für sich die schrecklichsten Folgen haben und auf eine Art tödten könne, für die es wol an einem eigentlichen Namen fehlt, auch davon habe ich selbst ein höchstmerkwürdiges Beyspiel gesehn, dessen Erzählung hier nicht am unrechten Orte stehn wird.

Ein vortrefflicher Mann, der immerfort saß und babey eine nahrhafte Diät führte, guten Wein trank, und einen wohlgenährten Körper hatte, litte seit vielen Jahren, ob er gleich sonst von gesetztem männlichem Wesen war, ausnehmend an hypochondrischer Aengstlichkeit, wider welche ihm nichts besser bekam, als kühlende Mittel, vornehmlich Säuren und Gefrornes. Der Sitz aller seiner großen Aengste war um die Herzgrube und nach beyden Seiten. Er war 54 Jahr alt, als er mich an einem Nachmittage rufen ließ, weil er ganz unaussprechliche Angst, Bedrückung und Schmerzen litte. Er hatte schon in der letzten Nacht einen ähnlichen Zufall gehabt,

der

Drittes Buch Fünftes Capitel

der aber weniger heftig, und geschwinder übergegangen war, und von dem er sich so völlig erholt hatte, daß er des Morgens seine Geschäfte verrichten und ausgehen konnte. Die Schmerzen und die Oppression, die er jetzt litte, übertrafen alles, was er jemals schreckliches empfunden hatte, und waren über aller Beschreibung; das Gesicht war blaß davon, und der Schweiß lief stromweise davon herunter, die Hände waren kalt und feucht, der Puls im höchsten Grade unordentlich, klein, geschwind und uneben, wie bey Sterbenden, der Sitz dieser schrecklichen Empfindungen war in den Präcordiis, um die Herzgrube, etwas unterwärts, ohngefähr in einer Gegend wie einer Hand breit, und erstreckte sich in dieser Gegend rund herum durch alle Theile der Gegend unter dem Zwerchfell zu beyden Seiten und in den Rücken. Der Kranke konnte noch aufstehn und ein wenig gehn, aber er mußte jede Bewegung mit steifem Rücken machen, und konnte es nicht lange aushalten. Zuweilen ließ die Heftigkeit ein wenig nach, und denn sprach er mit freyem Kopfe von allem, was er berührte. Indem ich so neben ihm saß und sprach, und zu ergründen trachtete, was eigentlich wol dieser Zufall sey: so fiel mein Kranker plötzlich in Convulsionen, in völlige Erstarrung des Körpers, und war zu meinem Entsetzen todt, ehe ich nur einen Bedienten zu Hülfe rufen konnte.

Die Oefnung des Leichnams wurde verstattet. Im Kopfe wollte man sichtbarlich einen Schlagfluß finden, weil der Kranke freylich plötzlich gestorben war, aber ich sah nichts darin, als eine kleine glatte gewiß unschuldige Verknöcherung am Processus Falciformis, die manches Jahr da mochte gesessen haben, und keinen sichtbaren Eindruck auf die Halbkugel des Hirns machte, an der sie lag. Ich hatte allerdings große Ursach den Sitz des Uebels ganz anderswo zu suchen, aber ich bekenne, daß ich nicht wußte worin es bestand. Die Oefnung des Unterleibes zeigte sie uns deutlich genug. Die Farbe der Eingeweide war fast durchgehends widernatürlich, das Netz sah bräunlich aus, und bey genauer Untersuchung fand sich, daß diese Farbe von ganz ungewöhnlich angefüllten und aufgetriebenen großen und kleinen Geäder herrührte; wo weniger Blutgefässe sichtbar waren, da hatte das Fett seine natürliche Farbe behalten. Die sämmtlichen dünnen Gedärme hatten eine dunkle Farbe wegen der angelaufenen Blutgefässe, hingegen waren die dicken Gedärme und das Gekröse vollkommen natürlich beschaffen. Die Blutgefässe des Magens

waren

waren noch viel stärker vom Blute aufgetrieben, als die in den Därmen, die innern Wände des Magens waren blutroth, und sahen beym ersten Anblick aus, als ob sie recht mit Fleiße ausgesprützt seyen. Aber der Hauptsitz war in der Leber und Milz: die Leber hatte bis auf die äusserste Spitze ihres Randes nach ihre Farbe verloren, sie war sehr dunkel, und beym Durchschneiden brauste an jeder Stelle das Blut mit Heftigkeit und schäumend hervor, und füllte den Einschnitt in einem Augenblick an. Man weiß, wie wenig Blut sonst solche Einschnitte in die Leber geben. Andre Fehler schien die Leber nicht zu haben, so wenig als die Milz, die aber, wo möglich, noch stärker von Blute strotzte, und wenn man hineinschnitt, mit Heftigkeit vieles Blut ergoß. Alles übrige im Körper schien im besten Stande der Gesundheit zu seyn; nur waren die Gefässe der untern Ränder der Lungen auch ein wenig von Blute angetrieben.

Ich setze keine Betrachtungen über diesen Fall hinzu, die Erscheinungen sprechen von selbst; und solche Geister die gleich mit der Erklärung von allem was vorkommt fertig sind, werden sich hier auch bald helfen. Eine Frage will ich doch thun: gesetzt dies war die Folge eines Krampfes, folglich einer Nervenschwäche;

schwäche; hilft man alsdenn solcher Schwäche auch wol durch die gewöhnlichen nervenstärkenden Mittel, Stahl und China ab?

Wenn es Congestionen von Blute oder Blutanhäufungen von der plötzlichen Art giebt, so war das eine in ihrer Art, sie mag selten seyn, und ich weiß nicht, eine ähnliche Beobachtung irgendwo gelesen zu haben; daß es aber ähnliche Congestionen nach andern Theilen, wie nach dem Kopfe und den Lungen, gebe, die denn aber andere Folgen haben, daran mag zweifeln wer Lust hat.

Andere Würkungen des äusserst in Unordnung gebrachten Umlaufs des Bluts im Unterleibe übergehe ich. Wassersuchten, Auszehrungen, die grossen verzehrenden Blutflüsse, mannichfaltige chronische Beschwerden, sind nicht zu verwundern, wenn ein so wichtiges Geschäft, als der Umlauf des Bluts ist, in Unordnung geräth. Auch gefährliche und sehr obscure fieberhafte Krankheiten von hitziger Art, die man unter die gewöhnlichen Classen von Fieber nicht bringen kann, und wovon ich oben ein Beyspiel anführte, können zuweilen ihren Ursprung daraus nehmen.

Ehe ich etwas über die rechte Behandlung der Blutanhäufungen sage, und denn endlich zu meinem
Haupt-

Hauptzwecke komme, zu zeigen, wo und in wie fern der Pyrmonter Brunnen ein heilsames Mittel bey dieser Krankheit und den daraus herrührenden mannichfaltigen chronischen Beschwerden ist, will ich zuerst erzählen, was gewöhnlich dabey zu geschehen pflegt, und welche Fehler man dabey begeht.

Weil die Zufälle, welche die Blutanhäufungen im Unterleibe verursachen, vielfältig so aussehn wie das, was man Hypochondrie nennt, so werden die Blutanhäufungen auch sehr oft für Hypochondrie erklärt und dem zufolge behandelt*). Nun liegt hier sehr häufig wieder der Satz zum Grunde: die Hypochondrie sey nichts anders als eine Erschlaffung, wo nicht des ganzen Körpers, doch gewiß des Magens und der Gedärme: also müsse man stärken. Durch diese Schlüsse geschieht es denn, daß man die strotzenden Blutadern des Unterleibes mit China, mit Stahl, mit kalten Bädern, und nicht viel klüger, mit

---

*) Solche Fälle sind es denn, wo Blutlüftungen die Hypochondrie plötzlich vertreiben, wie der weiter unten aus den Acti- Hafniensibus angeführte, wo die Blutigel so treflich halfen; die sonst bey der eigentlichen Hypochondrie von kranken elenden Nerven solche Wunder nicht thun, und wohl gar schaden können.

mit tüchtigem Reiten, das auch keine Universalarzney ist, heben will. Aus eben diesen Schlüssen rührt das Erstaunen her, das man gewahr wird, wenn etwa ein solcher für Hypochondrie gehaltener Zustand auf eine ganz entgegen stehende Weise angegriffen würde.

Ich kenne so manchen dicken wohlgenährten Bauch, dem sicherlich alle sein Elend aus dem stockenden Blute kommt, bey dem man immer bemüht ist, die Schwäche, die vermeynte Ursach alles Uebels, zu heben, und roborirende Mittel, nahrhafte Speisen, Chocalate, Kraftsuppen, Gewürze, Magentropfen und Weine in Menge giebt, um ihn zu stärken: anstatt daß man ihn abkühlen, seinem Blute freyen Umlauf schaffen, es verdünnen, die Blutsäcke ausleeren, und vornemlich ihm die Hungercur verordnen sollte, die im Anfange dieses Jahrhunderts in Deutschland in so großem Ansehn stand, und gewiß in manchem Falle eine gar vortreffliche Cur ist.

Es wäre mir leicht, hier manchen Fall anzuführen, wo Aerzte grade so mit dem Kranken verfuhren, wie ich hier gesagt habe, und sie dadurch in unbeschreibliches Elend und oft lebenslange Leiden stürzten. Aber es mag genug seyn, Ein Beyspiel zu geben.

Ich

Ich kannte einen Mann, der in seiner physischen Beschaffenheit die größte Aehnlichkeit mit dem hatte, dessen merkwürdige Leichenöfnung ich so eben erzählt habe, nur war er etwas dicker; auch war diese Aehnlichkeit nicht zu verwundern, und er kannte sie selbst, deswegen sandte er auch seinen Arzt ab, bey jener Leichenöfnung gegenwärtig zu seyn, und da zu lernen, wie er für gleichem Unglück könne bewahret werden. Der Arzt sah alles, was ich beschrieben habe, und hielt den kleinen Knochen im Kopfe für sehr wichtig. Was thut er? Er fuhr fort seinem Kranken die Aengste zu vertreiben mit Stahl und mit häufigen kalten Bädern, die er immer bis spät in den Herbst fortsetzen ließ. Und was war der Erfolg? Der Kranke starb eben so plötzlich, wie jener, einige Jahre später, als er ohngefehr in dem gleichen Alter war, wie der andre; und dieses hatte ich hundertmal in meinen Gedanken erwartet, und vielmal voraus gesagt.

Diese Verwechselung der Zufälle aus den Blutanhäufungen mit den Zufällen der wahren Hypochondrie gebiehrt einen beträchtlichen Fehler in der Behandlung. Man sieht oft auf Hämorrhoiden treiben, wo gar keine Neigung dazu ist; bey andern will man die

Hypo-

Hypochondrie durch Mittel heben, die bey den vorhandenen Blutanhäufungen sehr schädlich sind. Glücklicher ist man zuweilen, wenn man nach Pyrmont kommt, wo der Brunnen oftmals dem vermeinten hæmorrhoidario seine Nervenbeschwerden hebt, ohne daß ein Blutfluß aus den Hämorrhoidaladern kommt, oder aber dem, der sich für blos nervenkrank hielt, seine Blutanhäufungen durch Auflösung oder Hämorrhoidalfluß heilt, wenn er zur rechten Stunde gegeben wird. Ein anderer Fehler wird begangen, wenn man in seinem Urtheil der Natur des Uebels näher kommt, und die Beschwerden für hämorrhoidalisch hält.

Wenn man Hämorrhoidalbeschwerden nennt, oder molimina hæmorrhoidum, so versteht man damit gemeiniglich ein Bestreben der Natur, sich einer Menge Bluts durch den After zu entledigen. Wenn nun die Natur dieses vermeintliche Bestreben nicht durchsetzt, so hält man sich für berufen, ihr zu Hülfe zu kommen, und dieses geschieht denn vielfältig auf eine sehr ungestüme Art, durch sogenannte treibende Mittel. Solche Mittel bestehen gemeiniglich aus Vermischungen von solchen, die die Därme stark reizen, wie Aloe; und von solchen, die das Blut erhitzen,

hitzen, wie Safran; und durch diese Vereinigung wird in der That ohngefehr eine solche Würkung hervorgebracht, wie man sie verlangt, nemlich das Blut wird nach dem Unterleibe getrieben, wenn es nur irgend eine Neigung dahin hat, zuweilen erreicht man auch den Zweck so weit, daß würklich etwas Blut danach abgeht.

Man braucht blos einen deutlichen Begriff von dem zu haben, was eigentlich Blutanhäufungen und der wahre Grund des Hämorrhoidalzustandes ist, um zu begreifen, daß ein solches Verfahren nicht blos gewagt und unsicher, sondern daß es verwerflich und in den meisten Fällen nachtheilig sey. Diese sogenannten molimina hæmorrhoidum sind sehr oft blos die Folgen der Blutanhäufungen im Unterleibe, die gar nicht auf einen Abfluß des Blutes zielen, und wegen ihrer Lage und Beschaffenheit sich nicht füglich darin auflösen können, sie sind ein bloßer Fehler, der da vorhanden ist, und als eine oft heilbare Ursach von tausend Plagen, ohne irgend einen Zusammenhang mit der Lehre von den Hämorrhoiden, so wie sie bisher in den Therapien abgehandelt wird, zu haben. Es kann daher nicht anders seyn, man muß entsetzlich schaden, wenn man hierbey auf solche mit trei-

benden

benden Mitteln los geht. Was man gewiß damit ausrichtet, ist, daß das Blut einen größern Trieb nach dem Unterleibe bekomt, da man doch vielmehr suchen sollte, es davon wegzuleiten und eine allenthalben gleiche Circulation herzustellen. Gesetzt aber auch, man erreiche alles, was dadurch erreicht werden kann, man errege würklich einen Blutabgang; ist damit das Uebel gehoben? Ein Hämorrhoidalabgang ist aufs höchste nur ein Palliativ, und zieht mehrentheils die Nothwendigkeit eines folgenden nach sich. Er leeret wol die Gefässe vor der Hand ein wenig aus, und lindert folglich die Beschwerden, die daraus entstanden: aber was etwa altes stockt, wird dadurch nicht aufgelöset, noch kann dadurch eine allenthalben gleiche Circulation hergestellt werden. Wo in den Adern vollends ganz unbewegliche oder coagulirte polipöse Blutmassen sitzen, da müssen nothwendig treibende Mittel schaden, indem das fortgetriebene Blut das Hinderniß nicht überwinden kann, regurgitirt und nach andern Theilen geht, oder wol sich Luft nach aussen sucht, und das oft durch gefährliche Wege.

Hier ist ein Fall, wo man auch mit dem Pyrmonter Brunnen sündigen kann. Weil die Anhäufung oft durch einen Hämorrhoidalfluß gehoben wird, so hat man darauf, wie oben gesagt ist, allzugewöhnlich gedrungen, und weil der Pyrmonter Brunnen manchmal den Hämorrhoidalfluß hergestellt hat, so ist man unstreitig zuweilen etwas indiscret unter solchen Umständen, wo man was hämorrhoidalisches vermuthet, mit dem Brunnen verfahren. Er treibt doch an, und wenn er daher nicht durchbringt, (movet, non promovet) so können widrige Wirkungen entstehn, so kann das Blut nach andern Theilen getrieben werden. Sonst indem der Brunnen durch das tägliche Abführen nach dem Mastdarme und den Harnwegen seinem Triebe überhaupt eine Richtung nach unten giebt: so begreift man, warum er sonderlich diesem Blutflusse beförderlich sey. Er kann daher schaden, wenn es nicht erlaubt ist, auf einen Blutabgang zu treiben, oder ihn zu befördern.

Es giebt zwar allerdings Fälle, wo ein langwieriger kränklicher Zustand durch einen Hämorrhoidalfluß gehoben wird, und wenn wirklich bewegliche Anhäufungen von Blute die Ursach der Beschwerden sind, so begreift man, wie dieß möglich sey. Ohne Zweifel war von der Art der Zustand des armen Hypochondristen, dessen merkwürdige Geschichte Herr

Schön-

Schönheiber im zweyten Bande der Acten der Kopenhagener Gesellschaft der Aerzte erzählt, der auf einmal geheilt wurde durch sechs Blutigel am Mastdarm. Aber solche Fälle sind doch gewiß selten, und auf die wenigen hin sollte man wol nicht zu treibenden Mitteln greifen, die mehrentheils gefährlich sind, zumal da es Mittel giebt, die auf eine ganz unschädliche Weise die Blutanhäufungen heben können, und von denen man weit mehr Hülfe zu erwarten hat, wenn sonst noch Hülfe möglich ist.

Ich sehe häufig, daß man den Kranken, die starke Blutflüsse, zumal durch die Hämorrhoiden leiden, viel Eisen brauchen läßt. Ob man den geschwächten Körper damit stärken und dem dünne und kraftlos gewordenen Blute dadurch wieder Röthe und Feuer und dem Gesichte Farbe geben will, das weiß ich eigentlich nicht. Aber ich setze dieses Verfahren gradesweges unter die fehlerhaften, weil ich es für fehlerhaft halte, und weil gewiß, wenn die Ursach des Blutflusses nicht wohl gehoben ist, der Gebrauch des Eisens ihn sehr wohl wieder hervorbringen möchte.

Wenn man gewiß ist, daß Blutanhäufungen im Unterleibe vorhanden sind, so ist die Indication leicht: man soll die Anhäufung zu heben trachten, und eine

allent=

allenthalben gleiche Circulation des Bluts herzustellen suchen.

Ich habe eben gezeigt, mit welchen Mitteln man diesen Zweck vergebens und irrig zu erreichen gesucht hat; ich muß nun zeigen, welches die bessern Wege sind, und wie man diesem Uebel in seinen verschiedenen Graden und nach seinen verschiedenen Arten und Beschaffenheiten abhilft.

Im höchsten Grade dieser Krankheit heilt man nicht mehr, obwol man noch da schaden kann, wenn man verkehrt zu Werke geht. Alles, was unter solchen Umständen möglich ist, das besteht, so wie bey den sogenannten completen Obstructionen der Eingeweide, in einer lindernden Hülfe. Wenn Blutgefäße zu der übermäßigen Dicke von Därmen aufgetrieben sind, wenn das darin enthaltene Blut die Festigkeit des Fleisches angenommen hat und zu Polypen geworden, oder in steinigte Concremente übergegangen ist, so sind alle Versuche zu heilen eitel, und es läßt sich der Zerstörung der Maschine nichts mit Wirkung entgegen setzen, wenn sie auch noch ein wenig hingehalten werden möchte. Im Anfange des Uebels und in seinen geringern Graden ist der Ort für die Curen.

Die Auflösung und Verdünnung des in den Adern stockenden Bluts ist ohne Zweifel der Hauptzweck, den man sich zuerst vorsetzen muß zu erreichen, wenn man die Beschwerden heben will, die daraus herfließen und dahin gelangen, daß ein allenthalben gleicher Umlauf des Bluts im ganzen Körper hergestellt werde. Ehe nicht das zähe Blut verdünnt und geschickt gemacht ist, wieder in Umlauf zu kommen, können sich die ausgedehnten Adern nicht wieder zusammen ziehn oder ihre Schnellkraft wieder erhalten, folglich sind da alle stärkenden Mittel aller Art unnütz und oft nachtheilig.

Unter die wichtigsten Mittel zu dieser Absicht gehören die Kämpfischen so genannten Visceralclystiere, durch deren Einführung sicherlich dieser Mann das größte Verdienst um sehr viele leidende Menschen hat und behält, wenn auch sonst in seiner vor dreißig Jahren angegebenen Methode, wie Tißot mit Recht anmerkt, manches verbessert werden könnte.

Nur ungedulbige Kranken, nicht Aerzte, die das Wesen und die Wirkungen des thierischen Körpers kennen, werden glauben oder erwarten, daß solche Fehler, die oft sehr alt sind, in der Geschwindigkeit könnten gehoben werden. Es gehört allemal, wenn

das

das Uebel irgend einen Grad hat, lange Zeit, Monathe und Jahre, und so wol bey dem Arzte, als bey dem Kranken, Beharrlichkeit und fester Wille zu helfen und geholfen zu werden dazu. Wer sich darum einbildet, mit ein Paar Clystieren fertig zu werden, der spare nur die Mühe, eine Cur anzufangen.

Diese Clystiere haben die Absicht, im Leibe behalten zu werden, in die einsaugenden Gefässe der dicken Därme überzugehn, so in die größeren Gefässe zu gelangen und da zu verdünnen, aufzulösen und beweglich zu machen, was stockt. Dieserwegen bereitet man sie ohne alles Reizende und ohne Oel, nur blos aus Kräutern, die sich zu der Absicht schicken; und aus eben dieser Ursach folgt, daß man sie lange und viel gebrauchen muß.

Die Blutlüftungen, Aderlässe und Anlegung der Blutigel gehören zwar nicht unbedingt in die Heilart der Blutanhäufungen des Unterleibes; aber vielmals sind sie von der größten Wichtigkeit, wenn zugleich ein Ueberfluß von Blute vorhanden ist, wo sie die Cur sehr erleichtern, oder, im Falle das Blut seinen Zug nach edlern Theilen nimmt und ihnen Gefahr droht, diese Gefahr abwenden.

Unter die allgemeinsten Mittel für diesen Zustand gehören alle kühlenden, verdünnenden und auflösenden Arzneyen. Das Kühlende macht eine ihrer vornehmsten Eigenschaften aus, und durch die große Indication zu kühlen, die denn auch schon die Diät vorschreibt, unterscheidet sich die Cur der Blutanhäufungen sonderlich von der Cur der Infarctus der Eingeweide. Die Molken, die feinern Salze, der Cremor Tartari, die seifenhaften auflösenden Kräutersäfte, die laulichen Hausbäder, sehr sanfte Bewegung und Leibesübung und das gelinde Reiben des Unterleibes.

Wenn durch diese und dergleichen Mittel, die denn jeder verständige Arzt schon an ihren rechten Ort bringen wird, das Gröbste der Anhäufung gehoben und die Circulation des Bluts wieder in einiges Gleichgewicht gebracht ist, so hat alsdenn der Pyrmonter Brunnen einen wichtigen Platz unter den Heilmitteln.

So lange noch die Gefäße des Unterleibes von Blute strotzen, der Umlauf des Bluts gestört ist, oder gar das Blut eine Neigung zeigt, aus seiner Bahn zu weichen und durch irgend einen Theil des Körpers sich zu ergießen, so lange wäre es unrecht, den

den Pyrmonter Brunnen zu gebrauchen. Obgleich seine auflösenden Kräfte ihn gewissermaßen unter die nützlichen Mittel gegen die Stockungen setzen, so sind hingegen seine stärkenden, belebenden, anfeurenden und treibenden Wirkungen doch zu groß, als daß er ein sicheres Mittel abgeben könnte da, wo es geschwächte, nachgebende und ausgedehnte Oerter in dem Adersystem giebt. Ich billige daher das Verfahren der Kranken nicht, die ohne weitern Rath auf ihr eigenes Gutdünken, ohne weitere Vorbereitung alle Jahr zur Quelle nach Pyrmont kommen, und eine große Menge Wasser so lange trinken, bis sie die Hämorrhoiden zum Flusse gebracht haben. Oft geht dieses freylich gut, und ich kenne Leute, die so viele Jahre hinter einander verführen. Freylich treibt der Pyrmonter Brunnen die Hämorrhoiden imschädlicher als andere treibende Mittel, weil er zugleich auflösend und verdünnend ist, und bey manchem Falle paßt er gewiß recht gut. Nur könnte man doch in vielen Fällen etwas besseres zur Erhaltung seines Körpers thun, wenn man sich zuvor lange Zeit auflösender Mittel bediente. Es wird einiges, was zu diesem Zweck gehört, im 7ten Capitel gesagt werden müssen, wo ich von den Blutflüßen handle, und unter andern anführen werde, wie unfehlbar bey

einigen

einigen Personen der Gebrauch des Pyrmonter Brunnens einen Hämorrhoidalfluß errege, und wie dieser bey manchen dadurch nachtheilig stark werde. Eben so gut kann er auch ein Blutspeyen zu wege bringen, und hat es hin und wieder zu wege gebracht, wenn die Natur des Kranken dazu geneigter war.

Nachdem aber die Stockungen durch angemessene Mittel bis auf einen gewissen Grad gehoben und aufgelöset sind, das Blut abgekühlt oder der Ueberfluß desselben gemindert und die Circulation wieder ins Gleichgewicht gebracht ist, so daß also von den antreibenden Kräften des Brunnens kein Nachtheil zu erwarten steht: alsdenn stellet auch oft kein Mittel besser die Gesundheit her, als der Pyrmonter Brunnen, und vollendet das Werk, das sonst nur zur Hälfte zu Stande käme, indem er eine Menge dicken zähen Zeugs, Schleims oder schwarzer pechartiger mannichfaltig beschaffener Materien mit der größten Erleichterung aus dem Körper führt, und denen man es zum Theil noch an ihrer Gestalt ansieht, daß sie in Gefässen gesessen haben. Und wenn auch Blutbrechen oder Bluthusten oder jede andere Art von Hämorrhagien vorhergegangen wäre, so macht dieses überall keinen Einwurf gegen den Gebrauch des Brunnens,

Brunnens, wofern er sonst für die Umstände nützlich ist. Es giebt Fälle genug, die beweisen, daß dieser Gesundbrunnen solchen Personen zuträglich seyn könne, die vorher Blutergießungen erlitten haben. Aber es kommt nicht auf die Menge von Beyspielen an, um dergleichen zu beweisen, sondern auf ihre Güte und das Zuverläßige, Genaue und Unterrichtende, was sie haben, und ich will daher hier nur eins erzählen, welches für viele gelten kann.

Ein Frauenzimmer von einem zärtlichen Körper, welches längst viel von Hämorrhoiden gelitten hatte, und bey der unzweifelhafte Spuren von Blutanhäufungen im Unterleibe vorhanden waren, hatte in einem Winter, in welchem sie, wie gewöhnlich, viel saß, allerley Mißvergnügen. Auf einmal entstand bey ihr, ohne große Vorboten, ein sehr starkes Blutspeyen mit Husten tief aus der Brust. Sie hatte schon zwey Schwestern, nach Blutspeyen, an der Schwindsucht verloren, also kann man leicht denken, was von diesem Zufalle erwartet wurde. Zum Glücke aber war sie in andern Händen, als ihre Schwestern, und es geschah alles, was für einen Kranken gutes geschehen kann, wenn seine Krankheit heilbar ist, und ein großer Arzt die wahre Quelle des Uebels durchschauet und danach die Hülfe wählt. Sie brauchte die nöthigen Mittel um die Anhäufung des Bluts im Unterleibe zu heben, die Stockungen aufzulösen, die Circulation ins Gleichgewicht zu bringen; Blutigel, Clystiere, feine Salze, Molken, Kräutersäfte, laulige Hausbäder, waren die Mittel, die sehr lange Zeit hindurch und in der Folge, neben einigen stärkenden Arzneyen, gebraucht wurden. Hiedurch ward zwar die eigentliche Krankheit gehoben, und das Blutspeyen kam nicht wieder, aber die Gesundheit ward doch nicht so ganz hergestellt, es blieben Krämpfe, gewisse Hämorrhoidalbeschwerden, Schwäche, oftmals eine gelbe Farbe zurück. Hierwider hatte ihr Arzt, ohngeachtet des gehabten Blutspeyens, gerathen, den Pyrmonter Brunnen an der Quelle zu trinken, und nicht nur den Brunnen, sondern auch das so kräftige Bad. Es gehörte ein großer Glaube an den Arzt dazu, und ein Zutrauen, wie es nur Zimmermann einflößt, um unter solchen Umständen einem solchen Rathe, den alle Welt für verderblich ansah, zu folgen. Aber es geschah. Die Kranke brauchte in einem Sommer zwey Curen an der Quelle, einmal vier Wochen, und das andremal 14 Tage in Verbindung mit den Bädern, und dieses alles geschah mit solchem Glücke, daß sie völlig munter und gesund

von

von Pyrmont zurück kam, nachdem ihr eine Menge unnatürliches Zeugs bey dem Gebrauche des Brunnens abgegangen, und Kräfte und gute Farbe hergestellt wurden, und blieb sieben Jahr von allem Blutspeyen frey. Es stellten sich wol Spuren der übrigen Beschwerden von Zeit zu Zeit wieder ein, sonderlich im Winter, aber diese hebt im Sommer, und nach den nothwendigen Vorbereitungen, allemal der Pyrmonter Brunnen und Bad wieder, der seitdem jährlich unausgesetzt an der Quelle ist getrunken worden.

So kann der Pyrmonter Brunnen bey allen Hämorrhoidaldispositionen vom größten Nutzen seyn, wenn die Stockungen gehoben, der Ueberfluß des Bluts gemindert und der ganze Zustand so beschaffen ist, daß man es für zuträglich hält, die Lebenskraft aufzuhelfen und zu verstärken, und die Wirksamkeit aller Organen, folglich alle Bewegungen und den Umlauf des Bluts und der Säfte zu beleben. Dieser Fall ist allemal da vorhanden, wo ein Blutabgang ohne große Anhäufung des Bluts im Unterleibe gewöhnlich ist, von dem man nicht zu fürchten hat, daß er zu stark werden möchte, und bey welchem ein schwaches erschlafftes Gebäude des Körpers herrscht, und wo etwa ein schleimigter Abgang die Oberhand hat,

hat, dem man sehr unrichtig einen gleichen Geschlechtsnamen mit dem Blutabgange, nemlich den der schleimigen Hämorrhoiden, beygelegt hat, weil beyde,
ihrer Natur nach, völlig verschieden sind.

Es wird noch eins und das andre über diesen
Punct in der Folge, vielleicht im Capitel von den
Complicationen dieser allgemeinen Ursachen, und
auch im fünften Buche dieses Werks, müssen gesagt
werden.

Sechstes Capitel.
Von den Schärfen in den Säften.

Unter die allgemeinen Ursachen vieler Krankheiten
gehört auch die Schärfe und widernatürliche
Mischung in den Säften. Man hat in vorigen Zeiten viel davon gesprochen, und sich, wie mir däucht,
ziemlich obscure Dinge dabey gedacht, die man scharf
salzige Theile nannte. Diese Schärfe hatte man
vermuthlich auch im Sinne, wenn man von scorbu-
tischer Schärfe sprach, die einmal eine sehr große
Rolle in in der Pathologie spielte. Es giebt noch Aerzte,
die alle Nervenzufälle auf den Scorbut schieben, so
wie

wie andre hingegen schlechterdings eine in den Säften steckende Gichtmaterie beschuldigen. Um diese und alle andere Meynungen der Art zu vereinigen und sie unter die Ursachen der Nervenkrankheiten aufzuführen, sagte ich daher vor einiger Zeit hierüber: "Meine Gedanken sind, daß jede reizende Materie "in den Säften, welche die Nerven von sich abzu= "stoßen nicht vermögen, Krämpfe verursachen könne. "Ich umfasse also eine Menge Theorien von den Ur= "sachen der Nervenkrankheiten, indem ich weder "Gichtmaterie, noch Ausdünstung und was derglei= "chen mehr, folglich auch den Scorbut, nicht aus= "schließe" *).

Wir bekümmern uns nicht so viel um die chymi= sche Beschaffenheit der Schärfen in den Säften, die man einmal ausfindig machen wollte, aber daß es etwas gebe, welches den Namen der Schärfen ver= dient, daran kann man wol nicht zweifeln. Ich billige

*) Siehe meine Recension von Revillon recherches sur les affections hypochondriaques etc. in den Göttingischen Gelehrten Anzeigen Nr. 93. vom Jahr 1780. — die auch in dem nützlichen Frankfurter medicinischen Wochenblatte 1 Band. Seite 566. wie= der abgedruckt ist.

billige es daher nicht, daß einige Verfasser die ganze
Idee von Schärfen in den Säften keck und selbst ge=
nugsam verwerfen wollen, und sie eine Eselsbrücke
oder Freystatt der Unwissenheit nennen, weil wir
nicht wissen, was ihre Bestandtheile sind.

Die Fälle kommen nicht selten vor, daß Aus=
schläge von der Haut, oder fließende Schaden, oder
andere Ausleerungen übelbeschaffner Feuchtigkeiten,
verschwinden, und darauf allerley Beschwerden ent=
stehn, die von einem Reize herkommen, oder von
Versetzungen solcher Materien entstehn, und daß
hingegen andere Personen, die lange gelitten haben,
auf einmal besser werden, wenn ein Ausschlag auf
der Haut, oder sonst ein Auswurf der Natur, ent=
steht, der oftmals nur überaus gering ist. Es ist wol
kein aufmerksamer Arzt, der dieses nicht oft, wenig=
stens bey Krätzigten, denen etwa durch die zur Unge=
bühr gerühmten Salben der Ausschlag vertrieben war,
und bey flechtenartigen oder auch bey andern Aus=
schlägen, sollte wahrgenommen haben. Indem ich
dieses schreibe, sehe ich die augenscheinlichste und öf=
tere Abwechselung zwischen den heftigsten Nervenzu=
fällen und dem Ausflusse einer außerordentlich schär=
fen fressenden Feuchtigkeit aus einem Beine; das eine

erfolgt

erfolgt unfehlbar, so bald das andere aufhört. Mir ist ein Beyspiel bekannt, wo auf eine vertriebene Krätze eine Melancholie entstand, die sich sogleich verlor, nachdem die Krätze wieder hergestellt war. In solchen Fällen darf man sich die Sache wol so vorstellen, daß die nemliche Materie, die sich in der Gestalt eines Ausschlages, oder auf andere Weise, äusserlich zeigen und von den Säften absondern kann, nun mit den Säften vermischt bleibe, die milde Natur derselben ändere, und als ein Reiz wirke. Man darf aber wol nicht das, was Schärfe in den Säften ist, blos auf solche Materien einschränken, die die Gestalt der Ausschläge annehmen können. Es giebt ohnstreitig auch andere Zumischungen zu den Säften, die auch als ein Reiz wirken, und nichts mit den Ausschlägen zu thun haben; als ein Beyspiel davon führe ich hier nur die Verkältungsmaterie an, die, wenn sie keinen Schnupfen oder Husten macht, bey empfindlichen Menschen aufs heftigste als ein Reiz auf die Nerven wirkt, die unangenehmsten Empfindungen, Schmerzen, Krämpfe und Niedergeschlagenheit der Seele hervorbringt, welches alles in einer Stunde verschwindet, so bald etwa diese reizenden Theile durch einen Schweiß ausgestossen werden. Unzählig sind die Beyspiele, wo unnatürlich beschaf-

fene

sene Ausleerungen durch den Harn mit Erleichterung eines vorhergegangenen Reizes geschehen; und dergleichen, wenn es aus den Säften herrühret, ist man befugt, Schärfen zu nennen. Personen, die sehr mit Krämpfen beschwert sind, haben zu andern Zeiten ein heftiges Jucken ohne allen Ausschlag, und sind alsdenn von Krämpfen frey; hier hat man oft die größte Ursach, reizende Materie im Körper zu vermuthen. Es mag auch wol zuweilen eine gichtische Materie im Blute herumschwimmen und durch verursachten Reiz allerhand Schmerzen, oder Nervenzufälle, verursachen; gewöhnlich geht vor dem Ausbruche eines jeden podagrischen Paroxysmus ein Zustand der angegriffenen Nerven, oft ein wahres Stadium melancholicum, vorher, das sich verlieret, sobald das Podagra seinen ihm eigenen Ort ergreift.

Die Wege sind mannichfaltig, wodurch Schärfen in die Säfte kommen. Sie können von den Eltern angeboren, von den Ammen eingesogen werden, sie können durch Ansteckung, üble Diät, nemlich durch scharfe oder schlechte Speisen und Getränke, durch verderbte, zu viele, oder Mangel an Nahrungsmitteln, üble Verdauung, durch verdorbene Luft, unreinliche oder unordentliche wüste Lebensart, oder

große

große Erhitzung, und noch auf manche andre Weise, in den Körper kommen, oder sich selbst darin erzeugen. Sehr häufig entsteht doch das, was man mit Recht Schärfe nennt, im Körper selbst, ohne großen äusserlichen Anlaß, durch Unvollständigkeit der Digestion, der Kochung der Säfte und der Ausleerungen.

Im gesunden Zustande sind die Säfte milde, und reizen die empfindlichen oder reizbaren Theile des Körpers nur so weit, als es zu den nöthigen Bewegungen erforderlich ist. Es werden täglich die Unreinigkeiten und die Theilchen, die sich in den Säften und Hölen des Leibes ansammlen, und die von der Mildigkeit und Natur der Säfte des thierischen Körpers abweichen, ausgeworfen, und zwar ohngefehr in dem gleichen Verhältniß, worin sie sich erzeugen. Wenn aber die Kraft der hierzu bestimmten Organen nicht hinreicht; entweder weil überhaupt die Naturkräfte zu schwach sind und der Körper erschlafft ist, oder wegen Fehler in den Theilen, die der Aussonderung und der Zubereitung der Säfte überhaupt, wie der Verdauung, vorstehn, oder aber, weil die Ansammlung der fortzuschaffenden Materien zu groß und zu häufig ist, wegen übler Diät, oder andern Ursachen: so bleiben sie zurück in Vermischung mit den umlaufenden Säften, und stören so lange die Ordnung, bis sie auf irgend eine Art einen Ausweg finden. Sie können sich zu solcher Menge ansammlen, daß sie heftige Krankheiten bey disponirten hervorbringen, bey andern in langwierige Uebel, in wahre Cacochymien, ausbrechen. Allerley Schärfen in den Säften, die auch in Räudigkeiten und Ausschläge der Haut ausarten, können ihren wahren Grund in den Verstopfungen der Eingeweide und Blutgefäße des Unterleibes haben; durch solche Unordnungen in so wichtigen Functionen des thierischen Körpers, kann leicht eine Fabrik übler Säfte entstehn.

Es ist wahr, daß bey einem gewissen Grade von Unempfindlichkeit des Temperaments dergleichen mit den umlaufenden Säften vermischte Schärfen oftmals ohne große Folgen lange ertragen werden; wie man das aus dem Erfolg zuweilen sieht. Aber viel häufiger geschieht es doch, daß die Schärfen in den Säften große Unordnungen erregen.

Die Wirkungen der den Säften beygemischten reizenden Materien auf die Gesundheit sind sehr mannichfaltig, je nachdem sie verschiedene Theile des Körpers angreifen. Sie bringen alle Arten von

Kräm-

Krämpfen hervor, jedes Nervenleiden und Nervenelend, das Namen und das keine Namen hat, Traurigkeit, Niedergeschlagenheit, und selbst Convulsionen. Sie können Schmerzen, Fieber, und Entzündungen erregen, und mannichfaltig die nöthigen Geschäfte im Körper hindern und unterbrechen. Die meisten Folgen und Wirkungen der Schärfe in den Säften, die man davon sieht, lassen sich auf diese Classen zurück bringen. Man muß denn aber freylich auch an die Husten und Lungensuchten denken, die daraus entstehn, und die so oft die Folgen zurückgetretener Flechten sind, an die langwierigen Durchfälle, den häufigen Schleimabgang durch den Stuhl, und andere kränkliche Ausleerungen, die den Beobachtern häufig bey solchen Personen vorkommen, die vorher Ausschlägen unterworfen waren, oder andere Schärfen hatten. Am häufigsten wird man Grund haben, bey der Erklärung der Nervenkrankheiten ohne Materie, seine Zuflucht zu einer solchen reizenden Schärfe in den Säften zu nehmen, und die tausendfachen Krämpfe daraus herzuleiten, wenn auch gar keine Ausschläge vorhergegangen sind. In diesen Fällen mag sich das Widernatürliche in den Säften, was wir Schärfe nennen, vermuthlich auch auf diejenigen Flüssigkeiten erstrecken, die den Nerven

unmittel-

unmittelbar angehören, und zu ihrer Ernährung oder zu ihrem innern Geschäft bestimmt sind, und alsdenn ist es nicht zu verwundern, daß so große Unordnungen, so entsetzlicher Tumult, daher entstehn, wie man in so vielen Nervenkrankheiten sieht.

Die Curanzeigen sind hier, die gegenwärtig in den Säften vorhandenen Schärfen zu vermindern oder fortzuschaffen, und der Entstehung derselben vorzubeugen. Für manche solche Schärfen giebt es specifische Mittel, die Krätzigen, die Venerischen, brauche ich nicht zu nennen. Für alle Uebel, die aus Flechten entstehn, hat uns Carrere die Dulcamara kürzlich als ein fast unfehlbares Mittel empfohlen. Bey einer andern übeln Mischung der Säfte, die man gemeiniglich eine scorbutische Schärfe nennt, die aber kein Scorbut ist, fand Tissot sehr großen Nutzen von der Grindwurzel (Lapathum acutum). Was Strack gegen die Milchborke der Kinder und die daher rührenden Uebel an dem Frysamkraut, (viola tricolor) gefunden hat, und davon ich, so wie andre Aerzte, oft wesentlichen Nutzen erfahren habe, ist bekannt genug.

Die allgemeinen Mittel, deren man sich bedient, um solche in den Säften vorhandene Schärfen wegzuschaffen,

schaffen, sind, neben einer angemessenen Diät, in vielen Fällen die ableitenden, welche der Schärfe nach aussen einen Abzug eröfnen, überhaupt aber alle die blutreinigenden, versüßenden, oftmals solche, die beträchtlich auf die Ausleerungswege wirken. Hauptsächlich sind es solche, die viele gute und milde Säfte ins Blut und die circulirenden Feuchtigkeiten liefern. Die Milch- und Kräutercuren im Frühjahr gehören insonderheit hieher, so wie die lauligen Bäder, und die auf den Schweiß wirkenden Holztränke können auch in einigen Fällen von Nutzen seyn, und bey andern Fällen die Mittel aus Spießglase und aus Quecksilber.

Die Gesundbrunnen haben eine wichtige Stelle bey der Cur der Schärfen, theils durch ihren innerlichen Gehalt, und besonders durch das auf die Mischung der Säfte und ihre Bestandtheile sehr wirksame geistige Wesen in denselben, theils schon durch die reinen wässerigen Theile, die sie ins Blut führen, und es gleichsam durchspülen. Man könnte sie in dieser Hinsicht Spülmittel nennen. Nur sollte man doch die Kraft des Wassers, als Wasser betrachtet, auch nicht allzugroß ansehn. Ich muß hier nothwendig eine Erinnerung machen, über etwas, worin

ich

ich so oft einen Irrthum begehn sehe. Man glaubt nemlich, etwas recht Wirksames zur Verbesserung der Säfte zu thun, wenn man eine ungeheure Menge Wasser in den Leib stürzt. Diese Meynung gründet sich auf den Irrthum*), daß jedes Tröpfgen Wasser was getrunken wird und durch den Harn wieder ausgeht, die ganze Reise durch das Blut in die Nieren machen müsse, und also wol etwas mit sich nehmen könnte. Aber was würde aus dem armen Adersystem und aus der ganzen Maschine des Körpers werden, wenn dieses gegründet wäre? Da es Menschen giebt, die in wenig Stunden viele Pfunde Feuchtigkeiten an Wasser, Bier oder Wein hinein schwelgen, und in kurzem wieder weglassen. Würden nicht die Adern und das Herz selbst in Gefahr gerathen zu reissen, oder doch ihre Wirkung unordentlich fortzusetzen, wenn ihnen auf einmal eine so große Ueberlast geschähe? Die Natur hat besser dafür gesorgt, daß die Unmäßigkeit hierin die Maschine nicht plötzlich zerstören könne. Denn wir wissen jetzt durch neue, aber unläugbare Thatsachen, daß durchaus nicht alle durch den Harn ausgehende Feuchtigkeiten durch das Blut und die Nieren zu

gehn

*) Von diesem Irrthum wird noch im vierten und fünften Buche gehandelt.

gehn haben, sondern daß ein viel-kürzerer und geschwinderer Weg vorhanden sey, um die wäßrigen Theile, wenn sie in zu großer Menge in den Leib kommen, aus den Därmen in die Blase zu führen. Dieser Harn ist alsdenn unvollkommen, roh, und sieht nur aus, wie Wasser, er trägt auch noch oftmals die Spuren von Dingen an sich, mit welchen er vermischt war: so daß der Unterschied, den die Alten unter der urina potus und urina sanguinis machten, so ungereimt nicht war, wie man es hin und wieder behauptet hat. Hieraus aber folgt nun ganz unläugbar, daß der Zweck, das Blut und die Säfte von gewissen damit vermischten Schärfen, oder doch heterogenen Theilchen zu befreyen, durch die große Menge des getrunkenen Wassers gar nicht erreicht werde. Vielmehr strengt eine solche Cur, die man allerdings eine Spülcur nennen könnte, nur die einsaugenden Gefäße des Unterleibes ganz ohne Noth und Nutzen an, und übernimmt ihre Kräfte. Indessen ist es doch nicht zu läugnen, daß ziemlich viel getrunkener Brunnen als Spülcur von großer Wirkung sey. Insonderheit wenn dieser Endzweck durch Bäder unterstützt wird, wovon ich unten im sechsten Buche mit mehrerm den großen Nutzen bey scharfen Säften zeigen werde.

Aber

Aber übermäßiges Wasser trinken, ist hiebey selten gut, und die Gesundbrunnen machen hierin nur in so fern eine Ausnahme, als etwa die ihnen beygesellten Mineralien, und zumal das wahrscheinlich sehr nachdrücklich auf die Säfte des Körpers wirkende geistige Wesen in denselben, wieder gut macht, was vielleicht mit dem Wasser zu viel geschähe. So trefflich sie oftmals wirken, um die Säfte von den Schärfen zu befreyen und zu verbessern, so wenig ist es dennoch gut zu heißen, wenn sie zu diesem Endzweck in übermäßiger Menge, zumal in sehr kurzer Zeit, eingegossen werden; nicht zu gedenken, daß man auch darauf Rücksicht zu nehmen habe, ob der Gesundbrunnen große Kräfte besitze, und um deswillen das Uebermaaß verbiete.

Der Pyrmonter Brunnen hat aber bey diesem Zustande der Säfte zwey nützliche Wirkungen, die nicht alle Gesundbrunnen haben, die eine ist, die durch den Stuhl ausleerende, die andere, die stärkende und alle Functionen belebende. Ich sage nicht, daß man den Pyrmonter Brunnen allerwärts ohne Ausnahme geben müsse, wenn man Ursache hat, Schärfe in den Säften zu vermuthen, es können manche Umstände da seyn, die den Gebrauch desselben verbieten,

verbieten, wie davon unten im fünften Buche die Rede seyn wird. Wo aber dergleichen Umstände nicht sind, wo vielleicht sogar eine Erschlaffung der ganzen Natur, und eine Schwäche und Trägheit in den Werkzeugen der Digestion oder der Ausleerungen, der wahre Grund der Anhäufung von scharfen Theilen im Blute ist: da hat man den Pyrmonter Brunnen den übrigen Arten um so mehr vorzuziehn, weil der Nutzen, der aus dem Gebrauch des Wassers allein, und auch der alcalischen Erden entspringt, im Pyrmonter Brunnen zugleich mit den stärkenden Kräften verknüpft ist. In wie fern in der großen Menge des geistigen Wesens der Grund liegt, warum er blutreinigend ist und die Säfte verbessert, läßt sich nicht ausmachen, so sehr ich auch geneigt bin, viel davon in diesem Betracht zu erwarten *).

---

*) Man sehe davon, was schon oben 1 B. S. 293. gesagt ist. Daß sich dieses geistige Wesen, oder die Luftsäure gern mit öligten Theilen vermischt, ist bekannt, und davon oben ein Beyspiel 1 B. S. 200. angeführt. Es fehlen uns aber noch manche Versuche über die Wirkung dieser elastischen Flüssigkeit auf verschiedene thierische Säfte, als Blut, Lympha, Schleim.

Aus diesen Ursachen sieht man auch in jedem Jahre ohnfehlbar eine Anzahl Personen fröhlich von dieser Quelle abreisen, die dadurch von ihrem beschwerlichen Ausschlage befreyt wurden, oder von den noch beschwerlichern Krämpfen, Hypochondrieen, Niedergeschlagenheiten und andern Nervenkrankheiten, deren Grund ursprünglich in einer Schärfe der Säfte lag. Ich habe Personen, Erwachsene und Kinder, gesehen, die scheuslich von den unläugbarsten Beweisen der Schärfen aussahn, nemlich von Ausschlägen, die in Pyrmont in wenig Wochen davon ganz frey wurden; und werde davon im Folgenden, im eilften Capitel, noch mehreres zu sagen haben.

Siebendes Capitel.
Von der kränklichen Reizbarkeit.

Die zu große Reizbarkeit und Empfindlichkeit ist unstreitig eine wichtige Ursach vieler Beschwerden, wenn gleich einige Aerzte nicht daran zu glauben scheinen, und sie, wenigstens als eine Ursach von Krankheiten, nicht anerkennen.

Von Rechtswegen unterscheidet man Reizbarkeit und Empfindlichkeit, braucht jene von der Beweglichkeit der Muskelfiber, und diese von der Beweglichkeit der Nerven. Ich fasse beyde hier zusammen, nicht weil ich den Unterschied nicht begreife, sondern weil ich gerne der zu großen Vereinzelung der Materien ausweichen wollte, und weil doch auch die beyden Beschaffenheiten sehr häufig beysammen sind, oft in einander fließen und einerley Hülse fodern. Es ist ja auch noch nicht einmal recht ausgemacht, ob nicht da, wo wir blos Fiber wahrnehmen, noch ein Hauch vom Nerven hinter dem Vorhange wirke; und ich möchte wenigstens den Grund der eigentlichen Reizbarkeit nicht mit andern im thierischen Leimen suchen. Die Reizbarkeit der Faser hat auch ihre Grenzen noch diesseits der Zerstörung oder Auflösung derselben in Leim und den übrigen Grundstof.

Wo die Reaction der Werkzeuge der Bewegung oder der Empfindung, auf die gewöhnlichen von Aussen oder von Innen kommenden Eindrücke, stärker ist, als sie es natürlicher Weise seyn sollte, da ist kränkliche Reizbarkeit.

Also derjenige sowol, den ein Gedanken erschüttert, welchem ein gesunder Mensch grade ins Auge

sehn

sehn kann, als auch der, welchen ein kleiner Schmerz, Zufälle, ein Geräusch, unangenehme Empfindungen, oder die geringste Zugluft und Verkältung Krämpfe erregt, der ist kränklich reizbar. Diese Reizbarkeit ist zwar noch nicht eigentlich selbst Krankheit, sie ist nur Anlage dazu, aber die alle Stunden durch hinzukommende innere und äussere Ursachen einen Krankheitszustand hervorbringt.

Keine Menschen sind im Umgange mit andern unglücklicher, und machen andere unglücklicher, als diejenigen, welche mit solcher Irritabilität behaftet sind. Alles kann sie verstimmen und Dissonanzen in ihnen hervorbringen, und sie werden über sehr große Leiden und über tausend Empfindungen, die sie haben, von andern fast gar nicht verstanden, weil die meisten geneigt sind, alle Dinge nach ihrem eigenen Gefühl abzumessen und zu beurtheilen. Niemand begreift, daß da, wo die Gefühlwerkzeuge angegriffen sind, das Angenehme keine Freude, und hingegen das Widrige mit tausendfacher Kraft wirke. Daher erklärt man es so oft für Thorheit und Alfanzerey, wenn die empfindlichen Kranken sich beschweren, daß ihnen Licht, Kälte, Gerüche, Farben, Geräusche, gewisse Ideen, das Gesicht eines ver-

haßten

haßten Menschen, und hundert andere Dinge, entsetzlich zuwider sind, und unangenehme, zuweilen sehr schmerzliche Empfindungen erregen. Der Unreitzbare sieht zwar wol, daß eine Gemüthsbewegung bey einem andern, der nicht in einem so dicken Felle steckt wie er, viel heftiger wirkt, auch weiß er, daß ihm ein Viertelpfund Salz vonnöthen ist, wenn er purgiren will, dahingegen sein empfindlicher Nachbar an zwey Quentchen überflüssig genug hat. Aber hierbey bleibt er stehn, und macht nicht den Schluß, daß es auch in andern Dingen in gleichem Verhältnisse gehn möge. Mit wahrem Unwillen hört man daher so oft die ganz gesunden dickhäutigen Menschen die alles vertragen können, alles Elend der Reizbarkeit mit einem Worte für Einbildung oder gar für Affectation erklären. Weil man bey angegriffenen Nerven zuweilen eine leidliche Stunde hat, und weil das Uebel überhaupt nicht in die Augen fällt, so soll man zu aller Zeit alles thun können, was ein Gesunder thut. Die stumpfen Sinne manches Dickkopfs begreifen nicht, daß man schrecklich leiden könne, ohne auf dem Bette zu liegen, und ohne ein Fieber oder die Schwindsucht zu haben *).

Aber

*) Zimmermann sagt irgendwo in seinem Werke von der Einsamkeit: man achte nicht auf Nervenleiden,

so

Aber eben so sehr, als die irritablen Menschen leiden, sind sie auch andern zur Quaal, und niemand erfähret es mehr als der Arzt. Sie wollen geholfen seyn, aber sie beharren niemals bey einem Plan; ihre immer rege und gefolterte Einbildungskraft stellt ihnen jeden Tag ihr Uebel in einer ganz andern Gestalt vor, und hiernach soll sich die Cur richten; jede kleine Veränderung des Zustandes sehn sie für wichtig an und für Verschlimmerung, und die gebrauchte Arzeney hat alle Schuld; sie leiden an den Werkzeugen der Empfindung, und geben alles, was sie schmerzlich fühlen, auf äussere Ursachen; jeden Tag erschüttern Leidenschaften ihren ganzen Bau. Manchem dieser Unglücklichen wäre doch viel besser zu helfen, wenn er sich in Gedult faßte, sein Leiden ausharrend trüge, und vernünftigem Rathe folgte, wenn auch nicht bald Besserung erscheint; denn geschwind geht es hiermit niemals. Viele Beyspiele aus dieser Classe könnte ich anführen, die mir wahren Kummer gemacht haben, und die meisten Nervenkrankheiten gehören mehr oder weniger darunter. Ich erwähne nur hier eines Kranken dieser Art, der in Pyrmont mit

so lange sie nicht auf der Gasse in Convulsionen ausbrechen.

mit ziemlich guten Anschein die Cur brauchte, aber sich plötzlich verkältete, sich übel dabey betrug, in die höchste Irritation verfiel, und nun alle Schuld auf die Cur gab. Er unterbrach seine Cur, und litt dafür, allem Anschein nach, ein Jahr länger.

Aber so viel ist auch wieder wahr, daß mancher Arzt mit sehr reizbaren Kranken nicht gut umgeht, blos deswegen, weil er den gewöhnlichen Weg mit ihnen hinaus will. In höchst reizbaren Körpern wirken Arzeneyen und andere Heilmittel oft ganz anders, als man es sonst gewohnt ist, und wenn darauf keine Rücksicht genommen wird, so sind die Klagen der Kranken über den Arzt oft nicht ungerecht.

Es ist kaum glaublich, wie weit die kränkliche Empfindlichkeit gegen äussere Reize gehn kann, und man hat Beyspiele genug davon. Ich kenne einen großen und sehr ehrwürdigen Gelehrten, der ohngeachtet seines hohen Alters so reizbar ist, daß er zuverlässig die ganze Nacht schlaflos zubringt, wenn er des Nachmittags etwas spät nur eine Prise Toback nimmt, an den er sonst gewohnt war, und die ihm nie schadete. Wenn ich es wagte, eine Tasse Kaffe oder starken feinen Thee zu trinken, den ich vormals wol vertrug, so käme ich vor Angst um. Dieses ist

kränk-

kränkliche, nicht eine besondere dem Körper eigene Reizbarkeit, also keine Idiosyncrasie, die nicht Krankheit ist, und von der ich hier nicht rede. So wie nun äussere Reize den irritablen Körper in Tumult zu bringen vermögen, so kann es auch von innen durch den Einfluß der Seele geschehen, und durch innere Wirkungen der Organe oder der Säfte auf die Werkzeuge der Empfindung.

Es giebt keine Art von Beschwerden, die man zu der Classe von Nervenübeln zählt, denen Personen von großer Reizbarkeit nicht unterworfen wären. Schmerzen, Krämpfe, Angst, Schlaflosigkeit, Convulsionen, Unordnungen in allen Functionen des Körpers, und tausend unangenehme, zum Theil schreckliche Empfindungen, im Kopfe, in allen Theilen des Leibes und im Innersten des Menschen, sonderlich in den Werkzeugen der leidenschaftlichen Gefühle, für die man oft weder Namen noch Ausdruck hat, gehören zum Gefolge der kränklichen Irritabilität.

Wir sehn nicht tief genug, um die Ursachen dieses Zustandes anzugeben, und müssen daher zufrieden seyn, wenn wir ihn einigermaßen behandlen lernen. Rührt das Uebel von der Bedeckung der Nerven

Nerven her, oder vom Mark derselben, oder von Unordnung in den Lebensgeistern (ataxia spirituum *), oder von Spannung, oder von Erhärtung, oder von unbekannten Beschaffenheiten; das weiß ich nicht. So viel aber ist wol unläugbar, daß zuweilen die Ursach mehr in den Nerven selbst, und zuweilen mehr ausser ihnen, in irgend einer reizenden Ursach liege.

Eigentlich ist es freylich nicht kränkliche Reizbarkeit, wenn deswegen ein irritirter Zustand im Körper vorhanden

---

*) Ich nenne hier die Lebensgeister weder in der Absicht sie zu vertheidigen noch sie zu verwerfen; ich glaube auch nicht, daß jemals hierin etwas überzeugendes ausgemacht werden könne. Daraus, daß man keine Canäle in den Nerven entdeckt, sollte man aber doch nicht auf das Nichtseyn des Nervensafts oder der Lebensgeister schließen. Ein solches Fluidum müßte doch wol für sichtbare Canäle zu fein seyn. Mir däucht, man müsse, im Falle es Nervensaft giebt, die Nerven immer nur als Leiter, nach Art der Electricität, ansehn, ohne darum den Nervensaft für electrische Materie zu halten. Aber dieß ist ein hingeworfener Gedanke und keine Hypothese, auf die ich was baue: daher gebe sich doch Niemand die Mühe zu widerlegen, und Monro hat ja neulich auch schon seine Gedanken dawider einigermaaßen gesagt.

vorhanden ist, weil etwas materielles die Nerven von aussenher reizt. Aber dieses ist nicht allemal gleich deutlich, und man kann sich wol darin irren. Es liegt auch mehrentheils ein reizbares Nervengehäuse dabey zum Grunde, ob es gleich denn doch wiederum Reize giebt, denen die festesten Nerven nicht widerstehn. Auf der andern Seite ist bey anhaltend irritirtem Zustande mehrentheils ein Reiz im Körper vorhanden.

In beyden Fällen hat man bis zu einem gewissen Puncte ziemlich einerley Weg zu gehn; nemlich man sucht den aufrührischen Zustand zu mildern, zu stillen und zu besänftigen.

Wenn große Reize im Körper erkannt werden, wenn scharfe Säfte, oder Stockungen der Eingeweide, oder Blutanhäufungen, oder Vollblütigkeit den Reiz ausmachen, so weiß man schon aus den vorhergehenden Capiteln, was zu thun sey, um das Uebel zu heben; daher rede ich davon jezt nicht, so wenig als von den Irritationen, die von Wunden und andern großen äussern Ursachen entstehn.

Meine Absicht ist hier mehr von der eigentlichen Irritabilität der Nerven zu reden.

Drittes Buch. Siebendes Capitel

Gewöhnlich nennt man diesen Zustand Nervenschwäche. Ich hätte gegen diesen Namen an sich selbst nichts, denn er hat einigen Grund, und wenigstens ist diese Irritabilität keine Nervenstärke. Aber eine wichtige Ursach ist doch vorhanden, diese Benennung zu verwerfen: denn sie giebt wirklich oft Anlaß zu einem großen Irrthum und zu einer fehlerhaften Behandlung der Krankheiten. Wo Schwäche ist, schließt mancher, da ist der Tonus verloren, da muß man also zusammenziehende Mittel gebrauchen, um zu stärken, und um den Tonus wieder herzustellen. Aber hiermit schießt man erschrecklich weit vom Ziele, und nicht allein das, sondern man schadet auch oft dadurch unsäglich*).

Der ganze Fehler liegt in dem Mißbrauch des Worts Schwäche. Es giebt eine Schlaffheit der Faser des Körpers, in welcher sie ihre Geschäfte nicht vollbringen kann, die man mit Recht Schwäche nennt. Sie kann eine Ursach vieler Krankheiten seyn; und ich habe davon im britten Capitel dieses Buchs gehandelt. Bey dieser Schwäche bekommen

---

*) Man sehe hievon ein Beyspiel am Schlusse des folgenden achten Capitels.

augenscheinlich die zusammenziehenden Arzeneyen gut, die China, das Eisen, die kalten Bäder, die bittern Arzeneyen. Nun aber hat man diesen Begriff auf die Nerven angewandt, und die Beweglichkeit, Zärtlichkeit und unordentliche Wirkung der Empfindungswerkzeuge Schwäche genannt, die Ursach davon in ihrem verlornen Tonus gesetzt, und deswegen zusammenziehende Mittel gebraucht.

Aber leicht bewegte und gereizte Nerven sind nicht erschlaffte Fibern; wenn dieses eine Schwäche ist, so ist es eine Schwäche ihrer Art, und keine fibra laxa, die freylich neben der sogenannten Nervenschwäche seyn kann, aber gar nicht immer dabey ist. Daher aber sieht man so vielfältig die unangenehmsten Folgen von einer Behandlung, die auf jenen Grundsätzen beruht. Es ist noch immer die Frage, ob die zusammenziehenden Mittel wirklich nervenstärkend sind. Die Fiber können sie anspannen, und den Organen mehr Schnellkraft und Thätigkeit geben, daher in vielen Fällen sehr heilsam seyn, ob sie aber wirklich die Nerven stärken, das lasse ich unausgemacht. Zum wenigsten sieht man oft genug daß die armen Kranken durch die wohlgemeynte Cur aus dem Regen in die Traufe geführt werden. Die

stärken-

stärkenden und anstrammenden Mittel wirken oft wie ein Reiz bey empfindlichen Personen, und wenn sie nicht neue Uebel verursachen, so vermehren sie doch die alten. Vielmal habe ich Krämpfe und grausame Angst auf den indiscreten Gebrauch stärkender Mittel gesehn; von kalten Bädern zur Unzeit sah ich Convulsionen vor meinen Augen, und ich habe nicht zu viel gesagt, wenn ich irgendwo behauptete, man könne manchen sehr schwachen Hypochondristen zur Verzweiflung treiben blos durch hartnäckig fortgesetzten Gebrauch stärkender Mittel.

Daß zuweilen Nervenkrankheiten, und überhaupt Krankheiten, welche mit großer Beweglichkeit und Reizbarkeit der Nerven verbunden waren, durch den Gebrauch stärkender Mittel gehoben werden, widerlegt nicht, was ich behaupte. Denn Erschlaffung des ganzen Körpers und einzelner Theile, zumal der Därme und anderer Eingeweide, und Unthätigkeit der Organen, kann zuweilen bey der großen Mobilität zum Grunde liegen, oder eine Mitursach des Uebels seyn. Aber sie liegt nicht immer dabey zum Grunde, so wie auch die größte Schwäche und Schlaffheit der Fiber da seyn kann ohne Nervenbeschwerden; welches im dritten Capitel dieses dritten Buchs,

Buchs, wo ich von der erschlafften Constitution gehandelt habe, mit mehrerm gezeigt ist. Ferner hat man auch zu erwägen, daß viele Krankheiten, in denen die Reizbarkeit überwiegt, mit stärkenden Mitteln nicht konnten gehoben werden, bey denen auch die eigentlichen riechenden Nervenmittel nicht halfen, und bey denen eine ganz entgegen gesetzte Methode half, nemlich die erweichende, besänftigende und stillende.

So hielte schon Friedrich Hofman eine große Nervenkrankheit mit äusserster Empfindlichkeit, durch Eselinmilch; so helfen Zimmermann und Tissot vielen Unglücklichen durch lauter erweichende besänftigende, kühlende, milde Mittel, durch laulige Bäder, Molken, Milch und schleimige Arzneyen.

Das ganze Glück, was Pomme mit seiner Methode gegen die Nervenkrankheiten gemacht hat, die in vielen Fällen sehr vortrefflich ist, beruht nicht auf der Richtigkeit seiner Theorie, der Verhärtung (dem hornig werden, racornissement) der Nerven, an die man wol schwerlich glauben kann: sondern darin, daß ihn dieser Gedanke auf einen guten Weg führte, der zu grossen Empfindlichkeit der Nerven durch sanfte herabspannende Mittel zu begegnen. Sehr

oft

oft findet diese Behandlung bey Nervenkrankheiten statt, aber freylich nicht immer allein, weil die Reizbarkeit nicht die einzige Ursach aller Nervenkrankheiten ist.

Die Kunst mit Nervenkrankheiten gut umzugehn, beruht größentheils darin, daß man die kränkliche Reizbarkeit wohl zu behandeln wisse. Diese aber, obwol sie wol einer Schwäche der Nerven abhängen mag, wenn sie auch mit einer Erschlaffung des ganzen Körpers, mit der eigentlichen fibra laxa vereinigt wäre, verträgt doch gewöhnlich von Anfang an keine stärkende Mittel, und zwar, je größer sie ist, um desto weniger. Es giebt Menschen, die wol schwache Nerven haben, die äusserst reizbar und empfindlich sind, und die doch täglich an sich erfahren, daß alles, was sie stärkt, nemlich was den Tonus vermehrt, ihr Uebel verschlimmert. Wenn heitere kalte Luft einfällt, die andern schwachen erschlafften Körpern so wohl bekomt, sie stärkt, und ihnen den Kopf aufheitert, so nimmt bey jenen das Elend zu, so fühlen sie sich irritirt, leiden allenthalben Krämpfe, empfinden Angst und Traurigkeit. Zum Erstaunen der Gesunden wird ihnen nicht eher wohl, als bis der Himmel sich verdunkelt, die Atmosphäre

wieder

wieder feucht und die Luft milde wird. Diesen letzten ruft man immer zu, sie sollen stärkende Mittel brauchen, und sie fühlen, daß ihnen warmes erschlaffendes Getränk und laulige Bäder am besten bekommen. Wer will denn nun noch sagen, das warme Getränk sey bey der sogenannten Nervenschwäche immer schädlich? Man wird mich nicht bereden ein Mittel nachtheilig zu halten, was Schmerz und Krämpfe wegnimmt und den frohen Muth wieder herstellt.

Der Schluß aus allen, was ich bisher gesagt habe, ist dieser: man soll diejenige Schwäche, oder eigentlicher und richtiger zu reden, diejenige widernatürliche Beschaffenheit der Nerven, welche man Beweglichkeit, Reizbarkeit und Empfindlichkeit nennt, nicht allemal und geradezu mit den gewöhnlichen stärkenden Mitteln angreifen. Vielmehr soll man jeder Krankheit, von der sie den Grund ausmacht, durch beruhigende herabspannende Dinge beyzukommen suchen, die aber von der Art seyn müssen, daß sie nicht auf einer andern Seite oder in der Folge noch größere Bewegungen und Veränderungen im Körper hervorbringen. Daher sieht man leicht, daß ich hier nicht das Opium meyne, sondern die erweichenden, erschlaf-

fenden

senden Mittel, die lauligen Bäder und Clystiere, die innerlichen kühlenden etwas schleimigen Nahrungsmittel und Arzneyen, die Eselinmilch, die Schnecken, zuweilen die Aderlässe, und in sehr vielen Fällen die Vitriolsäure*). Oftmals freylich auch durch die eigentlichen riechenden Nervenmittel.

Das erste also, was man gegen die Reizbarkeit zu thun hat, zumal wenn jetzt alles im Aufruhr der Irritation ist, besteht darin, daß man besänftige, und zwar durch Mittel, die den besondern Umständen angemessen sind. Aber wenn das nun geschehen und der Zweck erreicht ist, so kann man denn auch daran denken, die entferntern Krankheitsursachen anzu-

---

*) Den Gebrauch dieses vortrefflichen Mittels bey Nervenkrankheiten hat Niemand so wohl gekannt und mit so ausnehmendem Nutzen gebraucht als Zimmermann. Gemeiniglich läßt man es nur als ein gutes Mittel bey Nervenkrankheiten gelten, in so fern es die Fiber zusammenzieht und also stärkt. Aber dieser große Arzt hat den Gedanken hierbey wol nicht, und giebt es mehr deswegen, weil es der Erfahrung zu Folge die empörten Nerven beunruhigt und stillet, und richtet damit bey äusserst irritirtem Zustande durch wenige Tropfen oft mehr aus, als andere durch tausend Besuche.

anzugreifen, Stockungen aufzulösen, oder Mittel zu geben, welche die Nerven unmittelbar, oder welche die ganze Maschine stärken. Hierunter hat denn auch der Pyrmonter Brunnen seine Stelle.

So lange die äusserste Irritation dauert, pflegt dieses Wasser keinen Platz zu finden, und es giebt sogar Fälle, wo man ihn mit größter Vorsicht geben muß, weil die Irritation gefährliche Folgen haben könnte; und von dieser Vorsicht handle ich unten im fünften Buche. Ist aber von solchem Zustande nicht die Rede, die möglichste Ruhe ist von aussen und von innen hergestellt, und die Empfindlichkeit gemäßigt, dann mag man, wenn die Umstände es fodern, zu stärkenden Mitteln, und also auch zum Pyrmonter Brunnen schreiten. Alsdenn aber muß sich auch der empfindliche Kranke nicht durch jede kleine Unbehaglichkeit abschrecken lassen, die er vom ersten Gebrauche spürt, und sich einbilden, es sey ein Zeichen seiner Reizbarkeit, ertrage den Brunnen nicht. Irritable Menschen, wenn sie auch noch so viel Talente und Beurtheilung besitzen, sind elende Richter, wenn die Rede von ihrem eigenen Gesundheitszustande ist; sie sehn alles zu groß, zu gefährlich und von der schlimmsten Seite an, eben ihr

tiefes

tiefes und lebhaftes Gefühl von allem führt sie fast
allemal irre, und es bleibt kein Rath für sie, als daß
sie blindlings sich von dem Arzte führen lassen, welchem sie sich anvertrauen *).

Es ist aber oftmals nöthig, solche Kranken vorher
zu erinnern, daß sie vermuthlich zuerst einige Unruhe von der Cur spüren werden, damit sie nicht darüber auffahren, wenn sie sich etwas irritirt fühlen,
welches ein so kräftiges Mittel sehr leicht thun kann.
Vielfältig ist es auch gut, ihnen den Brunnen anfangs nur in kleiner Menge zu geben, und besonders
ist die Vermischung mit Milch hier häufig vom augenscheinlichsten Nutzen, zuweilen auch das Wärmen
des Wassers.

Wer die Kräfte des Pyrmonter Wassers kennt,
dem wird es nicht zweifelhaft seyn, daß er bey Krankheiten dieser Art als ein stärkendes, die Thätigkeit
der Organen und die Vollkommenheit der Absonderungen und Auswürfe herstellendes, als ein auflösendes und auch selbst schon unmittelbar auf die Nerven
wirkendes

---

*) Von solchen Kranken ist es gemeiniglich recht wahr,
was Lancisius irgendwo sagt: Sapientum homi-
num, quam simpliciorum curationes sunt diffi-
ciliores.

wirkendes Mittel, oft vom größten Nutzen seyn müsse. Wir kennen den innern Bau der Nerven nicht genug, und werden ihn vermuthlich nie genug kennen lernen, um deutlich zu begreifen, warum die Mittel auf die Nerven diese oder jene Wirkung hervorbringen; daher werden wir uns immer an die Erfahrung halten müssen. Diese aber lehrt uns unwidersprechlich, daß Kranke, die an großer Reizbarkeit der Nerven litten, wenn man mit Vorsicht zu Werke gieng, und den größten Tumult nur zuerst stillete, das Pyrmonter Wasser mit sichtbarem Nutzen getrunken haben. Die Sache ist richtig, und die Beyspiele davon sind unläugbar und häufig, es mag nun das geistige Wesen mit seiner durchdringenden Kraft auf das Innere der Nerven vortheilhaft gewirkt haben, oder etwas uns Unbekanntes mag die Ursach seyn.

Achtes

Achtes Capitel.

Rückblick auf die im Vorhergehenden abgehandelten Ursachen vieler Krankheiten und auf die Complicationen derselben. Zwey Krankengeschichten zur Erläuterung.

Bevor ich diese allgemeinen Ursachen verlasse, sollten wir noch einmal auf alle zurücksehn, und etwas von ihren Complicationen sagen.

Es giebt manchmal Aerzte, und zwar zuweilen sehr gute Köpfe, die einen großen Hang haben, alle Krankheiten aus einer Ursach herzuleiten. Dieses rührt oft aus einer gewissen Lebhaftigkeit der Einbildungskraft neben etwa einem kleinen Fehler her, und es ist ein Glück für die Kranken, wenn der Arzt dieses blos theoretisch annimmt, und in der Ausübung vergißt.

Ich erinnere mich von einem Practicus in Venedig gehört zu haben, der alle seine Kranken für ein wenig venerisch hielt, und allen Recepten ein Paar Gran versüßtes Quecksilber zusetzte. Unsre Chocolate- und China-Aerzte schieben beynahe alles auf etwas,

etwas, das sie Schwäche der Nerven nennen, und das man mit Chocolate und China, Stahl und kalten Bädern heilen könne. Mancher hängt sehr dahin, alle Krankheiten aus einer Schärfe im Blute und in den Säften, von Scorbut, oder aus einer heimlichen Gichtmaterie herzuleiten. Revillon lehrte noch kürzlich, daß wenigstens das ganze große Geschlecht der Nervenbeschwerden von der gehinderten Ausdünstung herrühre. Andre halten die Hämorrhoiden für die wahre Wurzel alles Uebels, und meynen, sie hätten afterwärts nichts angelegentlichers zu thun, als sie zum Flusse zu bringen. Einige halten die üble Verdauung für die einzige Ursach aller hypochondrischen Beschwerden, weil sie beyde oft beysammen sahen. Endlich hat man auch zuweilen auf die Verstopfungen der Eingeweide des Unterleibes alle Schuld bey den meisten langwierigen und bey vielen hitzigen Krankheiten geworfen.

Es ist ein Fehler, wenn man alle Krankheiten aus einer Quelle herleitet, und man muß sich dafür hüten, weil es leicht ist, sich so etwas einzubilden. Es giebt ohnstreitig vielerley Ursachen der unendlichen Menge von Gebrechen, und die Natur mangelt auch hier nicht an Mannichfaltigkeit; man wird nie

die

die Pathologie auf einen Grundsatz zurück führen können, so wenig als die schönen Wissenschaften.

Ich habe nicht alle möglichen allgemeinen Ursachen langwieriger Krankheiten hier durchgehn wollen, aber die vornehmsten werde ich wohl berührt haben, und dadurch ist mir in der jezt folgenden Abhandlung einzelner Krankheiten vieles abgekürzt worden, weil ich allenthalben auf diese allgemeinen Betrachtungen zurück weisen kann.

Es ist schon beyläufig vieles von Complicationen dieser benannten Ursachen vorgekommen. Die Fälle sind selten, daß eine beträchtliche langwierige Krankheit aus einer von solchen Ursachen ganz allein herrühre, und nichts von einer andern bey sich habe, die folglich fordert, daß auch auf dieselbe mit Rücksicht genommen werde. Eine Beschwerde, welche man Ursach hat, der zu großen Reizbarkeit zuzuschreiben, kann sehr wol etwas von einer Schärfe in den Säften neben sich haben, oder Fehler im Unterleibe; denn die große Reizbarkeit für sich allein erregt selten Zufälle, wenn nicht irgend eine reizende Ursach von aussen oder von innen hinzu kommt, welche sie in Bewegung setzt. Am gewöhnlichsten begleitet sie eine Erschlaffung und Schwäche des Körpers, die man

man allerdings mit in Betrachtung ziehen muß; aber zu sehr auf sie zu sehn, ist gefährlich, weil dasjenige, was man derselben wegen thut oder unterläßt, oftmals von übler Wirkung auf die andern Ursachen seyn kann. Man muß auch bedenken, daß die Schwäche (atonic) oft nur die Folge der Krankheit ist, und gar nicht immer die wahre erste Ursach.

Ueberhaupt kommt es ganz und gar auf das Auge und die Beurtheilung des Arztes an, zu entscheiden, welche Ursach bey dem complicirten Zustande die wichtigste sey, und welche zuerst angegriffen werden müsse.

Aber gar viele Aerzte, wenn ich Gelegenheit nehmen darf, davon hier ein Wort einfließen zu lassen, achten noch zu wenig auf die Ursachen der Krankheiten. Durch üble Anleitung, oder durch die Disposition ihres Kopfes hängen nur allzuviele, theils an Specificis, und behandeln also die Krankheiten nach dem Namen, theils an den Symptomen, und das giebt die ungründliche Palliativcur. Man begreift bald, daß ein solches Verfahren gute allgemeine Methoden, die treffliche allgemeine Therapie, die bloß auf Ursachen sieht, ganz ausschließe. Ein Beyspiel, das hieher gehört, findet man schon im ersten
Capitel

Capitel dieses Buchs. Welcher Arzt bey jeder Krankheit gewisse, festgesetzte Methoden befolgt, oder gar gewisse Recepte, und nicht auf allgemeine Ursachen des widernatürlichen Zustandes sieht, den vergleiche ich einem Tonkünstler, welcher nichts weiter kann als Handstücke spielen, die er auswendig gelernt hat. Nur der versteht den Generalbaß in der Arzneykunst, der nach Beschaffenheit der verschiedenen Ursachen, die eine und dieselbe Krankheit hat, im Stande ist seine Methode abzuändern, und zuweilen grade das entgegengesetzte zu thun von dem, was bey der nemlichen Krankheit in einem andern Falle geschieht. So fodert ja die Wassersucht unter verschiedenen Umständen, daß man abführe, daß man stärke, daß man auflöse, daß man auf den Urin wirke, daß man das Blut abkühle. Der Cremor Tartari ist ein vortreffliches Mittel bey der Wassersucht, dessen ich nicht gern entbehren möchte. Aber ich hätte doch gewiß eine kleine Meynung von dem Arzte, der in allen Fällen von der Wassersucht nichts gäbe als Cremor Tartari, so wie ich eine sehr kleine Meynung von denen habe, die in allen Fällen die Squilla geben, die denn freylich nur selten gründlich hilft. Eben so wäre es ohngefehr mit dem Opium beym Blutspeyen, das allerdings, wie ich selbst erfahren

fahren habe, zuweilen sehr gut wirkt; aber es wird doch unvernünftig seyn, bey allem Blutspeyen Opium zu geben, weil es auch Fälle giebt, wo das Ailhaubsche Pulver (als eine starke Abführung) das Uebel vortrefflich heilt.

Doch ich kehre von dieser kleinen Ausschweifung zurück. Ich werde wol nichts unnützes thun, wenn ich dasjenige, was in den vorstehenden Capiteln gesagt ist, durch zwey Krankengeschichten ein wenig ins Licht zu setzen suche, um damit zu beweisen, wie ungleich der Ausgang der Krankheiten sey, je nachdem diese Ursachen richtig beurtheilet und behandelt werden oder nicht; und da sie doch mit dem Pyrmonter Brunnen einen Zusammenhang haben, und ich mich im folgenden zuweilen darauf beziehen kann, so wird man sie hier nicht ganz am unrechten Orte finden.

Ein Frauenzimmer, das viele Jahre ihres Lebens hindurch unbeschreiblich vielen Gram, Kummer, Verdruß und Fatiguen erlitten hatte, durch allerley Anstrengung bey Krankheiten ihrer Freunde viele Wochen lang im höchsten Grade angegriffen und entkräftet war, fiel, nachdem alles dieses überstanden war, in eine Mannichfaltigkeit von eigenen Leiden

an

an ihrem Körper, die hier unmöglich alle namhaft gemacht werden können. Ganz über die Maaßen heftige Kopfschmerzen, Schlaflosigkeit, schlechte Verdauung, Gefühl von Schwäche und Entkräftung bis zum ohnmächtig werden, ohne doch wirklich so entkräftet zu seyn; und über dieses schreckliche Gefühl klagte sie am häufigsten. Zuweilen litte sie von ganz fürchterlicher und entsetzlicher Angst; dann an heftigen Rückenschmerzen, beschwerlichem Athen, starken Frieren, das zu gewissen bestimmten Zeiten täglich wiederkam, für Fieber gehalten wurde, worauf denn auch wirklich zuweilen geschwinderer Puls folgte. Solche Uebel dauerten täglich fast ohne Unterlaß. Es vergieng kein Augenblick, daß sie nicht litte, und sie litte alles, was man im Gefolge äusserst zerrütteter, empörter und irritirter Nerven leidet; an Empfindlichkeit für Geräusch, Niedergeschlagenheit und Traurigkeit. Das Ansehn war erbärmlich, blas aufgedunsen und mit blauen Streifen unter den Augen; der Leib war dick, und alles was ihn preßte war unausstehlich.

Was konnte die Kunst hier gutes ausrichten? Ihre Aerzte urtheilten: die Aengste erfodern Aderlässe; weil das Blut in der Lunge oder in den

Hypochondriis stocke, und daher die Angst entstehe; übrigens sey die Krankheit eine Nervenschwäche, und müsse also hauptsächlich mit stärkenden Mitteln behandelt werden. Es wurde also China und Stahl, und Stahl und China gebraucht, und sehr oft dabey zur Ader gelassen; so vergieng etwa ein Jahr oder anderthalb *).

Die Folge hiervon war, daß die Kranke immer elender wurde, und andre Hülfe suchte; die sie aber auf verschiedenen vergebens eingeschlagenen Wegen nicht fand.

Weil also auch durch diese Versuche nichts ausgerichtet wurde, so rief die Kranke einen großen Arzt, der schon manchem half, dem andre nicht helfen konnten. Nach so großem Zeitverlüste mußte er da anfangen, wo sogleich hätte sollen angefangen werden, und machte deswegen sehr langsame Fortschritte. Es war nemlich deutlich genug, daß dies eine Krankheit sey,

*) So ohngefehr war seit vielen Jahren die Behandlung fast aller Nervenkrankheiten, und was ihnen etwa ähnlich ist, etwa mit dem Zusatze von riechenden Nervenmitteln, und versüßten sauren Geistern, in den meisten deutschen Städten, und ist es an manchem Orte noch.

sey, bey der hauptsächlich Stockungen im Unterleibe zum Grunde lagen, die lange da steckten, und die deswegen sehr langsam aufgelöst und losgespült werden mußten. Es wurden auflösende Mittel, Tartarus tartarisatus und Kräutersäfte verschiedene Monathe nach einander fortgesetzt. Die Reizbarkeit der Nerven unterbrach die Cur zuweilen, und forderte sanfte Stillung der Unruhe, die zum Theil selbst durch die Cur veranlasset war. Keine Kranke kann mit mehrerer Beharrlichkeit den ihr vorgezeichneten Weg gehn als diese that, wenn gleich nicht alsobald die erwünschte Wirkung kam, oder gar sich die Uebel häuften, und zuweilen zu verschlimmern schienen.

So grade wie auch dies Verfahren gegen die wahre Ursach der Krankheit gerichtet war, so hatte es doch zu tiefe Wurzel geschlagen, als daß in dem ersten Jahre etwas Wichtiges ausgerichtet werden konnte. Die Aengste mochten etwas geringer seyn. Die Aderlässe, an welche die Kranke so sehr gewöhnt war, konnten nicht ganz unterbleiben. Es gab sich aber in dieser Zeit ein Umstand hervor, den man in der That für bedenklich ansehn mußte. Es zeigte sich nemlich in der Magengegend eine Stelle, die dick war, die sehr schmerzte, und die so empfindlich

war,

war, daß wenn man mit dem Finger darauf drückte, der Schmerz so heftig wurde, daß Uebelkeit darauf erfolgte und ein Anstoß von Ohnmacht. Dieser Schmerz erstreckte sich bis in den Rücken, und war sich immer gleich, er war sonderlich bey dem Vorüberbeugen sehr beschwerlich.

So war wieder ein Jahr vergangen. Im Frühjahr 1779 wurde sie meiner Besorgung ganz überlassen. Ich konnte nichts anders thun als auf dem Wege fortgehn, auf dem angefangen war: es wurden verschiedene auflösende Mittel fortgebraucht in großer Maße und mit langer Fortsetzung. Es war ein Anlaß da Oxymel zu geben, der gut zu bekommen schien, und also lange in großer Menge, mit vielem Getränke vermischt, fortgesetzt wurde; blos in Rücksicht auf seine auflösenden und schmelzenden Kräfte. Darauf wurde wieder Tartarus tartarisatus genommen, Molken mit Kräutersäften, lange und viel, ein halbes Jahr hindurch, täglich drey bis vier Pfund und noch mehr. In diesem Sommer geschah etwas Wesentliches; es gieng zuweilen nach diesen Mitteln, und zumal, wenn zuweilen eine Abführung zwischendurch gegeben wurde, die bestimmt war das gelösete fortzuschaffen, eine große Menge schwarzer

stinken=

sinkenden Materie ab, und schaffte große Erleichterung. Dieses geschah mit sichtbaren Erschütterungen und Anstrengungen der Natur, es geschah oft, und die Kranke wurde sichtbarlich besser, aber freylich noch nicht hergestellt. Im Herbst glaubte ich, es werde die rechte Zeit seyn, nebst dem durch das Pyrmonter Wasser den Organen des Unterleibes ein wenig aufzuhelfen, und ihre Wirksamkeit durch seinen Geist und Eisen zu vergrößern, in dem seine Salze und Wasser noch ferner auflöseten. Ich fieng vorsichtig mit kleinen Gaben an, und ließ immer den Tartarus tartarisatus dazu nehmen. Er bekam vortrefflich, es giengen noch oft üble Materien ab, der Appetit wurde besser, die Farbe lebhafter, die Kräfte nahmen sichtbar zu, die Schmerzen in der Magengegend geringer, und die Hoffnung bestätigte sich, daß dieser Schmerz weniger bedeutend sey als er scheine. Im Winter sank die Kranke immer etwas wieder zurück.

Im Frühling und Sommer 1780 wurde ohngefehr in demselben Tone fortgefahren, im Herbste wieder Pyrmonter Brunnen getrunken. Jetzt war der bedenkliche Schmerz ganz verschwunden. Es gieng nun sehr selten noch widernatürliche Materie ab, ob, die Kranke sah besser aus und hatte zugenommen. Von Leiden war sie freylich nicht frey.

Im Sommer 1781 wurde auf ähnliche Art verfahren, im Herbste wieder das Pyrmonter Wasser mit großen Nutzen getrunken, und der Winter war sehr gut, obgleich im Herbste wieder traurige Begebenheiten vorfielen. Auf gleiche Weise ist noch ein Jahr zugebracht, und die Cur allemal im Herbste mit dem Pyrmonter Wasser beschlossen; bis endlich nun die völlige Gesundheit hergestellt ist, an der einige Jahre früher jedermann gezweifelt hatte. Clystiere konnten gar nicht zu Hülfe genommen werden, die sonst die Cur ungemein würden befördert haben.

Man sieht hieraus, welche Zeit dazu gehört, solche Infarctus los zu spülen und aufzulösen, aber auch, wie man es doch endlich damit durchsetzt. Gemeiniglich ist es ganz etwas anders, was die Aerzte unter auflösenden Mitteln und auflösenden Curen verstehn, die den stärkenden voran geschickt werden; das sind oftmals einige wenige Gaben Salz, oder Spießglasschwefel, oder Aloetische Mittel. Gewiß, das ist der Weg nicht, um alte tiefgewurzelte Uebel solcher Art zu heilen. Beynahe allein bey
dem

dem Wahnwitz, und allerdings auch da zu sehr ohne Unterschied, geht man gewöhnlich weit genug mit den auflösenden Curen, indem man da ziemlich mechanisch die Vorschriften des vortrefflichen Herrn Mutzels in Berlin befolgt.

Ich erzählte diese Geschichte deswegen lieber etwas umständlich, weil es nützlicher ist, eine Geschichte die instructiv ist, vollständig zu haben, als hundert nach Seips Manier erzählte, die gar nichts lehren und nichts beweisen. Ich will daher nun auch keine weitere von der Art beyfügen, obwol ich noch ähnliche Beyspiele anzuführen hätte, mit dem Unterschiede, daß dabey die Reizbarkeit größer war, und sich mehr eigentliche Nervenzufälle, Convulsionen allerley Art und was dazu gehört, dabey fanden. Ihre Behandlung war, das Besondere in jedem Falle abgerechnet, im Allgemeinen ohngefehr so wie in dem beschriebenen. Der Grund des Uebels saß im Unterleibe, auflösende Mittel legten den Grund zur Cur, der verschiedentlich wiederholte Pyrmonter Brunnen und Bad an der Quelle thaten die trefflichste Wirkung, und die völligste Gesundheit ward hergestellt.

Jedermann, der die wahren Kräfte des Brunnens kennt, und die Natur solcher Krankheiten, wird sehr leicht mit mir übereinkommen, daß der Pyrmonter Brunnen dieser Kranken nicht den Nutzen würde geleistet haben, wenn er wäre im Jahre 1778 oder im Frühjahre 1779 gegeben und die Cur damit angefangen worden, so treffliche Dienste er auch am Ende leistete. Aber mancher Kranke fängt seine Cur damit an, kommt zur Quelle ohne die nothwendige und passende Vorbereitung, trinkt den Brunnen drey oder vier Wochen lang, reiset mit geringen oder gar keinen Nutzen weg, und nimmt eine Geringschätzung dieses trefflichen Wassers mit sich in sein Vaterland.

Ich will hier nur noch mit ein Paar Worten eine Krankengeschichte anführen, die sich nicht so glücklich endigte, obwol ich glaube, daß wenn sie anfangs gleich gehörig behandelt wäre, ihre Herstellung eben so möglich gewesen seyn würde als der vorhergehenden. Eine junge Frau fiel durch Gram in eine sehr heftige Nervenkrankheit, deren Ursach sichtbarlich im Unterleibe war, neben Reizbarkeit und Schwäche, und die sich in großer Aengsten Niedergeschlagenheit äusserte. Der berühmte Arzt, der sie

nach

nach damals hergebrachter Methode behandelte, fieng sogleich bey der Stahlcur an, und verbot Clystiere, und alles was etwa nützlich hätte auflösen können, weil er fürchtete, es möchte schwächen. Hiebey wurde die Kranke so erschrecklich hartleibig, daß sie kaum in 8 Tagen einmal Oefnung hatte, sie fuhr dennoch mit dem Stahl fort, brauchte auch andere nervenstärkende Mittel dazu, und in vielen Jahren mancherley Mittel, die ich nun nicht alle nennen kann, und allerdings auch den Pyrmonter Brunnen ohne gehörige Vorbereitung. So ward die Krankheit eingewurzelt und völlig unheilbar, und die Kranke leidet nun seit länger als 15 Jahren alles, was man sich von einer fürchterlichen Existenz erschreckliches denken kann; ihr Leib ist dick, ihre Gesichtsfarben elend, ihre Sprache schwach und leise, kaum lebt sie einen Augenblick ohne irgendwo an ihrem Leibe eine kleine Convulsion zu haben. Ich könnte nicht alles Elend beschreiben, was sie aussteht, ohne Entsetzen zu erwecken; es ist ein Wunder, daß ihr zwar an das Leiden gewöhnter Körper alles dieses hat ausdauren können. Beynahe nichts kommt ihr zu Gute oder zum Troste, als ihre tugendhafte Ergebung in die Fügungen der Vorsehung, ihre Standhaftigkeit, und ihre glück-

liche

liche Lage in der größten Ruhe und Stille des Landlebens.

Alle die den Umständen angemessensten Mittel, die aber für eine so eingewurzelte Ursach viel zu schwach waren, haben in den letzten Zeiten kaum immer ein wenig Linderung geschafft, und sie wird vermuthlich bis an ihr Ende von der übeln Methode leiden, die man im Anfange der Krankheit anwandte.

Neuntes Capitel.
Von den Nervenkrankheiten überhaupt, und der Hypochondrie.

Ich fange die Betrachtung der einzelnen Krankheiten mit dieser Welt voll Schrecknissen und Elend an, die ich durch eigenes Gefühl so schmerzlich habe kennen gelernt, und von welcher ich nie so viel litt, als durch die Anstrengung und das Ueberarbeiten und die Ungedulb, bey der Abfassung dieses Werks, weil man mich immer dabey antrieb und keine Ruhe ließ. Mancher Mensch, und selbst mancher Arzt, der davon so kaltblütig spricht, wenn er sie bey andern sieht,
würde

würde für Entsetzen zusammenfahren, und nicht
wissen, wie ihm geschähe, wenn er nur die leiseste
Empfindung davon leiden sollte. — Keine Schmerzen
sind damit zu vergleichen. Viele Menschen werden
geboren und sterben, ohne Einen Augenblick in ihrem
ganzen Leben, noch im Tode selbst die Angst und
Quaal auszustehn, welche manchen armen Nervenkranken Tage und wochenlang foltert. Niemand begreift solche Leiden, der sie nicht selbst fühlte, und
Niemand kann sich in die Lage eines solchen Kranken
setzen, wenn er nichts ähnliches erfahren hat; daher
ist sein bestgemeynter Trost so kahl und so flach, und
wirkt oft ganz widrig. Man wiederhole doch nicht
immer: Niemand sterbe so leicht an Krämpfen; die
Vorstellung vergrößere alles dabey, und mache Berge
aus Maulwurfshügeln. Die Quaal ist darum nicht
geringer. Ist denn nur ein Leiden schrecklich, das
mit dem Tode endet? Man stirbt auch nicht an der
Tortur, und sie ist doch fürchterlich. Nennt doch
nicht alles Einbildung, was ihr nicht selbst gefühlt
habt! Es ist wahr, daß manche Nervenbeschwerde,
manche schreckliche Empfindung im Grunde keine
große Ursach haben möge, nur ein Reiz oder ein
Krampf sey, der Theile befällt, die sehr empfindlich
und dem Innersten des Menschen sehr nahe sind, die

durch

durch das Vergrösserungsglas eines erschrockenen Gemüths angesehn werden. Woher aber denn dieses erschrockene Gemüth? Ist nicht das denn ein Stück der Krankheit? Gewiß sind aber auch jene innern Empfindungen oft so beschaffen, daß wol ein jedes Gemüth davon entrüstet werden sollte. Wer aber auch vor nichts erschrickt, was von aussenher kommt, der versinkt denn doch, wenn er von innenher angegriffen wird, weil alsdenn allemal diejenigen Sehnen gelähmt und abgeschnitten sind, auf deren Kräften der Muth und die Stärke des Menschen beruht.

1. Diese Classe von Krankheiten ist so groß, heutiges Tages so ausgebreitet, so schwer zu behandeln, und der Pyrmonter Brunnen hat eine so wichtige Stelle unter den Arzneymitteln dagegen, daß ich billig zuerst davon rede.

2. Jedermann, der den Pyrmonter Bruñnen getrunken hat, weiß, mit welchem Nachdruck er auf das Nervensystem wirkt, und daher begreift man, wie es möglich sey, daß er zuweilen Fehler heben könne, die im Innersten der Nerven sitzen, wenn er zu gehöriger Zeit und unter den rechten Umständen

den

den angewendet wird. Die Erfahrung beweiset ja auch alle Jahre, daß er Nervenkranke heilen könne, weil so viele ihm die Besserung verdanken, zumal so viele Hypochondristen.

Was soll man aber sagen, wenn noch in unsern Zeiten Aerzte nichts von Nervenkrankheiten wissen wollen, den ganzen Gedanken davon für ein Hirngespenst erklären, und denn doch augenscheinlich sehn, daß die Werkzeuge der Empfindung in einem Zustande sind, der ganz und gar von dem natürlichen abweicht? Was kann man auch nur für scheinbare Gründe vorbringen, aus welchen folgte, ein so grosser und wichtiger Theil der thierischen Maschine als das Nervensystem, sey keinen Unordnungen unterworfen, werde nie krank? Ich mag kein Wort deswegen verlieren. Einen von seinen Einbildungen erfüllten Halbkopf, wenn er große Meynungen von sich hat, und wenn er noch dazu etwas gelehrt ist, kann nichts umstimmen. Aber gewiß nicht solcher Zweifel wegen, möchte ich gern diese kleine Abhandlung von den Nervenkrankheiten, und die im siebenden Capitel, von der Reizbarkeit noch zurückbehalten haben, wenn es thunlich gewesen wäre, wol aber aus der Ursach,

such, damit ich erst Tissots vortreffliches Werk über diese Materie ganz vor mir hätte *).

Nach

*) Es ist eine wahre Schande für Deutschland, daß eine ziemliche Parthey von Aerzten und Recensenten seit einiger Zeit affectiren, als ob sie die Verdienste dieses großen Mannes nicht anerkenneten. Mit wahren Unwillen sehe ich oft, daß man ziemlich kleine Lichter von deutschen Aerzten, so wie sie ziemlich häufig aus einem Hause ins andere laufen, mit ihm wiegt, und denn lächerlich seine Schaale steigen läßt. Zu der Zeit, als Abbt sein Werk vom Verdienst schrieb, lautete das einmüthige Urtheil über diesen vortrefflichen Arzt anders. Gewiß stiftet Tissot mit seinem einzigen Avis au peuple in Deutschland, in der Stille, auf dem Lande und in allen Ecken, zumal in den Händen vernünftiger Frauenzimmer mehr Nutzen, denn viele solcher Aerzte mit allen ihren Recepten. — Ueberhaupt muß man doch wol, wenn man billig seyn will, gern bekennen, daß die guten französischen und schweizerischen Aerzte, im Ganzen, in Absicht auf die Behandlung der Nervenkrankheiten die Deutschen und Engländer seit ziemlich langer Zeit übertroffen haben. Aufrichtig zu reden, mir ist bisher noch kein deutsches Buch, und nicht einmal ein Aufsatz in unsrer Sprache über die Nervenkrankheiten bekannt, der mir Genüge geleistet hätte. Fast alles, was ich davon gelesen habe, dreht sich um die unrichtigen Ideen vom Schlaffwerden der Nerven und von der Herstellung ihres Tonus durch zusammenziehende Arzneyen.

Nach allem, was in den vorhergehenden Capiteln vorbereitungsweise vorausgeschickt ist, werde ich mich hier ziemlich kurz fassen dürfen; ich habe gewissermaaßen hier nur die Anwendung von dem zu machen, was ich dort gesagt habe. Aber schwer ist es wahrlich, aus einer so reichhaltigen Materie, die allein viele Bände erfüllen könnte, hier alles für meinen Zweck nöthige kurz auszuheben. Daher habe ich schon dieserwegen, aber zumal auch wegen der Lage, in welcher ich gezwungen bin, dieses alles herauszugeben, einigen Grund, um Nachsicht zu bitten, wenn diese Abhandlung die Erwartung nicht erfüllt. Eine vollständige Abhandlung kann ich hier nicht liefern; ich berühre nur einige Hauptpuncte, und spreche denn mehrentheils nur von dem, was ich mit Rücksicht auf das Pyrmonter Waſſer zu sagen hatte.

Vieles hat man immer zu hoffen bey vielen Arten von Nervenkrankheiten, wenn sie nicht gar zu tief eingewurzelt sind, wenn sich nicht schon große Fehler im Körper angesponnen haben, wenn nicht unüberwindliche moralische Ursachen fortwährend unterhalten, und wenn man sie gut behandelt. Fast immer ist doch der Arzt im Stande, wenn er damit umzugehn weiß, große Linderung zu geben. Aber er muß suchen, sich des Zutrauens des Kranken zu bemeistern, und dadurch über die Imagination Herr werden. Welcher Kranke sich hierwider sträubt, wer immer seine Ideen bestätigt haben will, alle Tage mit Methoden und Arzneyen wechselt, heute an allem verzweifelt, wovon er gestern alles hoffte, jede kleine Veränderung und jeden kleinen Zufall für höchst wichtig ansieht, und insonderheit, wer in ein Paar Wochen von einer Nervenkrankheit geheilt seyn will; bey einer Krankheit, die Monathe und Jahre fodert; heute schon mit gestern vergleicht, und die Besserung spüren will in zweyen Tagen: dem ist nicht zu helfen, bis ihn längeres Leiden Geduld gelehrt und auf den rechten Weg geleitet hat.

Ueber den Begriff von Nervenkrankheiten wird man mir, in einer solchen Schrift wie diese hier ist, keine Schwierigkeiten machen.

Weil die Nerven diejenigen Organen sind, durch welche Empfindung und Bewegung im Körper ausgebreitet wird, und die den Wirkungen der Seele unmittelbar untergeordnet sind, so nennet man es Nervenkrankheit, wenn in diesen dreyen Stücken Unregelmäßigkeiten vorgehn. Diese Definition schließt

gewiß

gewiß alle Nervenkrankheiten ein, nur umfaßt sie zu viel; aber eine ganz richtige Definition habe ich noch nirgends gefunden *). Nicht jeder zu geschwinde Pulsschlag ist Nervenkrankheit; auch nicht jeder Schmerz ist eine solche Unregelmäßigkeit, wenn er so beschaffen ist, wie er natürlicher Weise auf einen solchen Anlaß folgen sollte. Ist der Schmerz aber größer als er natürlicher Weise aus einer solchen Ursach seyn müßte, oder hat er sonst etwas unregelmäßiges, äussert er sich vielleicht in einem entfernten Theile von dem, wo eigentlich die Ursach sitzt: so ist hier eine Unregelmäßigkeit in der Wirkung der Nerven. Alle Convulsionen und Lähmungen sind immer unregelmäßige Wirkungen der Nerven, und ebenfalls alle Zufälle, wo die Seele auf den Körper, oder umgekehrt, der Körper auf die Seele unordentlich wirket. Aber ich gebe gern meine Definition jedem hin, der eine bessere macht; vielleicht läßt sie sich durch eine Einschränkung der Quelle aller Bewegung und Empfindung näher zueignen.

*) Einige Schriftsteller wollen durchaus übermäßige Reizbarkeit in den Begriff der Nervenkrankheiten bringen; aber wo soll man denn da mit den Lähmungen, mit der Schlafsucht, der Imbecillität und Fatuität hin?

Diejenigen, welche von der Benennung der Nervenkrankheiten nichts wissen wollen, werfen ein: manche sogenannte Nervenkrankheit sey eigentlich eine Krankheit ganz anderer Theile als der Nerven, und die Heilung derselben müsse ja dem zufolge nicht auf die Nerven, sondern auf die wahre Ursach gerichtet werden; so manche Nervenübel entstehn ja lediglich aus verstopften Eingeweiden, und müssen durch auflösende Mittel gehoben werden. Was solle nun hier die Benennung von den Nerven helfen?

Die Antwort hierauf ist leicht. Wir benennen die Krankheiten nach den Zufällen, nicht nach den Ursachen, die erst der Scharfsinn des Arztes aufsuchen soll. Daher heißt ein Krampf immer ein Nervenzufall, ohne Rücksicht auf seine Ursach, er mag aus einer äusserlichen Verletzung oder aus einem Fehler des Unterleibes herrühren, oder aber seinen Grund in dem Innersten der Nerven selbst haben. Nennen wir doch Wassersucht immer Wassersucht, sie mag von einem großen Blutverluste oder von Stockungen des Unterleibes herrühren.

Was ich also hier von Nervenkrankheiten sage, das schließt alle ein, sie mögen ihren Grund unmittelbar in den Nerven selbst haben, das ist, aus bloßer

Reizbar-

Reizbarkeit herrühren, und daher sogenannte Nervenkrankheiten ohne Materie heißen, oder in andern außer ihnen liegenden Ursachen.

In unsern Gegenden sind die Art von Nervenkrankheiten die häufigsten, welche aus Fehlern im Unterleibe entstehn; die von bloßer Reizbarkeit ganz allein abhängen, sind so häufig nicht, ob sie gleich allerdings auch vorkommen. Allemal liegt eine gewisse Art von Schwachheit oder Disposition der Nerven zum Grunde, sonst würde der nemliche Fehler und die nemliche im Unterleibe reizende Ursach ganz andere Wirkungen hervorbringen, und keine Nervenbeschwerden.

Nervenzufälle von scharfen Säften wird kein vernünftiger Arzt läugnen. Wer sah nicht Nervenkrankheiten auf zurückgetriebene Krätze, allerley Krämpfe auf zurückgegangene Flechten und andere Ausschläge, Convulsionen, bey Kindern zumal, auf zurückgetriebenen Kopfgrind, oder hartnäckige Hypochondrie aus verirrter Gicht, und Besserung von allem auf die Herstellung des ursprünglichen Uebels; Man könnte zu dieser Art auch die Versetzungen von andern Krankheiten auf die Nerven (metastases ad nervos) zählen, die manchmal nach hitzigen und

andern

andern Krankheiten üble Nervenbeschwerden zurück lassen.

Alles was darüber hier zu sagen wäre, weiß man aus dem sechsten Capitel dieses Buchs.

Schlaffheit der Constitution sehe ich nur an als Anlage zu Nervenkrankheiten, und als eine unterhaltende, nicht als eine thätige Ursach.

Beynahe alles, was ich in diesem Capitel über die Ursachen der Nervenkrankheiten zu sagen hätte, ist schon in den vorhergehenden Capiteln dieses Buchs vom dritten bis zum siebenden sehr vollständig abgehandelt, weil sie die meisten und die hauptsächlichsten Ursachen von Nervenkrankheiten und deren Behandlung umfassen. Ich werde daher hier nur die vorzüglichsten Beschwerden aus dieser Classe nennen, und nebst der nöthigen Anwendung, diese oder jene kleine Erinnerung hinzuthun.

Eine ziemlich allgemeine Regel will ich hier vorläufig beyfügen, die bey der Behandlung sehr vieler Nervenkrankheiten Platz hat. Man sollte allemal zuerst suchen, die wahre reizende Ursach, sie sey äusserlich, vielleicht von moralischer Art, oder innerlich und physisch, zu entfernen, oder wenn nicht so wol

reizende

reizende Ursachen als vielmehr zu große Reizbarkeit zum Grunde liegt, diese zu mildern, und alsdenn erst die eigentlichen Zufälle durch Nervenmittel, auch zuweilen durch stärkende und sehr oft durch Pyrmonter Wasser zu heben trachten. In dieser Periode kann man ihnen mit Nachdruck etwas entgegen setzen, denn wenn die wahre erste Ursach gehoben ist, so dauren nun nur noch die Zufälle fort durch eine üble Gewohnheit der Nerven.

Die Hypochondrie und die Hysterie, diese Hydra, dieser Inbegriff von tausendfachem Elende, von so mannichfaltigen verschiedenen Zufällen und schrecklichen Empfindungen, die beynahe bey jedem eine andere Gestalt annimmt, und fast alle übrigen Krankheiten nachahmt, oder sie doch wenigstens in der Empfindung zu leiden giebt, ist wahrlich eine Krankheit der Nerven: denn sie ist dasjenige Uebel, bey dem die Gefühlwerkzeuge jeder Art leiden. Sie bringt Angst, Traurigkeit, die größte Niedergeschlagenheit und Trostlosigkeit, Furcht, Sorge, stete und stündliche Erwartung von irgend etwas unbekänntem Schrecklichem und Unglücklichem, jedes unangenehme Gefühl jeder Art, und beynahe jede unangenehme Leidenschaft ausser der Ordnung, hervor, und ohne daß oft die mindeste äussere Ursach dazu vorhanden ist. Weil doch aber die Empfindungen unsers Körpers immer Ideen in der Seele hervorbringen, die ihnen entsprechen, so wie im Gegentheil die Vorstellungen auch ihnen angemessene Gefühle im Körper erregen, und diese Harmonie durch keine Unordnung, auch durch den Wahnsinn nicht, gestört werden kann, und nur allein mit dem Tode: so hat gewöhnlich die Einbildungskraft das traurige Geschäft einen Gedanken auszuhecken, der dieser Empfindung anpaßt, und der, was sehr merkwürdig ist, fast jedesmal keinen Grund hat, und doch unglaublich fest sitzt.

Alle Affecten sind körperliche Empfindungen, und folgen im natürlichen Zustande nur aus Vorstellungen der Seele, daher sind die Werkzeuge der Empfindung, die Nerven, in Unordnung, wenn dergleichen ohne Zuthun der Gedanken blos im Körper entstehn, und zwar so stark, daß sie zurück auf die Seele wirken *).

Aber

---

*) Wenige Menschen begreifen den Gemüthszustand eines Nervenkranken, und man beurtheilt ihn daher fast immer falsch und oft ungerecht. Wer kann sich trauriger Gedanken entschlagen, wenn er traurige Gefühle

Aber die Hypochondrie wirkt nicht bey allen gleich stark auf das Gemüth, und drückt nicht jedem alle Kräfte der Seelen nieder: vielleicht leiden mehr blos körperliche Beschwerden, nicht so viel am innern Menschen als am äussern, und ihr Uebel ist um desto erträglicher. Ihre Verdauung ist verdorben, schon die mässigste Mahlzeit quält sie, und manche vertragen nichts als Fleisch; sie leiden an Leibesverstopfung, an Blähungen, an tausend kleinern krampfhaften Empfindungen, Schmerzen, Schlaflosigkeit,

und Gefühle hat. Wer im Schlafe so liegt, daß sein Athem nicht frey ist, dem träumt gleich durch körperliche Folge von Erdrosseln oder von Erstickung. Durch ebenfalls körperliche Folge entsteht Traurigkeit der Seelen aus traurigen Empfindungen des Körpers. Daher sind die leidigen Tröster so unangenehm, die von allem diesen nichts verstehn, und glauben, alle Uebel eines Hypochondristen bestehen nur in der Vorstellung, die sie ihm wegraisonniren wollen. Aber Gefühle des Körpers bläst man so nicht weg. Alle moralische Hülfe besteht hierbey lediglich darin, daß man die Vermehrung des Uebels durch Vorstellungen des Gemüths zu verhüten sucht. Deswegen sind angemessene nicht rauschende Zerstreuungen so nöthig, und die Wegwendung der Gedanken von allem was traurig macht, indem man sucht, sie auf angenehme Gegenstände zu richten.

und allerley Unordnungen in allen Functionen des Körpers.

Diese letzte Art entsteht mehr aus Entkräftungen, durch Wollust, Blutverlüste und Anstrengung der Seelenkräfte, neben einer alle Organen erschlaffenden sitzenden Lebensart, die erste mehr durch Leidenschaften bey großer Beweglichkeit und Reizbarkeit der Nerven.

Für viele Hypochondristen ist der Pyrmonter Brunnen seit so langer Zeit die letzte Hoffnung und Zuflucht und die größte Hülfe. Viele stellen hier jährlich ihre Gesundheit wieder her, und werden gelindert. Aber gewiß noch mehrern würde hier geholfen werden, wenn sie diese Cur unter den gehörigen Umständen zur gehörigen Zeit und nach der nöthigen Vorbereitung vornähmen. Mit Wahrheit kann man sagen, es gebe wenig Kranke dieser Art, denen das hiesige Wasser nicht zuträglich und heilsam sey, wenn man nur zur rechten Zeit seine Zuflucht dazu nimmt. Selbst Pomme, der doch die Verhärtung der Nerven für die Ursach dieser Uebel hält, will der Erfahrung wegen, den Nutzen dieser Brunnen nicht läugnen, wenn sie nur zu rechter Zeit gebraucht werden.

Vielfäl-

Vielfältig, wenn blos kleine Verstopfungen im Unterleibe vorhanden sind, die neben einiger Schwäche und Unordnung in den Nerven die Ursachen der Hypochondrie ausmachen, so stellt freylich der Pyrmonter Brunnen sie ganz allein her ohne vorhergegangene Curen oder Vorbereitungen. Insonderheit heilt es viele Hypochondristen ohne weitere Umstände, die blos etwas geschwächt, durch Wollust entkräftet sind, oder die an schlechter Verdauung und deren Folgen leiden. Diese finden sich gemeiniglich trefflich gestärkt nach der Cur. Aber manchmal liegt das Uebel zu tief, um gleich mit dem Pyrmonter Wasser zuzuplatzen.

Aus dem fünften Capitel dieses Buchs weiß man, daß oft Blutanhäufungen des Unterleibes durch den Reiz, welchen sie erregen, alle Zufälle der Hypochondrie hervorbringen. Ich habe dorten genug gesagt, daß es ungereimt sey, dabey mit dem Pyrmonter Wasser die Cur anzufangen. Aber wenn der freye Umlauf des Bluts hergestellt ist, oder doch die Stockungen desselben gemindert, und der Ueberfluß fortgeschafft, dann kann ein ferner auflösendes, aber dabey stärkendes und belebendes Mittel von vortrefflicher Wirkung seyn, nicht blos als Heilmittel,

sondern

sondern auch zur Vorbauung, um die Wiederkehr des Uebels zu verhüten.

Die Stockungen in den Eingeweiden des Unterleibes, welche man ehemals für die einzige und allgemeine Ursach aller Hypochondrie ansah, so wie jezt einige die Erschlaffung, und andere die Gichtmaterie oder die gehinderte Ausdünstung beschuldigen, ist wirklich eine große und häufige Ursach hypochondrischer Zufälle, so wie vieler andern Krankheiten; aber nicht die einzige. Man weiß aus dem vorhergehenden vierten Capitel, was man gegen diese Krankheitsursach zu thun habe, und wo der Pyrmonter Brunnen seinen Platz dabey finde. Dasjenige, was die Natur der Nervenkrankheit hiebey zuweilen besonders für Aufmerksamkeit fordert, weiß jeder Arzt, und einiges hierüber findet man in dem siebenden Capitel von der Irritabilität. Man kann sich aber leicht vorstellen, von wie gar schädlicher Wirkung es seyn müsse, wenn hypochondrische Beschwerden aus diesem Grunde entspringen, und nach der Weise vieler Aerzte mit zusammenziehenden Arzeneyen behandelt werden. Unheilbarkeit ist sehr oft die Folge solches beurtheilungslosen Verfahrens, wie ich davon ein Beyspiel im achten Capitel angeführt habe.

Selbst

Selbst der Pyrmonter Brunnen, so gar vortrefflich er auch im Verfolge der Cur wirkt, kann doch unter solchen Umständen, und wenn die Stockungen sehr groß sind, nachtheilig werden, weil er in dem Falle schon zu viel stärkende Kräfte besitzt. Aber wenn er nachher zur rechten Zeit angewandt wird, dann sieht man mit Vergnügen, wie er die Hypochondrie verjagt, und mit ihr alle Gespenster, die sie begleiten.

Zuweilen entstehn hypochondrische und andere manchmal sehr heftige Nervenzufälle, lediglich aus einer Anhäufung von galligten oder andern Unreinigkeiten in den ersten Wegen, und vielfältig von blossem Schleim. Dergleichen Uebel hebt allerdings oft das Pyrmonter Wasser durch seine auflösenden und abführenden Kräfte. Aber besser thäte man doch, solche Unreinigkeiten zuvor sanft aufzulösen und gelinde abzuführen; denn dieses fodert oft längere Zeit, als man wol glauben sollte, und läßt sich wahrlich nicht immer mit Einem Streich heben, sonderlich wenn es lange gestocket hat. Wenn man alsdenn hiernach den Pyrmonter Brunnen braucht, so nimmt er sodann die Ueberreste der Beschwerden und der Unordnungen in den Nerven hinweg, und verhütet die Rückkehr des Uebels vortrefflich.

Das

Das Dürrewerden der Nerven (Secheresse, racornissement) mag doch unter die möglichen Ursachen der Nervenbeschwerden gehören, ob es gleich in heissern Ländern wol mehr vorkommen wird, als bey uns, wo man dergleichen wol wenig sieht. Zu den Ursachen hysterischer und hypochondrischer Beschwerden, glaube ich, mag dieser Zustand am wenigsten gehören. In den Ländern, wo das Clima größere Härte und Festigkeit erzeugt, und besonders bey dem Range von Menschen und bey dem Geschlechte, wobey dieser Zustand am meisten vorhanden ist, sieht man diese hysterischen und hypochondrischen Beschwerden grade am seltensten. Aber wenn diese Härte und Dürre der Nerven zur Krankheit wird, dann scheint wol eher der höhere Grad von Melancholie und der Wahnsinn daraus zu entstehn. Ich glaube aber immer, daß die meisten Fälle von Nervenkrankheiten, bey welchen man aus der guten Wirkung der erweichenden Methode, auf hartgewordene Nerven schloß, im Grunde von Reizbarkeit herrührte, oder von reizenden Ursachen, deren Eindruck durch die Erweichung gemildert wurde.

Bey wahrer Verhärtung wäre sonst freylich für den Pyrmonter Brunnen kein Fall. Das aller-
mildeste

mildeste Verfahren, beynahe so wie bey der zu grossen Reizbarkeit, laulige Bäder, Clystiere, Milchdiät, schleimige Arzeneyen und Nahrungsmittel, neben dem was die besondern Umstände des Kranken fodern, würde hier nothwendig seyn; Pommes Räthe wären zu befolgen, und wenn der Fall richtig erkannt ist, werden sie helfen.

Daß auf der andern Seite die zu große Weichheit und Zartheit des ganzen Körpers und besonders der Nerven eine wirkliche Ursach von Nervenzufällen sey, beweiset schon, daß die Kinder, und nach ihnen das weibliche Geschlecht, im Verhältniß ihrer grössern Zartheit, auch den Nervenzufällen und zwar den heftigsten darunter, den Convulsionen, am allermeisten unterworfen sind. Bey Männern, je mehr ihr Gewebe der Schwäche des weiblichen gleicht, nehmen daher die Nervenbeschwerden mehr den Character der weiblichen Zufälle, der Hysterie, an, so wie die männlicher geschaffenen Weiber zuweilen wahre Hypochondristen sind.

Beynahe alles, was ich hierüber zu sagen hätte, steht im dritten Capitel dieses Buchs, wo ich von der schlaffen Constitution handle, und man hat hauptsächlich nur auf die zu große Reizbarkeit unter solchen Umständen

ständen zu sehn. Kalte Bäder, austrocknende Diät, zusammenziehende, oft etwas erwärmende Arzneymittel, und allerdings auch der Pyrmonter Brunnen gehören sonst hier unter die vorzüglichsten allgemeinen Mittel. Aber man erinnere sich immer, daß kalte Bäder kein so allgemeines Mittel bey Nervenkrankheiten, oder der übel sogenannten Nervenschwäche, sind; man sieht oft genug Beyspiele, die dieses beweisen, wenn man es auch nicht aus Gründen wüßte.

Bey vielen Fällen von Nervenkrankheiten muß man doch auch daran denken, daß das Blut daran Theil haben könne. Zu viel Blut wirkt oft wie der stärkste Reiz, vornemlich oft bey Weibern, und dann beruhigt nichts so gut als ein Aderlaß. Aber man muß auch wieder erwägen, daß bey manchen Nervenbeschwerden, bey Hypochondristen, die schlecht verdauen, und wenig, armes, dünnes Blut haben, ein Aderlaß schrecklich wirken, alles Elend zum höchsten Grade verschlimmern, und für eine Zeitlang die größte Melancholie hervorbringen könne.

Was ich bis hieher von hypochondrischen Beschwerden gesagt habe, und von der Hysterie, die mit jener von einerley Natur ist, und an welcher die Mutter weniger Antheil hat, als man ehemals
glaubte,

glaubte, und als ihr Name vermuthen läßt, und deren ganzer Unterschied von der größern Beweglichkeit des weiblichen Baues herrührt, das gilt von den meisten übrigen Nervenzufällen, die ich nicht in der Folge noch ausnehme. Allerley convulsivische und krampfhafte Krankheiten einzelner Theile und des ganzen Körpers sind von derselben Natur, entspringen aus den nemlichen Ursachen, und fodern die nemliche Behandlung. Auch für die Melancholie brauche ich daher nichts besonders zu sagen. Sie gränzt so nahe an die Hypochondrie, und ist oftmals so mit ihr verwebt, daß man sie beynahe für ein Symptom der Hypochondrie ansehn kann; nur muß man doch unter Melancholie nicht Wahnsinn verstehn, wie einige thun, sondern den höhern Grad von anhaltender Traurigkeit, die das Gemüth unabläßig mit niederschlagenden Vorstellungen ängstigt.

Viele solche Traurige haben in Pyrmont, wie es bekannt genug ist, von jeher ihre Hülfe gefunden, und man kann aus dem vorhergehenden abnehmen, in welchen Fällen dieses geschehen kann und geschehen wird.

Bey den meisten Nervenkrankheiten, insonderheit denen, welche mehr aus moralischen Ursachen herrüh-

herrühren, und die vorzüglich auf die Werkzeuge der Empfindung und auf die Seele wirken, ist eine vernünftige Führung des Gemüths und Regierung sowol der Einbildungskraft als auch der Leidenschaften ein wichtiges und wesentliches Stück der Cur. Einiges hierüber ist gelegentlich schon im Vorhergehenden vorgekommen, und etwas sage ich davon noch unten im vierten Capitel des vierten Buchs.

Aufheiterung des Gemüths durch angenehme Gegenstände, durch erfreuliche Ideen, durch Zerstreuung, ist immer von äusserster Wichtigkeit, und hilft gemeiniglich mehr als alles Zureden, das wenige recht verstehn und dem Gemüthszustande anzupassen wissen, und wodurch man sehr nachtheilig wirken kann, wenn es auf eine indiscrete Weise mit Härte oder mit Eifer geschieht, oder mit Dummheit. Daher ist der Aufenthalt zu Pyrmont, wegen der Schönheit der Gegend und der Mannichfaltigkeit und Anmuth der Gegenstände, schon blos dadurch so vielen Nervenkranken von allen Zeiten her erspriesslich gewesen.

Ich habe im Vorhergehenden oft und viel gegen den Gebrauch der zusammenziehenden Mittel bey Nervenkrankheiten gesprochen. Ich möchte nicht gern, daß

daß man glaubte, ich kenne die Wirkung des Eisens, der China und der kalten Bäder nicht, daher will ich mich hier eins für alle darüber erklären.

Daß es manche wahre und wichtige Ursachen von Nervenkrankheiten gebe, bey welchen jene Mittel nicht passen, wird Niemand läugnen, der Nervenkrankheiten ohne Vorurtheile beobachtet hat, und wer auch nur mit einiger Aufmerksamkeit die vorhergehenden Capitel las *).

Auf der andern Seite giebt es auch wieder Fälle, wo die stärkenden, ich meyne doch eigentlich mehr die zusammenziehenden (die kalten Bäder gehören nicht ganz hieher) sehr gut wirken. Ich weiß wol, daß zuweilen sehr große Nervenbeschwerden, durch starken Gebrauch von China und durch Eisen in Menge, geholfen sind. In solchen Fällen liegt

*) Im vierten Capitel, wo ich von Verstopfung der Eingeweide rede, habe ich mich einigermaaßen schon über die stärkenden Mittel erklärt, und kann also dahin verweisen, in Absicht auf alle Nervenkrankheiten, die Stockungen zum Grunde haben; im fünften Capitel hat bey den Blutanhäufungen des Unterleibes, die oft Nervensymptome hervorbringen, wieder hiervon müssen gehandelt werden. Wo man also nachsehn kann.

mehrentheils die wahre Ursach in einer wirklichen Atonie oder Erschlaffung der ersten Wege neben einiger Empfindlichkeit, woraus allerley Unordnungen, und daraus Irritationen, Krämpfe, convulsivische Zufälle, Traurigkeit, und beschwerliche, oft schreckliche Empfindungen ohne Zahl, entstehn. Diese verschwinden hernach, sobald jene Theile ihre gehörige Festigkeit wieder erhalten haben, und die Verrichtungen, welche ihnen obliegen, wieder in der gehörigen Ordnung geschehen. Unter die wirklich stärkenden Mittel, welche für alle Nervenkranke beynahe zuträglich sind, gehört hauptsächlich die Bewegung in freyer Luft. Der Pyrmonter Brunnen ist in vielen Fällen eins von den ersten stärkenden Mitteln, die hierbey statt finden.

Verschiedentlich habe ich im vorhergehenden und im vorletzten Capitel von dem Nachtheil geredet, den das Pyrmonter Wasser durch sein Vermögen als ein Reizmittel zu wirken, bringen könnte.

Von dem offenbaren Schaden, der daraus wirklich entstehn könnte, wird noch einiges unten im fünften Buche vorkommen. Aber ich muß doch auch nicht vergessen zu erinnern, daß man diese Furcht vor der reizenden Kraft viel zu weit treiben kann,

und

und daß sie von vielen Kranken wirklich viel zu weit getrieben werde, die hierüber blos nach ihrem Gefühle urtheilen, ohne eben an medicinische Gründe zu denken.

Man muß betrachten, daß das Pyrmonter Wasser ein sehr kräftiges Mittel sey, welches nur die allerstärksten Menschen in einiger Menge trinken können, ohne davon besondere Empfindungen zu haben. Fast alle fühlen eine Art von Taumel davon, den man ganz recht den Brunnenrausch nennt. Wer nun aber vollends schwach oder sehr reizbar ist, der kann wol auch mancherley andere krampfhafte oder sonst unangenehme Empfindungen davon haben. Manche fühlen sich schwindlich, andere haben Beinschmerzen, andere schlafen unruhig. Aber wer solche oder dergleichen Wirkungen des Brunnens für Uebel halten und daraus schließen wollte, er sey zu reizbar für die Cur, der würde sich sehr irren, und sich einer Grille wegen eines vortrefflichen Mittels berauben. Unter solchen Umständen muß man dem Kranken sagen, oder er mag es sich selbst sagen, es sey kein andrer Weg, und er müsse hier hindurch, er dürfe sich nicht durch jede unbehagliche Empfindung abschrecken lassen. Mancher, dem es eben so gieng, der aber immer fort trank, obgleich die Beschwerde fortdauerte, so lange die Cur währte, fand denn doch, nachdem er zu Hause gekommen war, daß er diese unangenehmen Empfindungen nicht umsonst gelitten hatte. Bey den Meisten aber verlieren sich doch in der Folge der Cur dergleichen beschwerliche Empfindungen, oder sie werden mehr gelindert als sie im Anfange waren, weil die Natur sich nach und nach an die Wirkungen des Brunnens gewöhnt.

Ich habe im Vorhergehenden keine Beyspiele von Nervenkrankheiten angeführt, die in Pyrmont geheilt wurden. Jedermann weiß, daß es oft geschieht, und die Geschichte aller Nervenkrankheiten, wenn sie von Bedeutung sind, und ihre Erzählung unterrichtend werden soll, fällt nothwendig lang aus *). Sonst hätte ich mein eigen Beyspiel zuerst erzählen müssen, weil ich nach anhaltenden und mannichfaltigen Leiden von dieser Art die erste Erleichterung durch einen langen Aufenthalt in Pyrmont im Jahre

*) Eine etwas umständlich erzählte Geschichte, die man wol zu dieser Classe rechnen wird, habe ich oben im achten Capitel dieses Buchs vorgetragen, und kann ohngefehr zum Modell dienen, in ähnlichen Fällen zu verfahren.

Jahre 1778 fand, und seitdem lange Zeit gesund war. Meine Herstellung war die eine Wirkung jener Cur, und die zweyte ist — die Existenz dieses Buchs; aber unglücklicher Weise ist dieses Buch auch wieder die Ursach der Erneuerung meiner Krankheit. In einem so unglücklichen Cirkel laufen oft die Dinge in dieser Welt.

Ich erinnere mich noch von vielen Jahren her eines jungen Menschen, der zusehens vergieng, ohne daß man recht wußte, was ihm fehlte. Eine Unordnung in seinen Nerven war wol gewiß genug, er war immer voll Angst und Krämpfe. Die Aerzte wußten nicht recht, ob sie ihn sollten für schwindsüchtig oder für hectisch halten, und ganz empirisch schlugen sie ihm das Pyrmonter Wasser vor als ein verzweifeltes Mittel. Das verzweifelte Mittel wirkte bewundernswürdig, und hätte der Wahl die größte Ehre gemacht, wenn es aus Gründen gerathen, und nicht blindlings aus dem Glückstopf gegriffen worden wäre. Der junge Mann zündete zur großen Freude der Seinigen, in kurzer Zeit an, wie ein Licht, und war beynahe gesund, ehe die Cur geendigt war. Er hat seitdem viele Jahre hindurch bis in sein männliches Alter, mehr aus Dankbarkeit als

aus

aus Bedürfniß alle Sommer den Pyrmonter Brunnen und zuweilen an der Quelle getrunken; auch nie einen Rückfall erlitten.

Von einigen Nervenkrankheiten, wenn sie einzelne Theile des Körpers betreffen, handle ich in den folgenden Capiteln; vom Schwindel und Migraine unter der Rubrik der Kopfkrankheiten, vom Asthma, vom Magenkrampfe, vom Herzklopfen, von jedem an seinem Orte.

Von andern Nervenkrankheiten, bey denen der Gebrauch des Brunnens größere Vorsicht erfodert, weil er leicht dabey schaden könnte, handle ich im fünften Buche dieses Werks, wo von den Fällen geredet wird, bey denen dieser Gesundbrunnen nachtheilig wirken könnte. Dahin gehören vornehmlich die Fallendesucht oder Epilepsie, der Wahnwitz und Tollheit, und diejenige Art von Schlagfluß, welche vom Blute herrührt; und bey der Gelegenheit werde ich überhaupt alles berühren, was über die verschiedenen Arten dieser Krankheit zu erinnern ist.

Es bleibt mir also hier fast weiter nichts übrig, als daß ich noch einiges von den Lähmungen sage.

Die

Die Lähmungen, welche Folgen der Blutschlagflüsse sind, lassen sich doch zuweilen mit Nutzen den Pyrmonter Brunnen entgegen setzen, wenn keine Gefahr zu neuem Andrang des Bluts zum Kopfe da ist. Er hebt zuweilen nicht allein die übrig gebliebene Schwachheit, sondern trägt auch bey, den ersten Grund des Uebels wegzuschaffen. Doch über diesen Punct muß das nöthige am eben angeführten Orte vorkommen.

Es werden oft Lähmungen in Pyrmont gehoben, aber die Lähmungen sind mannichfaltig: einige können durch das Pyrmonter Wasser nicht gehoben werden, und einige sind durchaus unheilbar.

Ich habe zwey Personen gekannt, die nach langwierigen Nervenkrankheiten Lähmungen in einem Schenkel und Beine übrig behielten, die der Pyrmonter Brunnen und Bad endlich völlig davon half, sowol als von dem Ueberreste ihrer Nervenzufälle. Bey beyden lag die Ursach ihrer Uebel im Unterleibe, und gegen diese Ursach war alles nöthige geschehen, daher half sie die wiederholte Brunnencur auch völlig zurecht. Ohne Zweifel wäre es nicht so gegangen, wenn man mit dem Brunnen zur Unzeit gekommen wäre, und etwa damit angefangen hätte.

Bey den Lähmungen, welche auf heftige Coliken folgen, ist der Pyrmonter Brunnen oft heilsam gewesen, wenn zuerst die nöthigen Vorbereitungen nicht versäumt waren. Dergleichen Coliken entstehn entweder von wirklich zusammenziehenden metallischen Giften oder von andern die Därme heftig reizenden Ursachen, wol oft blos von scharfer Galle. In allen diesen Fällen liegt die erste Ursach des Uebels im Unterleibe, und gewöhnlich auch die letzte, nemlich die Ursach der nachfolgenden Lähmung. Daher ist es nicht zu verwundern, daß andere Beobachter und auch ich Lähmungen dieser Art in Pyrmont haben weichen sehn, aber zuweilen erst nach wiederholten Curen.

Ueberhaupt, jemehr man Ursach hat zu vermuthen, daß eine Lähmung nicht in großen und eigenthümlichen Fehlern des Hirns und des Rückenmarks ihren Grund habe, oder schon die Folge eines vor Alter zerfallenden Körpers sey; jemehr sich erwarten läßt, daß ein durchbringendes, gewissermaßen reizendes, auflösendes, verdünnendes und zugleich stärkendes Mittel dabey Hülfe schaffen

schaffen könne, destomehr ist von dem Gebrauche des Pyrmonter Brunnens und Bades *) zu hoffen. Von solcher Art aber sind die Lähmungen, die von Schärfe der Säfte, von Trägheit der Nerven, von einigen Versetzungen (metastasibus) nach Krankheiten, von äusseren Ursachen, Giften, Dämpfen neugebaueter Häuser, von Verkältungen entstehn, in so fern diese sich noch nicht gar zu fest gesetzt, und große materielle Fehler erzeugt haben.

Es giebt Lähmungen, die mehr ihre Ursach im Innersten der Nerven zu haben scheinen, und etwa den Arten von Nervenkrankheiten sich nähern, von welchen man sagt, sie wären ohne Materie. Hierbey pflegt der Pyrmonter Brunnen, wenn man ihn der zuweilen damit verbundenen Reizbarkeit erträglich zu machen sucht, von vielen Nutzen zu seyn. Ich rechne

*) Von dem Nutzen des Pyrmonter Bades handelt das ganze sechste Buch dieses Werks, daher ich davon hier noch nichts sage. Noch kurz vorher, ehe dieser Band in den Druck gieng, sah ich eine schöne Cur in Pyrmont, bey einer Frau, die an beyden Armen gelähmt war, und bey der gewiß das Bad viel mit half; von vorhergebrauchten Hausbädern hatte sie wenig Nutzen gespürt.

rechne hieher das Beyspiel eines Frauenzimmers, die lange und viel an einer ausschweifenden Beweglichkeit der Nerven gelitten hatte, und die eine Fühllosigkeit (anæsthesia) einer ganzen Seite dabey hatte, die nicht zu allen Zeiten gleich stark war. Ich rieth ihr vor langer Zeit den Pyrmonter Brunnen dagegen an, und sie wurde davon befreyet.

Von dem größten Nutzen ist der Pyrmonter Brunnen, und das Bad gegen die Schwäche, die am Ende nach den Lähmungen übrig bleibt.

Von der Unbrauchbarkeit der Glieder, welche von der Gicht herrührt, die man auch zuweilen Lähmungen nennen hört, ist hier nicht die Rede. Ich handle davon im nächstfolgenden Capitel, welches von der Gicht handelt.

Vergebens braucht man die besten Mittel, wenn einmal das Uebel zu tief eingewurzelt und unheilbar geworden ist: so geht es auch vielfältig mit den nicht zu bezwingenden Lähmungen, wider welche man zuletzt nach Pyrmont flieht.

Zehntes

Zehntes Capitel.
Von den gichtischen Krankheiten.

Weil ein Hypochondrist zuweilen die Gicht bekommt, und seine Nervenkrankheit verliert, und hinwiederum, weil etwa ein Podagrist in die Hypochondrie fiel: so hat man gesagt, die Nervenkrankheiten seyen nichts anders, als die Gicht, und die Gicht sey eine Nervenkrankheit *). Wenn man will, so ist jede Krankheit eine Nervenkrankheit, und wiederum, wenn man will, so ist keine Krankheit eine Nervenkrankheit. Man kann sich in dergleichen Gedanken und Säze hinein und hinaus raisonniren, wie man einen Handschuh aus- und anzieht, und am Ende hat man von seiner Mühe so viel Nutzen, als wenn man die Ziegel auf des Nachbars Dache zählt. Ich halte mich bey solchen Spitzfindigkeiten nicht auf, sondern

---

*) So wie man auch die Gicht und den Harnstein sehr verwandt hält. Aber warum sieht man in Hannover keinen Stein, da doch das Podagra häufig vorkommt? Verwandt sind übrigens fast alle Krankheiten, nemlich so, daß die eine aus der andern entsteht, wie die Melancholie aus der Krätze.

sondern nenne Gicht Gicht, und Nervenkrankheit Nervenkrankheit, wie ich mich hierüber schon einigermaaßen an andern Orten, und selbst noch im Anfange des vorhergehenden Capitels, erklärt habe. Es ist wahr, daß es manchmal einen Schmerz an einem Gliede oder Gelenke giebt, der lange sitzt, den man für Gicht ansieht, und der sich am Ende zu der Classe von Nervenübeln qualificirt. Aber dann ist die ganze Sache dieses, daß man einen Krampf für einen gichtischen Schmerz ansah. Die Wirkungen eines unvollkommenen Podagra verursachen, wie schon Aretäus, und nach ihm Musgrave der ältere, bemerken, auch zuweilen einen wirklich hypochondrischen Zustand. Die Materie reizt und quält an den Nerven, und macht tausenderley unangenehme Empfindungen, und wenn man genau Acht giebt, so sieht man ja fast vor jedem Ausbruch des Podagra eine gewisse Niedergeschlagenheit des Gemüths, ein wahres stadium melancholicum, her gehn. Darum aber rührt denn doch nicht jede Hypochondrie von einer gichtischen Materie her.

Indem ich hier von der Gicht handle, habe ich doch nur eigentlich von der gichtischen Disposition zu reden, und nicht von den Zufällen selbst. Während des

des Podagra trinkt man gewöhnlich den Pyrmonter Brunnen nicht. Am wenigsten aber ist hier die Rede vom hitzigen Rheumatismus, dessen Ueberbleibsel doch nur bisweilen mit verstanden werden dürfen.

Wo alles bey den Gichtzufällen geht, wie es gehen sollte, wo sie nicht zu häufig, nicht zu stark und anhaltend kommen, und wo sie keine beschwerliche Ueberbleibsel und Folgen nachlassen, da hat man keine Arzneymittel nöthig.

Aber so gut geht es nicht allen Gichtbrüchigen, oder nicht beständig, wenn es auch viele Jahre erwünscht wäre. Und alsdenn ist in den meisten Fällen, und wo nicht etwa besondere Umstände es verbieten, der Pyrmonter Brunnen ein vortreffliches Mittel; es ist ganz gewiß, daß er bey keiner Classe von Krankheiten so häufig, und beynahe möchte ich sagen, so allgemein, anzuwenden ist.

Die große Anzahl von gichtischen Personen, die jährlich nach Pyrmont kommen, und die seit vielen Jahren unfehlbar alle Sommer sich wieder einstellen, weil sie sich bey dieser Cur wohl befinden, sind der beste und stärkste Beweis, den ich für den Nutzen des Pyrmonter Wassers bey dieser Krankheitsdisposition

sition führen kann; sonst aber begreift man ihn auch aus medicinischen Gründen.

Bey den Körpern, welche der Gicht unterworfen sind, sammlet sich in irgend einem Zeitraume eine Menge Materie an, die, wenn die Gicht regelmäſsig ist, mit einer Erschütterung des ganzen Körpers, nemlich mit Fieber und nach vorhergegangenem spastischen Stadio, das sich mehrentheils durch Niedergeschlagenheit des Gemüths äussert, auf die äussersten Theile der Glieder fällt, und auf diesem Wege aus dem Körper geschafft wird. Ob diese Gichtmaterie die nicht gehörig ausgedünsteten Nervengeister seyn, wie Scott behauptet; ob, nach Stevenson's Meynung, die Gicht eine Bemühung der Natur sey, eine Wunde zu machen; oder ein Blitz, der nach dem Fuße zielt, und den man mit einer ans Bein gelegten spanischen Fliege ableiten könne, das alles lasse ich unentschieden *).

Was

---

*) Von beyden sonderbaren Büchern habe ich an einem andern Orte umständlichere Nachricht gegeben. Nemlich von I. Scott — origin of the gout, in den Göttingischen Gelehrten Anzeigen vom J. 1781. Nr. 16. Von W. Stevenson's Method of treating the gout by blistering, in den Zugaben zu denselben Anzeigen von 1781. Nr. 23.

Was wir täglich bey der Beobachtung gichtischer Leibesbeschaffenheiten sehen, und dafür von den Aerzten Rath verlangt wird, ist, daß die nächste Ursach der Gicht in gar zu großem Uebermaaße sich im Körper erzeugt, und daher die Zufälle gar zu häufig, oder gar zu heftig, oder langwierig werden. Oftmals scheint es auch der Natur an Kräften zu fehlen, um die gichtischen Paroxismos gehörig zu Stande zu bringen, daher fällt die Materie auf die unrechten Theile, und zieht beschwerliche Folgen und auch wol Gefahr nach sich. Hiernächst ist auch manchmal von den Ueberbleibseln nach den Gichtzufällen die Rede; und endlich läßt sich auch zuweilen die Disposition zur Gicht einigermaaßen heben.

Wir müssen jezt sehn, was der Pyrmonter Brunnen bey allen diesen Anforderungen leistet.

Wenn wir genau auf die gichtischen Körper Acht geben, und auf die Fehler der Lebensart, die sie erzeugt, so müssen wir doch noch immer mit Sydenham annehmen, daß ihre wahre Ursach in einem eigenen Fehler in der Concoction und Zubereitung der Säfte liege, wodurch diese besonders beschaffene Materie entsteht. Allemal liegt dabey eine Unvollkommenheit in den Functionen des Körpers zum Grunde.

Wenn nun diese nicht weiter geht, als daß daraus von Zeit zu Zeit ein kurzer Paroxismus entsteht, dem alsdenn wiederum die Gesundheit folgt: so braucht die Natur keine Hülfe. Wenn aber der Fehler so groß ist, daß die Gichtmaterie im Uebermaaße erzeugt wird, und daraus häufige, heftige oder langwierige Paroxismi entstehn, die zuweilen Folgen nachlassen: so ist es alsdenn nöthig, sowol durch eine verbesserte Lebensordnung der Bereitung solcher Materie vorzubeugen, als auch solche Mittel zu erwählen, die, indem sie allen Functionen des Körpers eine größere Thätigkeit und Kraft eindrücken, dadurch sowol die Zubereitung der Säfte verbessern, als auch den Ausleerungen, welche alle schädlichen und unnützen Theile aus dem Körper schaffen sollen, eine größere Vollkommenheit geben. Und zu diesem Zwecke kann der Pyrmonter Brunnen, insonderheit an der Quelle, wie es auch eine tausendfache Erfahrung beweist, für eins der vorzüglichsten gelten. Als ein stärkendes, als ein sanft reizendes und belebendes, als ein auflösendes, gelinde ausleerendes und als ein Spülmittel, hat er hier seine Stelle. Wenn nicht besondere Beschaffenheiten des Körpers dawider sind, so weiß ich beynahe keinen Fall, wo er unter solchen Umständen nicht paßte, und kann er gar mit dem

Bade

Bäde vereinigt werden, so hat man Ursach den größten Nutzen davon zu hoffen, den schon so viele davon erfahren haben. Fast aus den nemlichen Gründen dient eine solche Cur auch, um die gichtische Disposition zu verbessern, wenn besonders eine gute Lebensordnung zu diesem Zwecke erwählt wird. Der Brunnen hat wenigstens die nützliche Wirkung zum öftern gezeigt, daß die Paroxismen ihre Regelmäßigkeit viele Jahre ununterbrochen beybehalten haben, und dadurch, daß er die Erzeugung der Gichtmaterie vermindert, auch ihre Heftigkeit ein wenig gemäßigt.

Wenn die Natur nicht Kräfte genug besitzt, um die in den Säften befindliche gichtische Materie durch einen ordentlichen Paroxismus auf die äussern Theile zu werfen, so bleibt sie am Stamme des Körpers, oder geht nach dem Kopfe, oder fällt auf innere edlere Theile, und verursacht, nach dem verschiedenen Sitze, den sie nimmt, eine große Mannichfaltigkeit von Bewegungen, Empfindungen und Uebeln, die nicht nur zum öftern äusserst beschwerlich sind, sondern auch zuweilen dem Leben, zumal im Alter gefährlich werden. Hat man die wahre Ursach der Zufälle richtig erkannt, so ist auf keine Weise hierbey besser zu helfen, als dadurch, daß man die Kräfte der Natur zu heben, und allen Wirkungen des Körpers eine größere Thätigkeit zu verschaffen trachtet. Durch ein solches Verfahren, bey dem freylich niemals darf vergessen werden, was die besondern Umstände erfordern, sieht man alsdenn oftmals, daß die Kräfte der Natur bewirken, was sie zuvor nicht konnten, und einen mehr oder weniger regelmäßigen Gichtparoxismus hervorbringen, oder sich auf eine andere Art von der quälenden Materie befreyen. Und unter den Mitteln, die diese Wirkung hervorbringen, hat der Pyrmonter Brunnen eine von den vorzüglichsten Stellen, wie die Erfahrung unzählige Male gezeigt hat; sowol, wenn er in kleinen Portionen lange fort gebraucht wird, als auch durch vollständige Curen an der Quelle. Er hat den Vorzug vor den blos stärkenden Mitteln, daß er zugleich, wie oben gezeigt worden ist, etwas zur Verminderung der Gichtmaterie beyträgt, und einen sanften Reiz giebt, aber es kann dennoch vom größten Nutzen seyn, ihm noch andere eigentlich stärkende Mittel zuzusetzen.

Die Folgen, welche von der Gicht übrig bleiben können, wenn man nicht darunter eine wahre an irgend einem Orte noch steckende Gichtmaterie versteht, sind

sind Schwäche überhaupt, oder Unregelmäßigkeiten in einzelnen Theilen oder Functionen des Körpers, und Steifigkeiten in den Gliedern. Der Pyrmonter Brunnen hat auch hier seine Stelle, in so fern er stärkend ist, und die Ueberreste von Gichtmaterie zerstreuen kann, insonderheit aber ist, vorzüglich im letzten Falle, das Bad von der größten Wichtigkeit.

Da die Gicht, wie ich vorhin gesagt habe, von einer eigenen Art Fehler in den Concoctionen herrührt, die sehr wol ohne Verstopfungen in den Eingeweiden, ohne Blutanhäufungen oder andere dergleichen Fehler, die langwierige Vorbereitungscuren erfordern, bestehen können, so kommen unter den gichtischen von allen Krankheiten, auf die ich mich besinne, die häufigsten Fälle vor, bey denen ohne weitere Vorbereitungscuren der Pyrmonter Brunnen statt findet.

Wenn ich alle Fälle von gichtischen Krankheiten überdenke, die mir vorgekommen sind, so weiß ich beynahe keinen, dem ich nicht den Gebrauch des Pyrmonter Wassers nützlich achtete, wenn sonst nicht besondere Umstände vorhanden waren, die seinen Gebrauch verboten. Ich könnte auch eine Menge Beyspiele

spiele anführen, selbst aus den letzten Jahren, wo gichtische Personen ihn mit ungemein guter Wirkung für das Befinden des folgenden Winters und Frühlings tranken; aber es ist in der Erzählung solcher Fälle nichts Auffallendes, und jeder kennt dergleichen.

Daß bey den verschiedenen Arten von Hüftweh, von dem Pyrmonter Brunnen, so wie von dem Bade, oft großer Nutzen erhalten werde, läßt sich leicht absehn, und ist durch mannichfaltige Erfahrung ausser Zweifel. Was aber das Bad anbelangt, so wird davon im sechsten Buche ausführlich geredet werden.

Eilftes Capitel.
Von einigen Krankheiten des Systems der lymphatischen Gefäße, der Drüsen und der Haut *).

Die Gicht gehörte zwar gewissermaaßen wol mit in dieses Capitel, aber ich trenne sie daraus, weil die Abhandlung derselben so lang ausfiel, daß sie

―――――――
*) Man könnte mir hier über meine Classification leicht Einwürfe machen. Ich hoffe aber, man werde ansehn,

sie ein eigenes Capitel verdiente. Hier rede ich von einigen Krankheiten, die sich sonderlich in den lymphatischen Gefäßen und der Lympha äuſſern, die Urſachen mögen ſeyn, welche ſie wollen. Dahin gehören vornemlich die Fehler an der Haut, als mancherley Ausſchläge und Räudigkeiten, die Geſchwulſten, die nicht entzündungsartig ſind, die ſchleimige Diſpoſition, die eigentlichen Cachexien, das übermäſſige Fettwerden, und andere ähnliche Beſchwerden.

Ausſchläge und Räudigkeiten der Haut und alte Schäden gehören, zumal bey dem großen Haufen, unter die gewöhnlichſten Krankheiten, wider welche man zum Geſundbrunnen, und oft mit Nutzen, fliehet. Rühren ſolche Fehler von einer durch Anſteckung in den Körper gekommenen Materie, von veneriſchen oder krätzigen Gift her, ſo begreift man leicht, daß etwas beſſeres gebraucht werden könne, als der Brunnen, um die Urſach zu vertilgen. Aber ſehr viele ſolche Fehler der Haut entſtehn von einer Schärfe in den Säften, die von einem Mangel der

gehöri-

ſehn, daß ich kein Syſtem ſchreibe, ſondern eine ſchickliche Ueberſchrift ſuche, um eine Anzahl von Krankheiten zuſammen zu faſſen, damit ich die zu große Vervielfältigung der Capitel vermeide.

gehörigen Läuterungen derselben mittelst der Excretionen herrührt, oder von Fehlern in den Concoctionen und Zubereitungen der Säfte. Alsdenn hilft, der Erfahrung zu Folge, sehr oft der Pyrmonter Brunnen innerlich, wenn die Sache wohl erkannt, und das nöthige vorher und während des Gebrauchs geschiehet, indem er die Säfte reiniget, die Eingeweide des Unterleibes in ihren Functionen stärkt, die Verdauung verbessert, und die Ausleerungen vollständiger macht. Man sieht häufig dergleichen Uebel, wenn sie auch nicht die Hauptabsicht vom Gebrauche des Brunnens sind, in Pyrmont sich verändern oder gar verlieren. Selbst das geistige Wesen wirkt hier als ein reinigendes und verbesserndes Principium, da man weiß, was es oft bey faulen Schäden und Geschwüren gethan hat. Der Brunnen hilft zuweilen bey solchen Ausschlägen nicht, wenn das Uebel zu tief eingenistet, und durch Alter mit der Constitution unauflösbar durchwebt ist; so bey Flechten, oder bey solchen Fehlern, deren Grund von der Lebensordnung abhängt, die nicht verbessert werden können, wenn man diese nicht ändert, wie der Kupfer im Gesicht bey Weintrinkern, die von ihrer Gewohnheit nicht ablassen. Aber schaden kann doch der Brunnen niemals dabey, wofern keine von den allgemeinen Ursachen, suchen, die seinen Gebrauch verbieten, vorhanden sind, wovon unten im fünften Buche mit mehrerm wird gehandelt werden. Oftmals sah ich in Pyrmont wichtige Beschwerden dieser Art verschwinden; und das Pyrmonter Bad gehört, wie ich unten im sechsten Buche zeigen werde, unter die wichtigsten Mittel gegen diejenigen Verunreinigungen der Säfte des Körpers, welche Ausschläge nach sich ziehn. Man wird hierüber das sechste Capitel dieses dritten Buchs nachlesen können.

Für wahre Scrofeln ist in Pyrmont wol nicht viel zu hoffen, es scheint, daß hier den Säften etwas anklebe, das eigene Mittel fodert; wenigstens sah ich nicht die mindeste Hülfe, bey einem Fälle dieser Krankheit, von dem Gebrauche des Brunnens.

Der eigentliche cachectische Zustand ist ein übles, blasses, aufgedunsenes, gelbliches, widernatürliches, zur Geschwulst sich neigendes, gemeiniglich mit einigem Uebelbefinden begleitetes Ansehn. Fast alle strenge und lange eingekerkerte Menschen, wenn sie auch noch so gesund wären, haben mehr oder weniger dieses Aussehn. Wenn diese Krankheit nicht gradezu von Blutverlüsten oder andern großen Ausleerungen, oder von großen Entkräftungen und gänz-

M 5   lichen

lichen Erschlaffungen herrührt, so liegt ihr Grund gewöhnlich in Fehlern der Eingeweide des Unterleibes, und die stärkenden Mittel sind bey weitem nicht so häufig dagegen rathsam, als man gemeiniglich glaubt.

In beyden Fällen kann der Pyrmonter Brunnen seinen großen Nutzen haben. Er hilft den Kräften auf, als ein stärkendes Mittel, und ich habe gesehn, daß in Pyrmont solche Personen, die durch die Erschlaffung, welche das stete Stubensitzen hervorbringt, cachectisch aussahen, eine sehr gute Farbe und ihre porige Munterkeit wieder bekamen; man sehe hierüber das dritte Capitel dieses Buchs. Sind aber Stockungen in den Eingeweiden des Unterleibes die Ursach des cachectischen Ansehns, wie es in den meisten Fällen so ist, so weiß man, daß sogar der höhere Grad der Cacherie, nemlich Leucophlegmacie und Wassersucht, weil sie sehr oft auch diese Ursach zum Grunde hat, noch mit auflösenden Mitteln kann gehoben werden, und daß daher die Cacherie ein gleiches erfodert. Ich habe hiervon genug im vierten Capitel dieses Buchs gesagt, um mich darauf hier beziehen zu können, in wie fern und wann der Pyrmonter Brunnen hierbey statt finde. Wenn hinläng-

hinlänglich alles zur Eröfnung der Eingeweide geschehen ist, oder wenn überhaupt der Zustand so ist, daß der Pyrmonter Brunnen seinen Platz hat, so darf man sich überall nicht an das alte Vorurtheil kehren, als ob bey Neigung zum Geschwulst das viele Wassertrinken schadete, da ja wol alle gute Aerzte, Wassersuchten bey und durch den Genuß vieler Feuchtigkeiten geheilet haben. In solchen Fällen hat man den größten Nutzen vom Pyrmonter Brunnen zu erwarten, und Friedrich Hofmann hielt dafür, daß er allen andern Mineralwassern hier vorzuziehen sey, wie er denn viele Male gesehn habe, daß die Bleichsucht und Cachexie dadurch gehoben sey, wenn andre Mittel nicht mehr helfen wollten. Ich könnte hier auch Beyspiele anführen, wenn jenes Zeugniß, das mit der Natur der Sache so wol übereinstimmt, einer Bestätigung bedürfte. Man weiß aber auch ohne mein Erinnern, daß andere große Fehler, innerliche Geschwüre, Scirrhen und was dem gleich ist, bey Uebeln dieser Art zum Grunde liegen, und bey solchen wäre denn unstreitig der Pyrmonter Brunnen mehr nachtheilig als nützlich, wie solches an andern Orten dieses Werks, und zumal unten im fünften Buche, weiter ausgeführt wird.

Von

Von der Gelbsucht, ob sie wol zu den Cacherien gehört, rede ich unten im vierzehnten Capitel, weil man immer das Eingeweide weiß, worin ihre Ursach sitzt.

Bey der Bleichsucht, (les pales couleurs) die gewiß mehr hieher, als unter die Geschlechtskrankheiten gehört, ist nach eben denselben Grundsätzen zu handeln, wie bey andern Cacherien. Man sieht alle Jahr Personen an dieser Krankheit in Pyrmont ein natürliches Ansehn bekommen, wenn sonst das Nothwendige vorher geschehen ist.

Das Fettwerden wird zwar gemeiniglich für etwas gutes gehalten, indessen zählen es doch die Aerzte, wenn es zu einem gewissen Grade geht, mit Recht unter die Krankheiten, und rathen große Mäßigkeit, viel Bewegung, und auch wol Arzneymittel dagegen an. Unter diesen Mitteln hat der Pyrmonter Brunnen sowol, als auch das Bad, eine vorzügliche Stelle, ob er gleich von einer andern Seite eine widersprechend scheinende Wirkung hat, und oft die Ursach vom Stärkerwerden ist. Dieses geschieht wircklicher Weise unter andern alsdann, wenn üble Verdauung die Ursach der Magerkeit ist, und dieser durch den Brunnen abgeholfen wird. Im Ganzen

und

und während einer ordentlichen Cur nimmt man doch nicht leicht dabey zu, wenn man auch beßere Farbe bekommt und gesunder dabey wird. Er vermehrt im Blute das rothe Theil, dessen Mangel so oft die Ursach des Fettwerdens ist; daher man das Aderlassen als ein Mittel fett zu werden kennt. Er zerstreuet, als ausleerendes, auflösendes und durchdringendes Mittel, viele übrige Flüssigkeiten, und selbst fette Theile; aber insonderheit verbessert er die Concoctionen, in welchen allemal ein Fehler liegt, wenn zu viel Fett abgesetzt wird. Es kann auch was thun, um diejenige Schlaffheit und Unthätigkeit in den Werkzeugen des Körpers zu vermindern, deren Schuld es ist, daß zu viel fette Partikeln sich in Ruhe niederlegen. Nach der Brunnencur werden die sehr fetten Leute immer etwas leichter.

Von dem Uebermaaße des Fettwerdens komme ich zu der übermässigen Erzeugung einer andern übrigens dem thierischen Körper höchst nöthigen Feuchtigkeit, nemlich des Schleims, die aber in einem gewissen Grade den Körper entkräftet und ausmergelt, und daher allerdings Aufmerksamkeit fodert. Diese schleimige Disposition äussert sich insonderheit durch die schleimigen Hämorrhoiden und durch den
weißen

weißen Fluß; bey vielen auch durch die Nase, den Rachen und die Lunge, und pflegt alsdann mit einer großen Neigung zum Schnupfen verbunden zu seyn. Wie über allen Glauben weit die Erzeugung des Schleims im Körper gehn kann, das erfährt man zuweilen bey Krankheiten der Urinwege, wobey ich gesehn habe, daß die Hälfte alles des in großer Menge gelassenen Urins in einer halben Stunde ein dicker, zäher und klarer Schleim war; ohne daß jedoch die Ursach des Uebels, wie Lieutaud behauptet, in der Blase saß, und das er daher catarrhus vesicae nennt.

Die übermäßige Erzeugung des Schleims wird ohne Zweifel zuweilen von einem widernatürlichen Reize verursachet, aber zum öftern ist doch wol ein Fehler in den Schleimdrüsen, eine gewisse Schwäche und Nachlässigkeit in denselben, schuld, und vielmal scheint der Fehler schon in der ersten Verdauung zu liegen; und einige Speisen machen ja schon bey gewissen Constitutionen immer merklich Schleim.

Obgleich der Schleimabgang durch den Stuhl den Namen der schleimigen Hämorrhoiden trägt, so hat er doch mit dem eigentlichen Hämorrhoidenflusse nichts

nichts gemein, als daß beyder Ausleerungen durch einen Weg geschehen. Beyde sind freylich oft beysammen, weil die Natur alsdenn einen Trieb nach dem Theile des Körpers hat, und in so fern hängen sie zusammen, aber es kommt auch genug die eine Art von Fluß ohne die andre vor. Die schleimigen Hämorrhoiden haben viel mehr Verwandschaft mit dem weißen Flusse, als mit den wahren Hämorrhoiden. Wenn ein solcher Abgang beträchtlich ist, so setzt er meistens, wo nicht ein Localfehler oder Schwäche, wie nach Ruhren vorhanden ist, eine gewisse Schwäche des ganzen Systems voraus, oder einen Fehler in der Verdauung, einen Mangel an Derbheit und Festigkeit, und in der Lebhaftigkeit der Actionen, einen Lentor in den Säften, Schwäche der Galle, und eine Nachläßigkeit in den Drüsen. Ich fand mehrentheils große Neigung zu Catarrhen damit verbunden, durch deren Anlaß manchmal eine große Menge Schleim durch die Lunge, den Schlund oder die Nase ausgeworfen wird, indessen der Abgang nach unten nachläßt.

Wenn aber einmal die Erzeugung des Schleims geschehen ist, so ist der Auswurf critisch, und geschieht mit Erleichterung, weil die vorhandene Materie lerlei Beschwerden verursachte. Man darf sich hiedurch nicht verleiten lassen, die ganze Sache für heilsam anzusehn, insonderheit wenn der Abgang stark ist. Vielmehr sollte man dahin trachten, die Fabrik des Schleims zu zerstören, der, wenn seiner viel ist, den Körper entkräftet. Alles, was die verschiedenen Fehler der Verdauung hebt, hilft auch hiewider, denn es kann wol in den verstopften Eingeweiden der Grund liegen. Aber sehr häufig passen doch hierbey die mäßig stärkenden etwas bittern Mittel, die nicht allzusehr abstringiren, weil hier oft eine unkräftige Galle vorhanden ist, oder die Schleimdrüsen der Gedärme bedürfen sehr oft dabey, daß man ihnen aufhelfe und ihre Thätigkeit vermehre. Und hier hat denn auch der Pyrmonter Brunnen eine große Stelle, indem er sowol den einmal vorhandenen Vorrath des Schleims verdünnet, auflöst und fortschafft, als auch durch die stärkenden Kräfte die fernere Erzeugung desselben mäßigt. Insonderheit aber verdient er hier andern stärkenden Mitteln vorgezogen zu werden, wenn zugleich auf Stockungen in den Eingeweiden gesehn werden soll, für die alle eigentlich tonischen Mittel wenigstens im Anfange schädlich sind.

Alles,

Alles, was ich von den schleimigen Hämorrhoiden gesagt habe, das gilt auch vom weißen Flusse der Weiber, wenn derselbe nicht mehr eine localkrankheit ist, etwa eine Folge von schweren Niederkunsten, oder gehabten venerischen Uebeln und der daraus herrührenden Schwäche der Geburtstheile, als eine Krankheit des ganzen Systems. Man hat dabey die nemlichen Zwecke zu erreichen und in vielen Stücken dieselben Rücksichten zu nehmen. Beyde Krankheiten werden oft zu Pyrmont gehoben, oder doch gemässigt, wenn man in den Indicationen nicht geirrt hatte, oder nicht gehindert wird, vorher oder daneben dasjenige zu thun, was die Umstände fodern. Das Pyrmonter Bad hat dabey, wie unten wird gesagt werden, seine wichtige Stelle.

Zwölftes Capitel.
Von einigen Krankheiten des Kopfes.

Wenn alle die Krankheiten, welche im Kopfe empfunden werden, auch wirklich da immer ihren Sitz hätten, so möchte wol für die wenigsten Rath seyn, weder im Pyrmonter Brunnen, noch in andern Arzneyen. Aber bey den meisten Fällen, wo in langwierigen Krankheiten der Kopf angegriffen ist, liegt, wenigstens im Anfange, die Ursach im Unterleibe, die per consensum auf den Kopf wirkt; so wie fast bey allen hitzigen Krankheiten die Rasereyen, zu Anfang wenigstens, von Unreinigkeiten der ersten Wege herrühren.

Wenn die Verdauung nicht gehörig geschieht, wenn sich daraus Blähungen, Schleim, Säure oder andere Unreinigkeiten, erzeugen: so entsteht daraus Düsterheit und Eingenommenheit des Kopfes, Schwindel, Kopfschmerz, eben so wol als Beschwerden an andern Theilen des Körpers. Wenn irgend etwas die Nerven des Unterleibes reizt, es seyen Stockungen in den Eingeweiden, oder aufgetriebene Blutgesäße, oder andre Fehler im Unterleibe, so kann man zwar davon Empfindungen an dem Orte selbst und auch an andern Theilen des Unterleibes haben, aber am allerhäufigsten äussern sich dergleichen Uebel am Kopfe auf eine mannichfaltige Weise. Daher wird so mancher von seinen Kopfkrankheiten glücklich geheilt, durch Curen, die auf den Unterleib gerichtet sind, und daher kommen oft Personen wieder zu sich selbst, die sinnlos in einem völlig apoplecti-
schen

schen Zustande lagen, wenn ihnen die Gedärme gereinigt werden.

In so fern nun der Pyrmonter Brunnen ein sehr wichtiges Mittel gegen manche Fehler des Unterleibes ist, wie theils oben im vierten, fünften, achten, und vierzehnten Capitel dieses Buchs gezeigt worden, thut er auch bey manchen Krankheiten des Kopfes große Dienste, und heilet Kopfschmerzen, Schwindel, Migraine, allerley Krämpfe am Kopfe, die Eingenommenheit desselben, und die damit verbundene Schwäche des Gedächtnisses, wie man dieses in jedem Sommer in Pyrmont erfährt. Durch seine durchdringenden, stärkenden Kräfte könnte er doch auch beytragen, gewisse Unordnungen im Hirn, wenigstens in einigen Wirkungen desselben, zu heben, und dadurch auch in einigen idiopathischen Uebeln des Kopfes nützlich werden, wie man auch dieses zuweilen höchst wahrscheinlich sieht. Aber wenn sich einmal große organische Fehler im Kopfe angesponnen haben, und zumal im Hirn, so vermag alsdenn seine Kraft nicht so weit zu reichen, um etwas da in Ordnung zu bringen. Das Innerste des Hirns scheint ziemlich ausser dem Wirkungskreise der Arzneyen zu liegen.

N 2 Daß

Daß der Pyrmonter Brunnen bey einigen Fehlern der Sinne nützlich sey, ist auſſer Zweifel, nur nicht bey allen. Er stärkt wol das Gesicht, und kann in einigen Fällen das Gehör verbessern, wenn diese Sinne per consensum leiden, oder wegen allgemeiner Schwäche schwach sind; nur nicht, wenn solche Fehler von zu großem Triebe nach dem Kopfe herrühren. Der äuſſerliche Gebrauch des Pyrmonter Waſſers an den Augen aber ist von Bedeutung, so wol durch die Kälte des Waſſers, als auch durch das Mineral; man hört in der That häufig in Pyrmont den Nutzen dieser Application rühmen.

Da der Pyrmonter Brunnen die catarrhaliſche Disposition vermindert, so kann er von Beschwerden helfen, die daraus ihren Grund nehmen, und hilft deswegen oft wider langwieriges Zahnweh, Neigung zu Halsschaden, zu Schnupfen, wider Fehler des Geruchs, und was dazu gehöret. Von den Kopfbeschwerden, die von den gichtiſchen Urſachen entstehn, ist oben im zehnten Capitel gehandelt; und die Zahn- und Kopfschmerzen, welche von den Nerven herrühren, finden in dieſem Waſſer sehr oft ein treffliches Heilmittel.

Es giebt aber auch Krankheiten des Kopfs, bey welchen der Pyrmonter Brunnen die größte Vorsicht fodert, oder aber gar nicht dient. Ich ziele hier auf diejenigen Krankheiten der Nerven, oder vielmehr des Hirns, bey welchen oftmals ein zu großer Trieb nach dem Kopfe vorhanden ist, oder bey welchen von einem Reize, der auf das Gehirn wirkt, nachtheilige Folgen zu besorgen sind. Hierher gehören einige Schlagflüsse, der Wahnsinn und die Epilepsie, und von diesen rede ich unten im fünften Buche, am rechten Orte. Ich muß jedoch hier dem Misverstande vorbeugen, als ob das Pyrmonter Wasser bey diesen dreyen Krankheiten niemals zuläßig sey; dieses ist durchaus nicht meine Meynung, die unten weitläuftiger vorzutragen seyn wird.

❋❋❋❋❋❋❋❋❋❋❋❋❋❋❋❋❋

Dreyzehntes Capitel.
Von einigen Krankheiten der Brust.

Von den Krankheiten der Brust gilt im Allgemeinen ohngefehr eben das, was von den Krankheiten des Kopfes gesagt ist. Viele ihrer Krankheiten kommen aus dem Unterleibe durch die Mitleidenschaft. Bey denjenigen, die idiopathisch in der

Brust sitzen, kann der Pyrmonter Brunnen nicht gar viel thun, nemlich wenn organische Fehler entstanden sind, und bey denjenigen, welche von einem Triebe des Bluts nach der Brust herrühren, oder ihn neben sich haben, kann er unter gewissen Umständen schaden.

Der Husten, das Asthma und das Herzklopfen, von denen ich hier sonderlich zu reden habe, sind oftmals wahre Nervenkrankheiten nach den Begriffen, die davon oben im neunten Capitel gegeben sind. Einen Krampfhusten, so wie er häufig als ein Zufall von Nervenkrankheiten und auch für sich allein gesehen wird, nennt man den, welcher durch einen Reiz auf die Nerven erregt wird, der sonderlich ausserhalb der Brust sitzt. Die Ursach ist, weil die Nerven gar zu empfindlich sind, oder weil der Reiz zu groß ist, ohne jedoch eine so grobe materielle Ursach zu seyn, wie der Schleim in den Lungen. Dieser Reiz sitzt sehr oft im Unterleibe in den Gedärmen, oder in den andern Eingeweiden. Es ist wol mehr als wahrscheinlich, daß es mit dem Keichhusten diese Bewandniß habe, der aber vor allen Krampfhusten ganz etwas Eigenes hat, und von dem ich hier eigentlich nicht rede, wenn gleich einiges auf ihn angewandt werden könnte.

Der

Der Zweck des Arztes ist hier, so wie bey andern Nervenkrankheiten, entweder den Reiz aus dem Wege zu räumen, oder die Reizbarkeit zu vermindern, oder beydes. Sitzt der Reiz im Unterleibe, wie es gewöhnlich der Fall ist, wenn er nicht in der Brust selbst ist, und wovon man doch bey genauer Aufmerksamkeit wol Zeichen wahrnehmen wird: so finden manche von den Betrachtungen und Methoden statt, die im vierten Capitel erörtert sind, und man weiß, mit welchem Glücke da zum östern der Pyrmonter Brunnen gebraucht wird, wenn er an seine rechte Stelle kommt. Er kann da so wol die Stockungen in den Eingeweiden aufräumen, als auch die Schärfen in den Säften verbessern, und ihrer Entstehung aus übler Verdauung vorbeugen, und den Nerven eine größere Festigkeit geben, gegen kleine Reize unempfindlich zu seyn.

Ein andrer Husten, bey welchem der Pyrmonter Brunnen sehr oft mit Nutzen gebraucht wird, ist der, nicht ganz unrecht, sogenannte Magenhusten, der augenscheinlich aus schlechter Verdauung herrührt. Nicht allein erregt die üble Verdauung den Husten, weil sie eine übermässige Menge Schleim erzeugen läßt, die alsdenn durch die Lungen fort will und

Husten macht: sondern auch schon die unmittelbare Wirkung der schlechten Verdauung ist es, bey vielen Körpern Husten zu erregen, indem vermuthlich der schlecht- und scharfgewordene Chymus wie ein Reiz wirkt. Solche Personen haben oft deutliche Zeichen von schlechten Mägen, wie das Aufstoßen, die Blähungen, das Drücken im Magen sichtbar darthun. Viele husten am meisten in gewissen Stunden nach der Mahlzeit, andere mehr des Morgens, aber besonders merklich ist die Verschlimmerung des Hustens, nachdem gewisse Diätfehler gemacht sind, oder unverdauliche Speisen genossen worden. In so fern der Pyrmonter Brunnen seine Stelle hat, um die Verdauung auf einen bessern Fuß zu setzen, wie noch im folgenden Capitel gesagt werden wird, und der übermäßigen Erzeugung des Schleims vorzubeugen, wie im eilften Capitel gesagt worden, dient er bey dieser Krankheit sehr nachdrücklich, und hat schon vielen geholfen.

Alle Husten, deren Fehler in der Lunge selbst liegen, wo Knoten vorhanden sind, wo Eiter ist, alle die vom Andrang des Bluts nach der Brust herrühren, bey den alten Catarrhen, die gern etwas entzündungsartiges bey sich haben, und in Eiterung über-

überzugehen drohen, dabey kann man grade zu den Pyrmonter Brunnen nicht anrathen, er wird vielmehr und sehr oft schaden. Nur muß man doch nicht etwa meynen, daß ein Blutspeyen schlechterdings den Gebrauch des Pyrmonter Brunnen für die Zukunft verbiete, wie ich davon im fünften Capitel ausführlich geredet und ein merkwürdiges Beyspiel angeführt habe, das hierüber keinen Zweifel zurück läßt, und dem ich noch mehrere ähnliche beyfügen könnte. Aber gewiß muß man seiner Sache hierin seyn. Es ist sehr begreiflich, daß das Blutspeyen durch Pyrmonter Brunnen könne geheilt werden, wenn das Blut nur deswegen nach der Brust in die Höhe steigt, weil es im Unterleibe nicht durchkommen kann, in so fern alsdann der Pyrmonter Brunnen die Hindernisse im Unterleibe aufräumt.

Ich weiß wol, daß man Fälle erzählt, wo nach langem Husten auf den Gebrauch des Pyrmonter Brunnens ein großer Auswurf von Eiter entstanden ist, der die Gesundheit wiederbrachte. Seip hat eine ganze Menge von Fällen zusammengetragen von Personen, die von Eiterauswurf, Blutspeyen von der Schwindsucht sollen durch den Pyrmonter Brunnen geheilet worden seyn. Aber die Fälle sind so

wenig

wenig ausführlich erzählt (es heißt nur einer an Blutspeyen, Eiterauswerfen und Schwindsucht geheilt) daß man daraus weiter nichts schließen kann. Man kann zwar die Möglichkeit solcher Fälle nicht läugnen. Ich kenne selbst ein merkwürdiges Beyspiel, wo dieses Wasser nach einer ausgeworfenen Vomica die völlige Gesundheit wieder herstellete, die bis zum Gebrauche dieses Mittels immer schwankend blieb, und wo das sonst für solche Fälle treffliche Selterser Wasser nicht half. Indessen wollte ich doch niemand gradezu anrathen, sich unter solchen Umständen dieses Brunnens zu bedienen. Es wäre in einen Glückstopf gegriffen, und man könnte dabey eben so übel fahren, als wenn man wollte das heftige Lachen für ein allgemeines Mittel gegen Lungengeschwüre machen, weil es zufälliger Weise einmal sehr heilsam war.

Bey den alten Schleimhusten, die theils von der schleimigen Disposition entstehn, und theils eine Erschlaffung in den Drüsen der Lunge zum Grunde haben, ist das Pyrmonter Wasser von ausserordentlichem Nutzen, und hat vielen vortrefflich geholfen. Man begreift auch leicht, wie er durch seine durchdringende auflösende und ausführende Kräfte

den

den gegenwärtigen Vorrath an Schleim verdünnt und fortschafft, als auch durch Verbesserung der Concoctionen und Bereitung der Säfte der neuen Erzeugung vorbeugt, und so wol durch seine zusammenziehenden Kräfte die Drüsen stärkt, als auch dadurch, daß er ihnen Feyer und Frist verschafft, in welcher sie ihren gehörigen tonus erhalten können.

Das Asthma entsteht sehr häufig aus Fehlern in der Brust selbst, aus übel beschaffenen Lungen, Wasser in den Brusthöle oder ähnlichen Beschaffenheiten, und in diesen Fällen läßt sich nichts vom Pyrmonter Brunnen hoffen. Wenn es aber so wie andere Nervenkrankheiten per consensum aus gewissen Fehlern des Unterleibes, wie etwa von Stockungen in den Eingeweiden *) entstünde, oder von einer Gichtmaterie oder einer andern reizenden Schärfe, so ließe sich nach dem, was im vierten, sechsten und zehnten Capitel gesagt ist, manchmal etwas vom Pyrmonter Brunnen hoffen. Ohne Zweifel beziehet sich die Erfahrung, welche man hat, daß asthmatische Personen

---

*) Wie viel der auflösende Honig wider dieses Uebel geleistet habe, ist von mir an einem andern Orte erzählt worden. Siehe meine medicinischen Versuche II Th. S. 215.

Personen zu Pyrmont geheilt worden sind, gewöhnlich auf Fälle von dieser Art. Mir ist das Beyspiel von einer Person bekannt, die sehr fürchterlich und seit so vielen Jahren an der Engbrüstigkeit litt, schon in einem solchen Alter war, und so sehr das Ansehn von großen Fehlern in den Eingeweiden des Unterleibes hatte, daß nicht daran zu denken war, sie von Grunde aus zu heilen. Indessen brauchte sie nach langwierigen vorhergegangenen Vorbereitungscuren den Pyrmonter Brunnen zu zweyen malen an der Quelle. Die Wirkung davon war, daß ihr ein wunderlich beschaffener zäher Schleim in großer Menge und mit beträchtlicher Erleichterung abgieng. Aber ihr ganzer Zustand, ihre Lage, und aller Vermuthung nach auch schon organische Fehler in der Lunge, ließen es nicht zu, daß die äusserste eingewurzelte und schwere Krankheit ganz gehoben wäre. Indessen fand sie doch in Pyrmont eine Linderung, die sie an vielen Orten, in mildern Climaten, und bey vortrefflichen Aerzten vergebens gesucht hatte, und die sie bewogen, auch zum zweytenmale eine große Reise zu dieser Quelle zu thun. Man sieht wenigstens doch hieraus den Weg, der sich hierbey mit Erfolg gehen läßt, wenn der Zustand nicht so unheilbar ist, wie es dieser war.

So

So ist im Sommer 1784 einem Frauenzimmer, das sehr viel von asthmatischen Zufällen litte, große Erleichterung durch eine Cur an der Quelle zu Pyrmont wiederfahren, ob sie gleich, weder so hinlänglich vorbereitet, noch so lange und mit der Strenge wie es nöthig gewesen wäre, die Trink- und Badecur brauchte. Ich gestehe aber freylich, daß in diesem Falle noch neben dem Wasser auch andere Arzneyen gebraucht wurden und nöthig waren. Es zeigte sich nemlich deutlich genug, daß Schleimanhäufungen im Unterleibe vorhanden waren, und dieserwegen wurden also anfangs auflösende Mittel zu Hülfe genommen. In der Folge kamen Nervenmittel hinzu, um die eingewurzelte üble Gewohnheit in den Nerven zu heben. Der Erfolg hat gezeigt, daß ich in meinem Plane nicht irrete.

Das Herzklopfen ist ein beschwerlicher Zufall, wenn er anhaltend ist, und man muß ihn für unheilbar achten, wenn er von Fehlern des Herzens selbst, oder der großen Arterie, oder von Polypen entspringt. Aber zum Glücke sind diese Fälle sehr selten, und, wie mir deucht, nicht so schwer zu erkennen, als man geglaubt hat. Ich habe zweymal dergleichen beobachtet, ohne auch nur etwas zur Linderung thun zu zu können, und mit Schrecken sah ich das Ende davon.

Unter vielen Tausenden aber, die Herzklopfen leiden, ist keiner von solcher Art, und die übrigen alle, wenn sie nicht etwan von vielem Blute oder von Ausdehnung des Bluts herrühren, sind Krampfzufälle, und alles, was ich oben von den Nervenzufällen überhaupt und oftmals gesagt habe, das paßt auch nun wieder hier. Daher hat der Pyrmonter Brunnen auch dabey seine Stelle, und hilft dem Uebel endlich zuweilen ab. Mir ist es von einem berühmten Gelehrten bekannt, der lange vergebens Hülfe für diesen Zufall suchte, und ihn endlich in Pyrmont fand; aber es thut mir leid, daß ich die besondern Umstände nicht habe erfahren können. Vielleicht hatte das Uebel seinen Grund im Unterleibe, oder es war eine Unordnung in den Nerven selbst, welcher der Brunnen abhalf.

Vier-

Vierzehntes Capitel.
Von einigen Krankheiten des Unterleibes.

Der Unterleib und die Eingeweide, welche darin liegen, fassen wol, alles zusammengenommen, die wahre Ursach der meisten langwierigen Krankheiten in sich, welche die armen Menschen plagen. Nicht allein derer, die im Unterleibe selbst empfunden werden, sondern auch gar vieler, die sich anderwärts äussern; wie dieses auch bereits oben bey vielen Gelegenheiten bemerkt ist. Ich hätte aus dieser Ursach wol mögen dieses Capitel vor den Krankheiten des Kopfs abhandeln, weil es aber bey der einmal gewöhnlichen Ordnung affectirt ausgesehen haben würde, so mag es lieber nach der Reihe gehen.

Ohne Zweifel rührt diese große Anlage zu Unordnungen zum Theil daher, weil das System des Unterleibes im ganzen Körper das zusammengesetzteste ist, und also am leichtesten in Unordnung gerathen kann; ferner weil hier eine Gelegenheit ist, daß eine Menge Materien sich darin anhäufen, und durch Druck und auf andere Weise Schaden stiften, aber der vornehmste Grund davon wird wol darin liegen,

liegen, daß die größten und anhaltendsten Sünden, welche die Menschen gegen ihre Gesundheit begehen, nemlich die Ausschweifungen im Essen und Trinken, zuerst und vornehmlich hieher wirken. Eine große Ursach liegt aber gewiß auch darin, daß die unangenehmsten und heftigsten Leidenschaften vorzüglich ihre Gewalt zuerst hier ausüben. Wenigstens entstehn gewöhnlich Empfindungen davon unterhalb dem Zwergfell, und nicht selten augenscheinliche Wirkungen. Durchfälle, Gelbsuchten, Verfärbung der Galle, Erbrechen und Krämpfe allerley Art im Unterleibe, folgen oft auf Gram, Furcht, Zorn, Schrecken, Aerger und Abscheu.

Ich übernehme es nicht zu erklären, auf welche Weise die schädlichen Ursachen Fehler im Unterleibe hervorbringen, aber die Folgen davon sind klar. Das hauptsächlichste Geschäft der Eingeweide des Unterleibes ist die Ernährung des Körpers, hiernächst dienen die Gedärme zu einem Canal, der nicht blos bestimmt ist, die eigenen Hefen und Unreinigkeiten fortzuschaffen, sondern der aus dem ganzen Körper und der Masse der Säfte vieles ausleeren soll, was ohne sie darin nachtheilig bleiben würde. Wo diese Zwecke gehörig und ohne Beschwerden

erfüllt

erfüllt werden, da ist von Seiten des Unterleibes der Körper wol, einige Ausnahmen abgerechnet, gesund. Aber die Abweichungen vom natürlichen Zustande sind hier sehr häufig, und die Wirkungen derselben auf den Unterleib selbst und auf andere Theile, durch Krämpfe, Schmerzen und andere widernatürliche Bewegungen und Empfindungen, sind unzählbar.

Die Verdauung der Nahrungsmittel ist die größte Operation, welche zur Ernährung erforderlich ist, und weicht auf mannichfaltige Weise von der Regel ab, indem sie unvollkommen vor sich geht, oder Beschwerden nach sich zieht, und endlich die ganze Gesundheit des Körpers untergräbt.

Um hierüber etwas gründliches zu sagen, brauchte man mehr Raum, als ich hier habe, daher muß ich zusammenfassen, was zu meinem Zwecke dient; und man erinnere sich hier immer, daß hier keine vollständige medicinische Abhandlung geliefert werden könne, sondern nur das wichtigste aus jeder Materie, was einigermaaßen auf den Pyrmonter Brunnen Beziehung hat.

Die neuern sinnreichen Versuche, welche in England und Italien über die Verdauung angestellt sind,

sind, lassen nunmehr keinen Zweifel an dem, was man schon längst muthmaßen mußte, daß diese Operation des Körpers fast ganz von den Säften abhänge, und daß die Muscularkräfte des Magens und der Gedärme fast nur dabey wirken, indem die Speisen und Materien, welche sie in sich schließen, dadurch fortgetrieben werden, und etwan der dabey möglichen Ausdehnung der Luft widerstehn. Hieraus sieht man denn, was ein schwacher Magen, wie man die schlechte Verdauung nennt, eigentlich sey; wie man dabey irrig den Magen einer Schlaffheit beschuldige, da doch der Fehler meistens in den Eingeweiden zu suchen ist, welche die zur Verdauung nöthigen Säfte zubereiten, wozu jedoch der Magen selbst mit gehört; wie irrig man die der Verdauung nachtheilige Wirkung einiger Arzneymittel und der warmen Feuchtigkeiten darauf schiebe, daß sie die Fiber des Magens schwächen, da sie eigentlich doch die Verdauungssäfte verändern, ausleeren, verdünnen, alle Bewegungen vermindern, und dadurch freylich, wenn man will, die Verdauung schwächen. Endlich, wie unrecht man dabey immer den Magen, wie man sagt, stärken wolle, durch zusammenziehende tonische Mittel und hitzige Getränke.

Freylich

Freylich wirken stärkende Mittel hier oftmals sehr nützlich: theils weil es allerdings eine Schlaffheit und Unthätigkeit der Fiber giebt, die keine gute Verdauung zuläßt; aber nur nicht so die Hauptursach der schlechten Verdauung ist, wie man denkt; theils aber weil auch die stärkenden Mittel zuweilen den Fehlern der Eingeweide angemessen sind, und dadurch die Verdauungssäfte verbessern, oder auch, sie unmittelbar ihre Mängel ersetzen und als Surrogate dienen; so die bittern Arzneyen, da wo die Galle unkräftig ist, und die Säuren in andern Fällen. Sehr häufig aber, und ich möchte fast sagen, in der grössern Anzahl von Fällen, heilt man doch die Beschwerden des schwachen Magens viel gründlicher mit Mitteln, die den stärkenden ganz entgegen stehen. Wirklich gehören diese oftmals zu den eigentlichen sogenannten schwächenden Arzneyen, die die Eingeweide eröfnen, und diejenigen Hindernisse aus dem Wege räumen, um welcher willen diese Eingeweide ihre bey der Verdauung schuldige Geschäfte nicht gehörig verrichten.

Indessen giebt es doch auch eine schwache Verdauung, bey der die auflösenden Curen nachtheilig wären. Bey diesen ist eine Unkräftigkeit der Säfte des Magens und der Gedärme, sonderlich eine, von Natur und nicht durch Krankheit der Leber, schwache blaße Galle; solche Menschen haben wenig und blasses Ohrenschmalz, welches sehr nahe mit der Galle verwandt ist, sie sind oft zur Säure geneigt. Solche Leute fallen nie in hitzige Krankheiten von ergossener Galle, aber sie verderben sich leicht den Magen, haben viele Blähungen, können Säuren und Abführungen nicht gut ertragen, auch nicht Früchte, aber wol etwas guten Wein. Hierbey können die Eingeweide vollkommen gesund seyn, nur das System ist schwach, die Gedärme sind oft zu reizbar, und manchmal zu träge, daher bey dem einen Neigung zu Durchfällen; bey andern zu Verstopfungen. Unter solchem Zustande thut der Pyrmonter Brunnen die vortrefflichste Wirkung, wie man es so oft sieht, nur muß er bey einigen in dem Maaße gegeben werden, daß er nicht allzusehr abführt, und daher ist er besser dabey an der Quelle als zu Hause zu trinken; und vielleicht einige Grane inspissirte Ochsengalle in Pillen mit sehr wenig Wasser eingenommen, vor der Mahlzeit dabey zu brauchen. Der Brunnen vermehrt alsdenn die Thätigkeit der Därme und Eingeweide, und verbessert die Säfte; und es sey Trägheit oder mässige Reizbarkeit vorhanden,

so

so bringt er hier alles dem natürlichen Zustande näher.

Ich könnte eine große Menge alter und neuer Fälle anführen, bey denen der Pyrmonter Brunnen den Schwachheiten des Magens abgeholfen hat, sowol wenn er Curweise getrunken, als auch in kleinen Portionen länger fortgebraucht wurde. Zufälliger Weise ist mir das Beyspiel eines vornehmen Ministers in Petersburg bekannt geworden, der erschrecklich an seinem Magen litte, den er auftrieb, so bald er was essen wollte, den die Aerzte beynahe unheilbar hielten und verließen: diesem rieth der berühmte Kaau-Boerhaave an, den Pyrmonter Brunnen lange fort, täglich zu zwey Gläsern zu nehmen, und er wurde völlig dadurch, und in nicht gar zu langer Zeit geheilt. Ich sah noch vor kurzem einen vornehmen und sehr hochachtungswürdigen Mann, der mir selbst erzählte, daß er wegen eines sehr schwachen Magens und vielen daraus entstandenen beschwerlichen Zufällen vor sechs Jahren nach Pyrmont gekommen sey, daß er nicht nur damals völlig dadurch hergestellet worden sey, sondern sich für alle folgende sechs Jahre Gesundheit geholt habe, und nun, da er einige Anfälle des alten Uebels gespürt habe, wiederkam, und eben so zufrieden wie das erste mal abreisete.

Bey den meisten Krankheiten des Unterleibes ist die Verdauung mit im Spiel, aber bey einigen kann sie doch ohne Fehler seyn, oder nur durch den Zufall in der Folge leiden, wie es etwa bey organischen Fehlern des Darmcanals seyn würde.

Die Säure, das Sothbrennen, das Aufstoßen, die Blähungen, das Brechen, der Magenkrampf*), die Neigung zu Coliken, zu Verstopfung, zur Diarhee, sind allesammt Uebel, die in gar vielen Fällen und mit den kleinen Unterschieden, die der Sitz der Krankheit und die andern Nebenumstände fodern, einerley allgemeine Behandlung zulassen. Wenn die Krankheiten noch heilbar sind, und nicht große organische Fehler zum Grunde haben; so werden diejenigen, welche schwach sind, und wo die Wirkungen der Eingeweide nicht mit dem gehörigen Nachdruck vor sich gehn, mit stärkenden Mitteln geholfen, diejenigen, bey welchen scharfe reizende Feuchtigkeiten stecken,

*) Bey einem Magenschmerz fand der Engländer Baine den gewärmten Pyrmonter Brunnen vorzüglich dienlich.

stärken, durch Ausführung und Verbesserung derselben, diejenigen, bey welchen große Empfindlichkeit und Krämpfe vorhanden sind, und der Fehler mehr in den Nerven der Theile liegen möchte, durch besänftigende zuweilen in einer angemessenen Verbindung mit den tonischen, und wo auflösbare Stockungen in den Eingeweiden oder in den Blutgefäßen zum Grunde liegen, wie es so gar oft ist, durch sanfte eröfnende. In wie fern unter solchen Umständen der Pyrmonter Brunnen seinen Platz habe, davon ist im vorhergehenden so viel geredet worden, und sonderlich vom dritten bis zum siebenden Capitel dieses Buchs, daß es hier nicht nöthig ist noch einmal davon zu handeln, und ich will hier nur ein Paar Beyspiele anführen.

Ueberhaupt finden Personen, die oft an Coliken leiden, hier häufig Linderung; aber mehrentheils brauchen sie eine gute Vorbereitungscur, und wer überhaupt solche Leute fein mit blähungstreibenden Essenzen und stärkenden Mitteln behandelt, und nicht vielmehr mit auflösenden, der dient ihnen, wie ich hundertmal sah, sehr schlecht. Schon ehe ich jemals daran dachte, daß ich etwas über den Pyrmonter Brunnen schreiben würde, habe ich manchen jämmerlich Kranken, der eine wahre Encyclopädie der Krankheiten des Unterleibes mit sich umher trug, zu Pyrmont seine Gesundheit wiederholen sehen, oder doch sich bessern. Aber man vergißt dergleichen wieder, wenn man nicht durch etwas besonders aufmerksam darauf wird.

Ich will mich hier sonderlich nur an eine Geschichte halten, die ich ziemlich vollständig vor mir habe. Ein 35jähriger Mann, der schon früh Hämorrhoidalflüsse hatte, war seit etlichen Jahren in einem erbärmlichen Zustand mit seinem Unterleibe, der ihm die größte Gefahr drohte, und sich durch häufige Coliken, hauptsächlich aber durch öftere Verstopfungen äusserte, die wol bis in den sechsten Tag dauerten, und durch nichts zu heben waren. Er fiel sogar in eine völlige Darmgicht, mit unaufhörlichem Brechen, das in fünf Stunden wol zweyhundertmal wiederkam, mit Schluchzen, blassem Gesicht, kalten Händen, kleinem Puls, und Verlust des Bewußtseyns, und wurde doch endlich durch bewirkte Oefnung geholfen. Er war aber täglich in Gefahr, wieder in denselben Zustand zu fallen und den Geist darin aufzugeben. Er war beständig matt, und mochte nicht essen. Man rieth ihm nach Pyrmont

mont zu gehn, und er wurde durch eine lange Cur, die aus eröfnenden Mitteln, Clystieren und Bädern bestand, dazu vorbereitet, weil man Ursach hatte zu muthmaaßen, daß Stockungen in seinen Eingeweiden sitzen. Schon hiedurch befand er sich, als er zu Pyrmont ankam, um vieles besser, aber der vierwöchige Gebrauch des Pyrmonter Brunnens und der lauligen zuletzt etwas kühlen Bäder, vollendete die Cur. In Pyrmont bekam er noch zuweilen Colikanstöße, aber er schrieb mir zwey Jahre nachher mit sehr lebhaften Ausdrücken, er sey nun völlig gesund, und seitdem er Pyrmont verlassen, habe er täglich Oefnung.

Ich kenne einen andern Mann, der durch den kleinsten Diätfehler auf etliche Tage verdorben wird, den bald Brechen, Verstopfung, Durchfälle, Aufstoßen oder Blähungen quälen, seine einzige Zuflucht im Pyrmonter Wasser findet. Weit mehr hilft es ihm zwar an der Quelle getrunken als zu Hause, aber da seine Umstände ihm nicht verstatten häufig abwesend zu seyn, so kommt er doch immer mit den Cyren fort, die er zu Hause thut.

Die Gelbsucht ist zu augenscheinlich eine Krankheit eines Eingeweides im Unterleibe, als daß ich von ihr an einem andern Orte reden könnte als hier. Ich habe zwar einst ein ganzes Bändchen über diese Krankheit geschrieben, doch soll mich dieses nicht verführen, hier zu lang darüber zu werden.

Merlhof empfiehlt schon in seinen Schriften den Pyrmonter Brunnen bey der Gelbsucht vor andern mineralischen Wassern vorzüglich, wenn nicht eben Steine in den Gängen stecken. Aus allem dem, was von der Wirkung des Pyrmonter Brunnens auf die Eingeweide des Unterleibes gesagt ist, begreift man leicht, daß er mit großem Nutzen da könne angewandt werden, wo die Gelbsucht von Krämpfen, oder von Stockungen in den Eingeweiben herrührte. Er bringt da so viele Abweichungen von der Natur wieder ins Gleis, daß es nicht schwer wird, an die von verschiedenen alten Beobachtern gerühmten Wirkungen des Brunnens wider die Gelbsucht zu glauben. Es kommt dabey alles auf die Ursachen an. Sind große Steine vorhanden, so soll wol der Brunnen nicht gar viel thun, er möchte denn vielleicht, indem er die Kräfte der Natur unterstützt, etwas zur Forttreibung derselben beytragen. Wo die Gallengänge hartnäckig verschlossen sind, da wäre denn freylich nichts damit ausgerichtet. Indessen ist es doch wol

gewiß,

gewiß, daß die meisten Gelbsuchten von Stockungen in den Eingeweiden herrühren, die alsdenn vermuthlich durch krampfhafte Bewegung auf die Gallengänge wirken, und einen Irrlauf in diesem Safte verursachen.

Es fließt aber auch alles in dem allerverzweifelsten und unheilbarsten Zustande nach Pyrmont, und deswegen ist es eben kein Wunder, daß auch mancher ungeheilt wieder abreiset. Ich sah einst eine ältliche, sehr starke und fette Frau bey der Quelle, die seit fünf und zwanzig Jahren den fürchterlichsten Coliken täglich unterworfen war, die täglich dagegen wenigstens vier Gran Opium nehmen mußte, die aber zu Zeiten bis zu der ungeheuren Menge von einem halben Quentchen in einem Nachmittage, und darüber stieg; denn dieses war das einzige Linderungsmittel wider den schrecklichen Zustand. Das Uebel entstand auf Gram, und allem Anschein nach waren große Fehler in den Eingeweiden vorhanden, da sich auch schon ein Ansatz zur Wassersucht zeigte. Weil sie weit hergereiset war, und kein einziges Mittel ihr helfen konnte, so wollte sie doch die Cur brauchen, sie badete und trank, aber wie es zu erwarten war, ohne Hülfe. Wäre sie zwanzig Jahre früher hieher

hieher gekommen, und hätte nach den erforderlichen Vorbereitungen die Cur angefangen, so wäre wahrscheinlich viel für sie zu hoffen gewesen. Indessen hatte ich doch von dieser Kranken drey Jahre nach ihrer Cur Nachricht, woraus erhellet, daß sie daraus nicht nur keinen Schaden genommen, sondern sich wirklich etwas erleichtert fand.

Funfzehntes Capitel.
Von den Krankheiten der Harnwege.

Wenn gleich nicht aller Brunnen, den man hinunter trinkt, und der in Gestalt des Urins wieder abgeht, seinen Weg durch die Nieren nimmt, sondern näher in die Blase kommt, wie ich davon anderswo schon geredet habe: so muß doch vieles davon durch die Nieren, und man könnte also wol erwarten, daß er aus diesem Grunde einige besondere Wirkung auf dieselben haben könnte, mehr als auf andere Theile des Körpers. Da aber immer der Brunnen schon eine Veränderung gelitten hat, ehe er noch zu den Nieren kommt, indem er schon durchs Blut gegangen ist; so bleibt es noch zweifelhaft, wie viel er von seinen ursprünglichen Kräften noch mit an

diesem

diesem Abscheidungs-Organ nimmt, insonderheit, wie viel wol von dem geistigen Wesen so weit mit gehe. Ich glaube eben nicht, daß dieses gar viel sey, und ich sehe daher die Nieren in Absicht auf die Wirkung das auf dieselben nicht viel anders an als die übrigen Eingeweide, und halte mich denn an das, was die Erfahrung hierin ergiebt. Der englische Arzt Baine heilte an sich selbst mit dem warmgemachten Pyrmonter Wasser einen Nierenschmerz völlig, der viele Jahre gedauert hatte, und gegen alle andern Mittel unveränderlich hartnäckig blieb, und rühmt auch die gleiche Hülfe an einem andern Kranken *).

Die Wirkung des Brunnen auf die Blase soll wol stärker seyn, weil der Weg viel näher ist, und daher der Brunnen vielleicht mehr von seinen ursprünglichen Bestandtheilen mit sich dahin nimmt. Der blasse Urin, der diesen Weg nimmt, schäumt, däucht mich, besonders nach dem Brunnen.

Das, was wir unläugbar auf den in einiger Menge getrunkenen Brunnen folgen sehn, ist, daß er mit großer Gewalt fortgeht, wenn man ihn wegläßt,

*) Medical Observ. and Inquiries Vol. II. p. 156.

läßt, und daß dieser Strom zuweilen Steinchen und Gries mit sich fortreißt, und auch Schleim.

Man hat in England behauptet, die Luftsäure oder sogenannte fixe Luft löse den Stein auf. Ist dieses richtig, und kommt von diesem geistigen Wesen, das der Pyrmonter Brunnen in solcher Menge enthält, etwas beträchtliches in die Nieren und Blase, welches beydes ich auszumachen nicht im Stande bin, um so weniger da an dem Orte, wo ich lebe, Harnsteine fast gar nicht vorkommen *): so könnte man den Brunnen als Steinzermalmend, und nicht blos als treibend nützlich anwenden.

Die übrigen Wirkungen, die der Pyrmonter Brunnen auf die Krankheiten der Harnwege ausser dem Abtreiben der kleinern Blasensteine hat, lassen sich alle aus seinen allgemeinen Eigenschaften ermessen, und eben daraus läßt sich abnehmen, wo er nicht paßt. Als ein stärkendes, belebendes, auflösendes Spülmittel kann er daher bey langwierigen Schwächen dieser Theile, bey den Fehlern in der Abscheidung

*) Es ist eine bekannte Sache, daß in Hannover keine Steine in den Urinwegen vorkommen, oder doch äusserst selten.

dung des Harns, deren Verhaltungen, der Incontinenz, der Harnwinde und selbst der Harnruhr sehr dienſam werden, wenn die Uebel von Schwäche etwa nach veneriſchen Krankheiten, von Krämpfen, von hämorrhoidaliſchen Urſachen, von auflösbaren Stockungen herrühren, und wenn es unter den gehörigen Umſtänden und nach den nöthigen Vorbereitungen zur Hülfe genommen wird. Sind aber organiſche Fehler vorhanden, wie Auswüchſe oder Verhärtungen in den Canälen, ſo kann dadurch nicht geholfen werden; auch diejenigen Harnbeſchwerden, die eine Folge des hohen Alters wegen nachlaſſender Kräfte ſind, vermag der Pyrmonter Brunnen nicht mehr zu heben.

Ich kenne ein Frauenzimmer, das lange Zeit viel an Verhaltungen des Harns litte, das auch einmal eine Verhaltung von etlichen Tagen hatte, ſie gebrauchte vielerley Mittel, auch den Spaabrunnen, mehrmals an der Quelle, aber nachdem ſie einmal an der Quelle zu Pyrmont getrunken hatte und gebadet, war ſie ſeitdem von dieſer Beſchwerde gänzlich, und ſchon ein völliges Jahr, frey.

Wo ein Entzündungszuſtand in den Nieren iſt, wenn er auch von der langwierigen Art wäre, da

kann

kann der Pyrmonter Brunnen nicht zuträglich seyn, und daher auch nicht bey Vereiterung der Nieren oder der übrigen Harnwege. Man sagt zwar, das geistige Wesen verbessere äusserliche bösartige Geschwüre, und solle daher auch wol bey innerlichen Eiterungen gut seyn, um so mehr da es den Eiter wegspülen helfe: aber ein anders sind Geschwüre, die man vor Augen hat, wo man die Wirkung des Mittels sehn kann und solche verdeckte. Ich werde ihn hier wie bey andern innerlichen Schwärungen scheuen, von denen ich unten im fünften Buche weitläuftiger rede. Indessen muß ich doch nicht unterlassen zu sagen, daß es zuweilen schien, als ob der Brunnen Vereiterungen in den Harngängen hob. Man hat bemerkt, daß während der Cur eine Menge eiterartiger Materie durch den Urin fortgieng, worauf hernach Besserung der vorherigen Beschwerden folgte.

Bey dem Blutharnen muß auch der Pyrmonter Brunnen wegbleiben, wenigstens so lange es dauert; es kann zwar von Steinen in der Blase oder von hämorrhoidalischen Ursachen herrühren, die an sich zuweilen den Pyrmonter Brunnen zulassen, aber man kann hierinn irren, und beynahe allerwärts, wo ich widernatürlich Blut fließen sehe, wenn ich nicht

den

den Körper wohl kenne, da werde ich, so lange es dauert, den Pyrmonter Brunnen abrathen; wie davon das fünfte Buch mit mehrerem handelt.

✳✳✳✳✳✳✳✳✳✳✳✳✳✳✳

Sechzehntes Capitel.
Von den Geschlechtskrankheiten der Männer, Vertheidigung der Enthaltsamkeit und Keuschheit.

Die Geschlechtskrankheiten der Männer, wider welche man so oft in Pyrmont Rath suchen, und nicht selten finden sieht, sind mehrentheils Folgen begangener Sünden, und am allermeisten der Selbstbefleckung, oft auch gehabter venerischer Krankheiten. Niemand, ausser den Aerzten die hierauf aufmerksam sind, erfährt es, wie viel Unglück, zumal durch jene, entsteht: daher müssen auch andere hierüber von Rechtswegen nicht urtheilen. Durch beyde können die Zeugungsglieder erbärmlich geschwächt werden, so daß sie ferner nicht im Stande sind das zu leisten, wozu sie bestimmt sind, oder aber einen häufigen Abgang des Saamens zulassen, der die ganze Natur schwächt, und ein Heer von Elend und Leiden nach sich zieht. Die Krankheiten, die daraus entstehn können, und von welchen hier hauptsächlich zu reden ist, sind, das männliche Unvermögen, und der kränkliche Abgang des Saamens.

Die Impotenz der Männer kann freylich auch andre Ursachen haben, wie Lähmungen oder Versetzungen. Wofern sie aus angebohrnen Fehlern herrührt, so findet gewöhnlich keine Hülfe statt. Entsteht aber dieses Unvermögen aus Entkräftung, aus getödteter Reizbarkeit der Geburtstheile, so hilft oft das Pyrmonter Wasser durch seine stärkenden und belebenden Kräfte, wie man weiß. Die hiesige Quelle hat in einem Sommer in Pyrmont zwey Männern, die mit der vollständigsten Impotenz behaftet waren, sehr große Dienste geleistet. Der eine von ihnen hielt freylich die Cur nicht völlig aus, aber er sah sich doch mit Freuden in einem Zustande, den er seit Jahren nicht mehr kannte. Der andere aber wurde auf die völligste Weise wieder zum Manne, nachdem er es verschiedene Jahre lang nicht mehr gewesen war, und verließ Pyrmont mit einer ausserordentlichen und unbeschreiblichen Zufriedenheit. Ich läugne nicht, daß ich diesen Männern nicht noch andere angemessene Mittel ausser dem hiesigen Wasser gab; aber es war dennoch augenscheinlich, daß der Brunnen

nen und das Bad unter die wichtigsten Stücke gehört, wodurch ihnen geholfen wurde.

Bey dem häufigen Abgange des Saamens haben die stärkenden Kräfte des Pyrmonter Waffers herrliche Dienste geleistet, insonderheit, wenn der äufferliche Gebrauch des kalten Waffers, von dem ich unten im sechsten Buche rede, und kühlende Mittel daneben nicht verabsäumt werden. Vornehmlich ist er im Stande, die durch einen unnatürlichen Saamenabgang versinkenden Kräfte der Natur wieder aufzurichten und die Schwäche der Nerven überhaupt, so wie in den Zeugungstheilen besonders, zu heben. Der Pyrmonter Brunnen wirkt hierbey aber durch nichts besonders, sondern durch seine allgemeinen, zumal seine stärkenden Kräfte, und daß er oft etwas Gutes hierbey schafft, hat man bey der Quelle alle Jahr Gelegenheit zu sehn. Indessen muß ich doch nicht unterlassen zu sagen, daß er da, wo die Reizbarkeit sehr groß ist, und vornehmlich auf diesen Auswurf wirkt, den Abgang des Saamens, wenigstens anfangs, während des Gebrauchs vermehret könne, und daß aus diesem Grunde zuweilen der innere Gebrauch des Pyrmonter Waffers, bis man zu einem gewissen Puncte gekommen ist, nur in geringerm Maaße zuzulassen sey.

P 2 Es

Es mag darum seyn, daß ich hier gegen die Regel sündige, vorsätzlich etwas in mein Buch zu bringen, was, eigentlich und genau genommen, nicht zur Sache gehört; ich will den Vorwurf gern ertragen, wenn ich Nutzen damit stifte. Ich sehe diese Schrift als eine solche an, die in viele Hände kommt, und auch von einer großen Anzahl von Leuten, wenigstens durchblättert wird, die nicht Aerzte sind. Es könnte daher wol seyn, daß mancher bey der Gelegenheit von einem sehr schädlichen Vorurtheile befreyet würde, das nur gar zu allgemein ist, und von dem ich nun reden will.

Man hat in neuern Zeiten sehr viel von den Ursachen und der Heilung der männlichen Geschlechtskrankheiten geschrieben, man hat lebhaft gegen die Laster geredet, aus denen die meisten herrühren, man hat die Krankheiten selbst definirt, und auf ein Haar zuweilen ziemlich willkührlich unterschieden: aber man hat verabsäumt einen irrigen Grundsatz anzugreifen, der allem, was wider die Unkeuschheit gepredigt wird, Kraft und Wirksamkeit benimmt. Von diesem möchte ich hier reden. Aber es läßt sich nicht davon handeln

ohne

ohne daß ich die Dinge deutsch bey ihrem Namen nenne *).

Es ist eine fast allgemeine Meynung, die man allenthalben hört, mit der Enthaltsamkeit sey es ein gefährliches Ding, und sie werde oft schädlich; es

seyen

---

*) Es giebt noch Schriftsteller und Recensenten, die über dergleichen Dinge nur in lateinischer Sprache wollen geschrieben wissen, und die sich überhaupt einen Lieblingssatz eingebildet haben, mit dem sie bey aller Gelegenheit hervorrücken, als ob alle medicinischen Bücher, die nicht lateinisch geschrieben sind, nur leichter Schaum sey, den, wie sie gelegentlich gern zu verstehn geben, moderne Männerchen zubereiten, die unwürdig sind, von ihrer Gravität bemerkt zu werden. Woher doch in aller Welt noch solche altfränkische Grillen zu unsern Zeiten? Niemand liest ihr bisgen Latein, womit sie sich brüsten, und das jeder gelehrte Arzt eben so gut schreiben könnte, wie sie, wenn er wollte. Hält es auch noch jemand für eine so große Kunst, wenn man Latein versteht, ab und zu eine Ciceronianische Phrasis einzustreuen? Oder ein Wörtlein Griechisch? So was nennt man denn sehr albern: Eleganz. Waren denn Hippocrates und Celsus, die in ihrer Muttersprache schrieben, keine elegante Aerzte? Am besten schreibt gewiß heutigs Tages jeder in seiner Muttersprache, und am meisten wird man darin gelesen, also ist es am klügsten, dabey zu bleiben.

seyen die Ergießungen des Saamens dem gesunden Manne eben so nothwendig, als es ihm nothwendig ist, sein Wasser zu lassen, und wenn dieses unterbleibe, so könne die Gesundheit davon Schaden leiden. Nicht blos ist dies eine gemeine Meynung, sondern Aerzte in Deutschland haben es in den letzten Jahren in öffentlichen Schriften gradezu behauptet. So was, sagt man sehr irrig, lasse sich nicht ausschwitzen; weil es doch allerdings, wenn man so reden will, ausgeschwitzt wird.

Ich kenne gewiß manchen jungen Mann, der enthaltsam leben würde, wenn er recht überzeugt wäre, daß man es ohne Schaden seyn könne, und wenn ihn nicht zuweilen der verzweifelte Gedanken plagte, es sey unnatürlich und ungesund sich solche Vergnügen zu versagen, er könne sich dadurch Beschwerden auf den Hals ziehn und seiner Gesundheit nachtheilig werden. Die Wollust hat für sich schon so viel Reiz, daß es nur einen Schatten von einem vernünftigen Grunde braucht, um dazu zu überreden. Wie weit die Verblendung hierbey gehen könne, das sah ich einst an einem Menschen von einem erbärmlich schwachen Körper, der durch Selbstbefleckungen epileptische Zufälle litt, und doch noch immer glaubte,

solche

solche Ausleerungen seyen seiner Gesundheit nothwendig, und seine Natur fordere sie schlechterdings. Dieser Mensch sah gewisse aus der Schwäche seines Körpers, aus seiner Reizbarkeit und lebhaften Einbildungskraft herkommende Antriebe für Beweise seiner Kräfte und für eine Stimme der Natur an.

Es ist mir nicht bewußt, daß weder in medicinischen Schriften, noch in solchen, die für den Unterricht und Gebrauch des Publici abgefaßt sind, diese Sache gehörig erörtert wäre; und die Wahrheit zu gestehn, es scheint mir, daß viele Aerzte hierüber nicht recht wissen, was sie glauben sollen, zumal aber einige grade das Gegentheil von dem behaupten, was ich für wahr halte. Ich will deswegen hier umständlich davon reden, und einiges wiederholen, was ich schon darüber an andern Orten, sonderlich bey Gelegenheit des berühmten Priesters Blanchet gesagt habe, den ich hier nothwendig anführen muß *).

P 4 Blan-

*) Man kann meine Recension von dessen Buche: Ueber die Krankheit, welche er sich durch unverbrüchliche Enthaltsamkeit zugezogen, in den Göttingischen gelehrten Anzeigen von 1780. Seite 1006. nachlesen, wo ich glaube, diese Geschichte in ihren rechten Gesichtspunct gestellt zu haben, und worauf ich mich hier

Blanchet, ein französischer Geistlicher, war, ohngeachtet seiner quälenden Begierden, aufs strengste keusch

hier beziehn muß. Ich behandelte dieses Buch mit so viel mehrerm Ernst, weil es in ehrlichen Absichten geschrieben zu seyn scheint, der Verfasser wirklich das glaubt, was er schreibt und sonderlich seine Absicht gegen den Celibat der römischen Kirche richtet, aber dabey etwas unvorsichtig der Unkeuschheit das Wort redet. Solche Bücher sind manchem gefährlicher, als absichtlich schlüpfrig geschriebene, bey denen das Gewissen oft darin redet, und man sich sagt, man schildre die Wolluft mit einem Reize, den sie in der Natur nicht habe. — Kurz nach der Erscheinung meiner Anzeige hatte ich das Vergnügen zu sehn, daß sie einem vortrefflichen Manne, dem nun verstorbenen Herrn Iselin, merkwürdig geschienen hatte; denn ich fand sie in seinen Ephemeriden der Menschheit vom März 1781. wieder abgedruckt, mit einer Anmerkung, die mir nicht anders als angenehm seyn konnte. Herrn Iselins Einrückung dient mir übrigens auch zu einer Vertheidigung gegen die prüden Verfasser, die durchaus nicht wollen, daß man von dergleichen Dingen deutsch schreiben soll. Man soll nicht von Dingen sprechen, um sie abzuwehren, durch die so viel Unglück geschieht, indem niemand davon sprach; von Dingen soll man nicht zum Guten sprechen, über welche so viel zum Bösen gesprochen wird? Das ist falsche Delicatesse! Laut muß man keusch gewesen; dieses scheint wol gewiß zu seyn. Nun verfiel er in eine Raserey; er beschreibt seine Geschichte in einem eigenen Buche, das auch Deutsch übersetzt ist, und er behauptet darin, diese Wuth sey von dem Saamen entstanden, der ihm nach dem Hirne gegangen. Das ist nun eine äusserst willkührliche Erklärung, die zwar Büffon dem Blanchet gelten läßt, weil sie seinem System der molecules organiques günstig ist, die aber in der That und vernünftiger Weise nicht zu rechtfertigen steht. Die Mutterwuth der Weiber, (furor uterinus) ist ein Zufall, der dem seinigen völlig gleich, der auch mit einer Begierde nach dem andern Geschlecht verbunden ist, aber die Weiber haben keinen Saamen, der ihnen das Hirn verrücke, daher ist hier blos die Einbildungskraft und ein reizbarer, in Aufruhr gebrachter Zustand der Nerven, zu beschuldigen; diese allein war es auch unstreitig, was den Blanchet rasend machte.

Sobald man davon sprechen, und beynahe je lauter, je besser. — Beyläufig habe ich sonst auch noch an einem andern Orte von dieser Materie geredet, nemlich in der Anzeige von Rosenbergs Rathschlägen zur Verlängerung des Lebens, in der Allgemeinen Deutschen Bibliothek. 50 Band Seite 177 fg.

Sobald es wahr ist, daß ein Mann durch die blos physischen Folgen der Enthaltsamkeit um die Gesundheit kommen könne, so ist sie etwas unnatürliches, und man muß ihr das Wort nicht reden. Aber es ist nicht wahr. Wenn die Zurückhaltung des Saamens physisch etwas schaden könnte, so sollten sich die nachtheiligen Wirkungen davon zuerst in den Saamenwerkzeugen und Behältnissen, durch Ueberfüllung, Stockungen und Entzündung äussern, aber dergleichen sieht man weder bey Menschen noch bey Thieren, und selbst Blanchet spürte nichts davon.

Ich kenne verschiedene zuverlässige Beyspiele von gesunden und jungen Männern, die in vielen Wochen, in zwey bis drey Monathen zuverlässig gar keinen Saamen verloren hatten, die sonst wol an mässige Ausleerungen gewöhnt waren, und die nach etlichen Monathen, die unter besondern Richtungen des Gemüths auf gewisse dasselbe sehr beschäftigende Gegenstände, verstrichen waren, noch nicht die kleinste Spur von Beschwerden keiner Art daraus litten. Diese Beobachtungen sind unwidersprechlich wahr und richtig. Da nun aber doch bey gesunden Männern die Saamenbehältnisse in wenigen Tagen nach
einer

einer Ausleerung schon ziemlich wieder angefüllt sind, wenn auch keine Reize auf diese Theile, die aus wollüstigen Vorstellungen herkommen, diese Anfüllung beschleunigen: so darf ich wol sagen, was in etlichen Monathen nicht Uebels daraus wiederfährt, das wiederfährt nie. Ich darf behaupten, stockt und verdirbt nichts in so langer Zeit, so müssen Wege seyn, welche diesen Saft auf andere Weise aus seinen nicht gar zu großen Gefässen wieder hinweg führen. Ich darf aber dieses um so viel dreister sagen, weil wir vollkommen wohl begreifen, warum die befürchtete Gefahr ein Hirngespinst sey.

Wir wissen ja genugsam, welcher Wege sich die Natur bedient, um Säfte aus den Hölen, worin sie behalten werden, wieder in den Umlauf zu bringen; und sollte wol der weise Schöpfer dieses bey einer Gelegenheit versäumet haben, wo es wegen der Ordnung und zum Besten der Gesellschaft so höchst nothwendig war, und wo durch diesen Mangel der Tugend ein Riegel vorgeschoben oder gar eine Strafe zubereitet würde? Nimmermehr! Die Zergliederung zeigt deutlich, daß es in diesem Stücke gehe, wie in andern; und der berühmte Meckel hat es von den Saamenbläschen besonders gewiesen, wie sie die

enthal-

enthaltene Feuchtigkeit, wenn sie nicht vergossen wird, wieder den circulirenden Säften zuführen, und solchergestalt mit dem Blute vereinigen. Nicht allein geschieht dieses in den Saamenbläschen, sondern in der ganzen Strecke der Saamengänge, und in den Hoden selbst schon. Hieraus begreift man denn, wie einige Thiere, denen die Natur hierin weit gröſsere Kräfte gegeben hat, als dem Menschen, vornehmlich die Pferde, ohne alle Ausleerung dieser Art doch sehr gesund und munter sind. Man sieht niemals bey den Hengsten, die man nicht decken läßt, geschwollene Geilen aus der Verhaltung des Saamens entstehn, und es folgt bey ihnen keine Wuth daraus, vielmehr wird das Thier dadurch munterer und kräftiger.

Wenn wir aber auch hierüber beruhigt sind, sagen die Blanchete, und aus dem stockenden Saamen in unsern Zeugungstheilen keine Gefahr befürchten: so entsteht grade das, was uns schreckt, nemlich der Saamen geht ins Blut über, steigt ins Gehirn, und macht uns toll. Freylich hat dieses noch niemand behauptet auſser dem Priester Blanchet, und niemand wird so etwas sagen, der, die Natur des thierischen Körpers kennt. Schon die alten Aerzte behauptehaupteten, daß der Saamen mit Nutzen im Leibe zurückbehalten werde, daß er den Körper stärke, munter, muthig, kühn, unternehmend und dauerhaft mache. Die Alten sahen also grade das Gegentheil von dem, was Blanchet besorgt, und wir können uns täglich überzeugen, daß sie recht beobachteten. Sehn wir nicht allenthalben, daß unter den Gesunden diejenigen am gesundesten sind, die am keuschesten leben, und daß sie am spätesten alt werden?

Die Beobachtung der Thiere läßt hierüber keinen Zweifel zurück. In England erlaubt man niemals, daß einer von den Hengsten, die zum Wettrennen gebraucht werden, eine Stute decken darf, weil die Erfahrung zeigte, daß ihnen dieses im Rennen schadete. Und diese Thiere sind unter allen unstreitig diejenigen, welche die größte Stärke, Anstrengung, Gewalt und Schnelligkeit im Spiel ihrer Muskeln ausüben. Wer es nicht selbst gesehn hat, der begreift es kaum, und doch ist es wahr und zuverlässig, daß diese Hengste, (andere Pferde braucht man dazu nicht) in einer Minute und etlichen Secunden eine englische Meile zurücklegen, und ohngefehr in etwas über fünf Minuten eine deutsche Meile! Dieses

aufferausserordentliche Vermögen eines Thiers setzt doch gewiß die höchste Vollkommenheit der Organen und der ganzen Maschine voraus. Es beweist auch, wie mir däucht, ganz unläugbar, was freylich diejenigen Engländer, die dieses Hazardspiel mit Wettrennen treiben, aus Erfahrung lange wissen, daß die größte Enthaltsamkeit diesen Thieren nicht nur nicht schade, sondern vielmehr sie vollkommner mache. Nur erst, wenn sie vor Alter nicht mehr laufen können, braucht man sie zur Zucht, um ihre Art zu behalten.

Ach! wie oft sah ich jeden Sommer in Pyrmont einen betrübten Zustand des Kopfs, des Magens, und des ganzen Körpers, aus der Verschwendung dieses Safts, bey solchen, die gewiß heiter und gesund gewesen wären, und eine lange Jugend hätten hoffen können, wenn sie an die Keuschheit geglaubt hätten. Aber nun mußten sie nach Pyrmont kommen, um ihre arme Natur wieder ein wenig aufzurichten.

Es ist seltsam, daß man bey so vielen Menschen und zumal auch bey vielen Aerzten eine Art von Hartgläubigkeit findet, die durchaus die häufige Vergießung des Saamens für ein ganz gleichgültiges Ding erklärt. Aber was kann man von einer Sache wissen,

sen, um die man sich nicht bekümmert, und wonach man nie fragt. Dieses ist wirklich der Fall mit sehr vielen Aerzten, die sich bey keiner langwierigen Krankheit, zumal junger Leute, nach diesem Umstande erkundigen; die immerhin ihre gewöhnlichen Recepte gegen den schwachen Magen, gegen Schwindel und Gedächtnißschwäche verschreiben, ohne sich zu bekümmern, aus welchem Grunde diese Schwachheiten eigentlich herrühren.

Nur Aerzte, die von den gemeinen Vorurtheilen nicht eingenommen sind, und die auf solche Dinge Acht geben, können wissen, wie unsäglich viele lange, drückende, und quälende Krankheiten und Beschwerden, ihre einzige und wahre Ursach in der, nach Verhältniß der Kräfte zum Uebermaaß befriedigten Wollust haben. Das Ehebette macht hier keine Ausnahme. Im Schooße der Ehe liegt die ganze Quelle des Elends von manchem Ehemanne, ohne daß er es argwöhnt. Sein Unglück ist, daß er eine Regel befolgen will, die Luther gegeben haben soll, und die für den kernfesten Doctor Luther leidlich seyn mochte, aber nicht für ihn.

Ich weiß es recht wohl, daß nicht der eine wie der andere sey, daß die Natur manches Menschen
viel

viel aushalte, und daß es auch einst einen Hercules gab. Indessen habe ich einen solchen wahren, berühmten und bekannten Hercules dem Körper und den Kräften nach, gekannt, der von Rechtswegen neunzig Jahr gesund hätte leben müssen, der schon im sechsundvierzigsten Jahre ein kraftloser hinsinkender Greiß war, und der im achtundvierzigsten, an Entkräftung des Leibes und der Seele starb. Die menschlichen Kräfte sind endlich, und ganz besonders in diesem Stücke. Wer sagt uns auch immer, daß das schlaffe, träge, unmännliche Wesen, das elende Aussehn, die matten todten Augen, und tausenderley andere Schwachheiten, bey Leuten die wir kennen, einen andern Grund habe als Uebermaaß in diesem Stücke? Die häufige Ausleerung eines Saftes, auf dessen Zubereitung die Natur offenbar ausserordentlich viel Arbeit wendet, der das Blut seiner feinsten, geistigen und balsamischen Theile beraubt, und die mit so großer Anstrengung und Erschütterung der ganzen Maschine geschieht, kann unmöglich dem Körper ganz gleichgültig seyn. Die Gewohnheit macht hierin nicht viel gut. Bekanntlich hält Niemand besser aus, als wer vorher enthaltsam gelebt hatte, folglich nicht gewohnt war. Nicht leicht stelle sich auch jemand zum Beyspiel auf, und sage: mir

schadet

schadet es nicht. Man sieht immer, daß diejenigen am schwersten für die Ausschweifungen büßen, bey denen die Folgen am längsten ausbleiben; und die Ursach ist sehr begreiflich.

Ich habe doch schon manchen Kranken gesprochen, und darunter auch zuweilen sonderbare und seltene Fälle kennen lernen: aber noch soll der erste kommen, der über die physischen schlimmen Folgen der Keuschheit geklagt hätte. Gewiß nicht, weil es keine Keuschheit in der Welt giebt, dieses weiß ich besser: sondern weil sie keine physisch übele Folgen hat. Niemand klagte mir noch, dieser erbärmliche Zustand des Kopfs, mein elender schwacher Magen, diese zerrütteten Nerven, sind die Folgen der Enthaltsamkeit; und ich zweifle auch, daß irgend ein anderer Arzt glaubwürdig eine solche Klage je gehört habe.

Was hier angeführt ist, sind fast alles Erfahrungsgründe. Die Natur des milden Safts, und ähnlicher Wirkungen des Körpers, beweist aber ebenfalls und zur Ueberzeugung, theoretisch die Thorheit von Blanchets Furcht: Schadet doch nicht einmal der Klapperschlange ihr fürchterliches Gift, wenn es nicht vergossen wird, sondern wieder zurück in ihr Blut geht:

Es ist auch nicht gegründet, daß bey den Thieren eine unbändige Brunst aus dem ins Blut zurückgeführten Saamen entstehe, denn diese Brunst kommt ja nur zu gewissen Jahreszeiten, da doch die Absonderung des Saamens ununterbrochen fortdauert, und nur durch Frühling und sanfte liebliche Luft etwas vermehrt wird. Angenehme Eindrücke der Wärme und des Frühlingsgefühls, die den Werkzeugen der Empfindung schmeicheln, sind die wahre Ursach der aufwachenden Triebe, wenn sie ruheten; und diesen folgen natürlich, wie jedem Reize, stärkere Absonderungen, da wo er hinwirkt. Heisses Clima reizt beständig, aber entmannet früh.

Man zieht viele, aber gewiß irrige Schlüsse gegen die Enthaltsamkeit aus den freywilligen nächtlichen Ergießungen, die der Mensch vor den Thieren voraus hat, und will daraus beweisen, daß die Entledigung von dem Saamen ein eben so nothwendiges Bedürfniß sey, als andre Auskeerungen. Eben darin, daß die Thiere diese Ergießungen nicht haben, liegt schon ein wichtiger Grund gegen die physische Nothwendigkeit derselben. Wenn man betrachtet, daß die schwächesten und der Wollust am meisten fröhnenden Menschen diesen nächtlichen Pollutionen

am

am meisten, und oft zur völligsten Entkräftung, unterworfen sind, hingegen gesunde, die nicht etwa sehr an diese Ausleerungen gewöhnt sind, weit weniger, und oft gar nicht; daß diejenigen, welche eine lebhafte und auf solche Vorstellungen gerichtete Einbildungskraft haben, ihnen häufiger unterworfen sind, als solche, die weniger lebhaft sind, oder deren Gemüth von andern Gegenständen voll ist; wenn man erwägt, daß ein gesunder niemals eine solche nächtliche Ergießung hat, ohne daß dabey wollüstige Vorstellungen oder Träume sind: so kann man fast nicht anders als annehmen, was ich schon vorlängst, und, so viel ich weiß, zuerst, behauptet habe: daß diese Ergießungen, in so fern sie nicht Krankheit sind, mehr für eine Wirkung der Einbildungskraft angesehn werden müssen, und mehr zu deren Bändigung dienen, als daß sie einen physischen Nutzen hätten. Und daher erklärte sich denn, warum die geilsten Thiere, wie Sperlinge und Hähne, die eingesperrt sind, hiervon nichts wissen, selbst die Affen nicht, so viel mir bekannt ist, die man doch sogar sich beflecken sieht.

Ueberhaupt wird es nicht genug erwogen, von wie ausnehmend großem Einflusse die Einbildungskraft auf diese Dinge sey. Wie ganz gewöhnlich ist alles das blos das Werk der Einbildungskraft, was man für Naturtrieb ansieht, und aus dem Grunde zu befriedigen trachtet. Sieht man nicht so oft bey ganz Gesunden alle Triebe dieser Art völlig und auf lange Zeit schlafen, wenn die Seele von andern Vorstellungen, die sie an sich ziehn, erfüllt ist? Hingegen der müssige Kopf, dessen Imagination freyes Spiel hat, empfindet jeden Augenblick sogenannte Naturtriebe. Wer unter einer anhaltenden Aengstlichkeit, Furcht und Sorgen lebt, bey dem sind, wenn er auch das wollüstigste Temperament hat, alle solche Triebe völlig getödtet, so lange dieser Zustand dauert. Kann man dieses auch auf was anders, als auf die Einbildungskraft schieben? Denn die physischen Wirkungen gehn ihren Gang fort, und die Absonderungen der Säfte werden dadurch nicht unterbrochen, wie sich das genug zeigt, sobald der leidenschaftliche Zustand ein Ende hat.

Man wird mich hoffentlich nicht beschuldigen, daß ich gewisse in der Welt sehr nützliche und nothwendige Uebungen verschreyen wolle. Auch würde man mir das größte Unrecht thun, wenn man mir aufbürdete, ich läugne die physischen Triebe und Reize

Reize aus angefüllten Saamengefäßen ab. Diese sind allerdings stark genug, und wirken bey dem einen viel heftiger als bey dem andern. Aber daß demohngeachtet diese vermeynten physischen Triebe zur Wollust oftmals in der Imagination sitzen, und ganz allein darin sitzen können, das beweiset endlich die bekannte Geilheit der Verschnittenen unläugbar genug, bey denen doch nun die physische Ursach ganz ausgerottet und getödtet ist *).

Ob es mir gleich nie einfallen wird, den Celibat der römischen Geistlichen zu vertheidigen, weil er den natürlichen und rechtmäßigen Wünschen der Menschen widerstrebt, und sonderlich, weil er alle Hoffnung abschneidet: so kann ich doch niemals die physische Schädlichkeit der Enthaltung zugeben. Wer nur Lust hat, es zu versuchen, wer sein Gemüth wohl beschäftigt und den Leib übt, oder wo es nöthig ist, ermüdet, der wird bald überzeugt werden, daß die Religion, durch das strengste Gebot der Reinigkeit

---

*) Diesen Umstand hat Herr Zimmermann im zweyten Bande seines Werks von der Einsamkeit, im siebenden Capitel, zwar aus einem ganz andern Gesichtspuncte und zu andern Zwecken, in sein völliges Licht gestellet.

keit in diesem Stücke, weder etwas Unmögliches, noch etwas Schädliches fordere, und daß Enthaltsamkeit und Keuschheit keine so gefährliche Tugenden sind, als man es geglaubt hat.

Was sonst von diesen Uebungen zu sagen ist, in so fern sie während der Brunnencur statt finden, oder nicht: das muß im vierten Capitel des vierten Buchs nachgesehn werden, wo von der Lebensordnung bey der Cur die Rede ist.

Siebenzehntes Capitel.
Von einigen Geschlechtskrankheiten der Weiber, und von den Kinderkrankheiten.

Unter die Geschlechtskrankheiten der Weiber, von denen hier die Rede ist, gehören hauptsächlich einige Unregelmäßigkeiten, die bey der Reinigung vorkommen, hiernächst die Unfruchtbarkeit. Denn von der Bleichsucht und dem weißen Flusse habe ich oben im eilften Capitel schon gehandelt, und die sogenannte Mutterplage oder Hysterie, ist eine Nervenkrankheit, davon im neunten Capitel geredet wurde. Zu den

Unregelmäßigkeiten der weiblichen Reinigung, wider welche der Pyrmonter Brunnen etwas hilft, gehört insbesondere der zu schwache, zu träge und langsame und der zu blasse Fluß, der manchmal wie Blutwasser aussieht, und endlich die heftigen Krämpfe, die oft dabey sind.

Der Pyrmonter Brunnen treibt überhaupt etwas an, und daher ist schon gesagt worden, und es wird noch unten im fünften Buche mit mehrern erinnert werden, daß bey allen widernatürlichen Blutflüssen der Gebrauch desselben die größte Vorsicht erfordere, und so lange sie wirklich dauren, fast niemals statt finde. Weil nun aber die Reinigung der Weiber ein Blutfluß ist, der zum gesunden Zustande gehört, so ist der Fall hier grade umgekehrt, und es kann sehr nützlich seyn, die treibenden Kräfte des Pyrmonter Brunnens anzuwenden, um diese Ausleerung zu verstärken, wenn sie zu schwach ist, und wenn die übrigen Umstände es erlauben. Der Brunnen thut dieses, und thut es um so mehr, da zu diesem Zwecke nicht blos die allgemein antreibenden Kräfte dieses Mineralwassers wirken, sondern auch noch ganz besonders, wenigstens für die Folge, ein Trieb nach den untern Theilen entsteht, indem er auf den Urin

Q 4 und

und auf den Stuhl wirkt; denn gleich unmittelbar während der Cur merkt man diesen Trieb nicht immer, und zuweilen grade das Gegentheil. Hiermit sollten nun wol kleinere Hindernisse in der Gebährmutter überwunden werden, bey großen hingegen könnte es von nachtheiligen Folgen seyn. Aber die treibenden Kräfte des Pyrmonter Brunnens sind in meinen Augen diejenigen, welche ihm bey der Beförderung der weiblichen Reinigung den geringsten Werth geben, weil sie zwar da etwas schaffen werden, wo es blos darauf ankommt, dem Blute eine Richtung zu geben und es fortzustoßen, hingegen am unrechten Orte von gar schlechten Folgen seyn können. Zimmermann sagte mir einst nur allzuwahr, daß er so oft Fälle sehe, wo die Aerzte durch Stahlcuren die Reinigung befördern wollen, und eigentlich dadurch nichts befördern, als die Schwindsucht. Die weit bessere Wirkung des Pyrmonter Brunnens hierbey besteht darin, daß er oftmals den wahren Grund der Hindernisse wegnimmt, die dem regelmäßigen Flusse der Reinigung entgegen stehn. Wie oft sind nicht Krämpfe die einzige Ursach des zu schwachen oder ausbleibenden Flusses, und dadurch aufs neue die Ursach von Krampfzufällen, und wir wissen aus dem vorhergehenden, was der Pyrmonter Brunnen hierbey

bey vermag, wenn er zur rechten Zeit und nach den gehörigen Vorbereitungen gegeben wird. Wenn Verstopfungen in den Eingeweiden des Unterleibes, ohne die Mittelursach von Krämpfen, diese Folgen haben, was thut da nicht dieses Wasser zu seiner Zeit. Ist eine Schwäche des ganzen Systems der Grund davon, ist die ganze Constitution erschlafft, gehn alle Functionen des Körpers nicht mit der gehörigen Kraft vor sich, und ist daher dieser Abgang zu schwach, oder unordentlich, oder blaß, so ist in diesem Falle wiederum das Pyrmonter Wasser ein herrliches Mittel.

Es ist eben so klar aus der Betrachtung der Natur des Körpers und dieses Wassers, als auch aus den Beobachtungen, die man alljährlich zu Pyrmont macht, und davon die ältern Aerzte eine Menge Beyspiele anführen, daß der Pyrmonter Brunnen die Reinigung befördere, und daher kann ich hier des trocknen Aufzählens von Beyspielen wol überhoben seyn.

Es giebt aber eine Wirkung des Pyrmonter Brunnens, die man wol auf den ersten Anblick nicht erwartet hätte, die aber vollkommne Erfahrungssache ist, daß nemlich während der Cur, und manchmal auch noch eine Zeit nachher, wenn auch der Brunnen aufs beste gewirkt hat, der monathliche Abgang etwas geringer wird, oder ein wenig aus seiner Ordnung kommt, das sich aber denn bald wieder herstellt. Es muß wol seyn, daß das anhaltende Abführen davon die Ursach sey, und so gut es bey einigen diesen Fluß befördert, hingegen bey andern von der Mutter ableiten kann. Eben diese Bemerkung von dem Carlsbader Wasser lese ich in dem Werke des Herrn Doctor Becher, eines Mannes, der sich von den gewöhnlichen Brunnenärzten durch Einsicht, Scharfsinn und Aufrichtigkeit sehr auszeichnet.

Die heftigen Zufälle, welche bey einigen Frauenspersonen mit dem Eintritt der Reinigung vergesellschaftet sind, die Ohnmachten, Coliken, Kopfschmerzen, Brechen, Durchfälle und Krämpfe, die zuweilen in wahre Convulsionen übergehn, sind Uebel, wider welche gründlicher Rath öfter gesucht als gefunden wird. Ob es gleich wahr ist, daß diese Zufälle häufig so hartnäckig und beynahe völlig mit der Constitution so verflochten sind, daß keine Mittel dabey helfen; so sieht man denn doch zuweilen hierin große Erleichterung nach dem Brunnen und Badecuren zu Pyrmont, wenn die übrigen Umstände

so

so sind, daß ihr Gebrauch statt findet. Man begreift auch, daß ein Mittel, welches unter den gehörigen Vorbereitungen, beyträgt, daß der Umlauf des Bluts freyer und richtiger vor sich geht, und welches mannichfaltige Krämpfe hebt, hier von gutem Nutzen seyn möge. Noch kürzlich hat ein mir bekanntes Frauenzimmer, gegen sehr beschwerliche Zufälle, von denen sie bey ihrer Reinigung jedesmal heimgesucht wurde, von einer Brunnen- und Badecur zu Pyrmont bey der Quelle, treffliche Wirkung gehabt.

Aus den bekannten Kräften des Brunnens folgt, daß man ihn da nicht trinken müsse, wo die Reinigung zu stark fließt, und so lange sie zu stark fließt. Aber es folgt nicht hieraus, daß diejenige, welche einen zu starken Fluß hätte, den Pyrmonter Brunnen niemals trinken dürfe; vielmehr kommen Fälle vor, wo er der Wiederkehr der übermäßigen Blutflüsse dieser Art vorbeugt, indem er beyträgt ihre wahre Grundursach zu heben. Dieses leistet er, wo Stockungen durch seine Kraft aufgelöset und zertheilet werden, die dem Umlaufe des Bluts Zwang anthaten, und ihn dadurch stärker nach einigen Theilen trieben, oder, wenn er die krampfhaften

Ursachen.

Ursachen der Congestionen des Bluts nach der Mutter stört.

Eine Bemerkung muß ich hier noch beyfügen, die anfänglich aller Theorie zu widersprechen scheint, und die demohngeachtet wahr und zuverläßig ist. Man sieht nemlich oft, daß während der Cur zu Pyrmont, und auch noch zuweilen einige Zeit nachher, die Reinigung schwächer, und sichtbarlich mit wenigerm Triebe, sich einstelle als vorher. Dieses geschieht freylich nicht bey allen, und zumal nicht bey denen, die den Fluß vorzüglich starf haben: aber selten ist doch der Fall nicht. Man hat Mühe den Grund hiervon einzusehn, wenn nicht etwa die häufige Wirkung des Brunnens auf die Ausleerung der Därme, den Zufluß des Blutes ein wenig von den Gefäßen der Mutter ableitet. Hiermit besteht indessen sehr gut, was ich sonst gesagt habe, daß der Pyrmonter Brunnen die unordentliche und schwache Reinigung herstelle.

Mit der Unfruchtbarkeit und mit den Curen derselben ist es eine mißliche Sache. Oft weiß man nicht recht, ob der Fehler mehr am Manne oder an der Frau liege, obwol er doch am häufigsten bey der Frau zu suchen ist. Manche Frau wird freylich auf ihrer

ihrer Reise zum Bade schwänger durch ganz andre Kräfte, als die Arzneykräfte der Quelle. Sind aber Krampfkrankheiten, Stockungen im Unterleibe, Mängel der Reinigung, weißer Fluß, der Grund der Unfruchtbarkeit, so weiß man schon aus dem vorigen, in wie fern der Pyrmonter Brunnen und das Bad helfen könne. In manchen Fällen scheinen die natürlich warmen Bäder, wie das zu Ems und auch das Carlsbad, hier einen Vorzug zu haben; sind aber große organische Fehler der Mutter oder der Eyerstöcke vorhanden, so hilft da kein Bad und keine Arzney.

Es giebt Fälle, wo die Unfruchtbarkeit von einer wahren Nervenkrankheit herrührt, und aus dieser Ursach die Weiber während des Beyschlafs nicht die angenehmen Empfindungen haben, die dabey vermacht sind, und ohne welche keine Befruchtung geschieht. Hier verspricht der Pyrmonter Brunnen, durch seine reizenden und nervenbelebenden Kräfte, aus denselben Gründen, wie gegen einige Lähmungen, allerdings etwas. Unter diesen Umständen rathe ich das Bad nicht zu versäumen. Ganz vorzüglich aber sollte man hierbey die durchdringenden Dünste der Pyrmonter Dunstgrube äusserlich nicht vergessen,

die

die ausserordentlich starkreizende Kräfte auf die weiblichen Zeugungsglieder äussern, wenn man sie hinaufsteigen läßt.

Es giebt sonst noch mannichfaltige Unregelmäsigkeiten in den Geschlechtsfunctionen der Weiber, bey denen auch etwas vom Pyrmonter Brunnen zu hoffen ist, welches aber aus allgemeinen Grundsätzen beurtheilt werden muß. Manchmal ist in Pyrmont die Neigung zu Mißfällen gehoben worden, wenn die Ursach davon in einem Fehler der Gesundheit lag, dem er abhalf. Alle Geschäfte des Körpers haben einen Zusammenhang, und gehn besser vor sich, wenn alles einzelne mit der gehörigen Kraft und Nachdruck geschieht, und wenn jedes Rad eingreift, wie es sollte: daher steht es auch mit den Geschlechtsfunctionen besser, wenn andre Fehler der Gesundheit gehoben werden, wenn sie auch nicht unmittelbar mit diesen zusammenhängen.

Endlich ist, wie man weiß, der Pyrmonter Brunnen, innerlich sowol als in Gestalt des Bades, ein herrliches Mittel, um die Schwäche und mannichfaltige andere Folgen zu heben, die oft nach Wochenbetten, oder nach unzeitigen Geburten, übrig bleiben.

Daß

Daß man für Kinder, deswegen weil sie Kinder sind, den Pyrmonter Brunnen nicht zu fürchten habe, ist nun schon allgemein angenommen, und es wird auch alle Sommer genug bewiesen. Die kleine Maschine ist in vielen Stücken eben den Abweichungen ausgesetzt, wie die große; und ich kenne Kinder, die den Pyrmonter Brunnen an der Quelle mit großem Nutzen tranken, und nun seitdem gesund, groß und schön geworden sind. Die allgemeinen Grundsätze, nach welchen ich die vorhergehenden Capitel dieses Buchs abgehandelt habe, müssen auch hier wieder angewandt werden, und überheben mich einer langen Ausführung.

Bey den Schleimkrankheiten der Kinder, den Stockungen im Unterleibe, die oft so dicke Bäuche machen, bey der allgemeinen Schwäche, bey einigen Nervenkrankheiten, wenn dabey die Reizbarkeit nicht zu groß ist, und gefährliche Wirkungen hervorbringen könnte, bey der Rachitis oder den doppelten Gliedern, und bey den Anlagen des Körpers zum Verwachsen, ist der Pyrmonter Brunnen oftmals ein schönes Mittel, wenn er vernünftig und zu rechter Zeit und Umständen angewandt wird. Es ist auch gar nicht schlechterdings nöthig, ihn Kindern warm

oder

oder mit Milch zu geben, er ist ihnen oft dienlich
auf diese Weise, aber zu seiner Zeit auch eben sowol
kalt aus der Quelle und unvermischt.

Achtzehntes Capitel.
Von der Neigung zu gewissen Krankheiten.

Man kann endlich auch den Pyrmonter Brunnen
brauchen, um die Neigung des Körpers zu
oft wiederkehrenden Krankheiten auszurotten; und
man hat ihn oft zu diesem Zwecke mit großem Nutzen
angewandt. Bey manchen langwierigen Beschwerden, die nicht in einem fortdauren, ist es die vornehmste Absicht, und liegt schon mit in der Cur, daß
man den Pyrmonter Brunnen braucht, um die Rückfälle zu verhüten; viele verhütet er, indem er ihre
Ursachen gründlich hebt. Hier ist die Absicht nur
von solchen zu reden, die nicht zu den langwierigen
Krankheiten gehören, bey denen der Pyrmonter
Brunnen, wenn sie vorhanden sind, kein Heilmittel
abgiebt, und die, ungeachtet der besten und vernünf-
tigsten Behandlung, nach Verlauf einiger Zeit immer wieder kommen. So giebt es in manchem Körper eine Neigung zu hitzigen Krankheiten, die nicht

zu

zu vertilgen ist, und man wird aus dem folgenden Beyspiele sehn, daß in einem solchen Falle eine Brunnencur zu Pyrmont von sehr großem Nutzen seyn könne. Ich kenne ein junges Frauenzimmer, die in ihrer Kindheit verschiedene Jahre hindurch sehr oft von mehr als einer Art hitziger, mehrentheils galligter Krankheiten befallen wurde, von denen sie zwar immer völlig hergestellt ward, die aber sehr oft manchmal nach sehr kurzen Fristen sich wieder einstellten. Um dieser bösen Neigung ein Ende zu machen, mußte sie in ihrem eilften Jahre den Brunnen und das Bad zu Pyrmont an der Quelle brauchen, und dieser Zweck wurde so vollkommen erreicht, daß sie seit der Zeit, nun schon über sechs Jahre, keine Krankheit von Bedeutung weiter erlitten hat.

Wie hier der Brunnen wirkte, das unternehme ich nicht zu erklären; aber bescheiden vermuthen darf man doch wol, daß die Cur in den Eingeweiden des Unterleibes, wo die vornehmste Fabrik für eine große Anzahl hitziger Krankheiten seyn mag, nützliche Veränderungen bewirkt habe. Ich glaube sicherlich, daß es manchen Fall gebe, wobey eine solche Cur ähnlichen Nutzen stiften würde. Manche Leute, die beynahe jährlich eine hitzige Krankheit bekommen, sollten wol hier etwas hoffen dürfen. Unter andern könnte dieses auch wol der Fall seyn, bey der großen Neigung zu rosenartigen Geschwulsten, die einigen Personen so sehr lästig sind und so gar oft wieder kommen, weil sie ursprünglich fast immer von einer Anhäuung galligter Unreinigkeiten herrührt, die doch auch etwas fehlerhaftes in den Wirkungen der Eingeweide voraussetzt.

Es ist eine ausgemachte Erfahrungssache, daß der Pyrmonter Brunnen die Neigung zu den immer wiederkehrenden Wechselfiebern endlich von Grunde aus hebt, indem die größte Menge China nur immer Fristen schafft. Wenn Werlhof dieses Mittels in seinen Schriften über diese Krankheit nicht erwähnt hat, wie ich es nicht darin finden kann, so hat er es doch in seinen spätern Jahren sehr wohl gekannt und mit Nutzen gebraucht. Ich kenne einen Mann, der über ein Jahr lang immer mit Recidiven von Fieber sich quälte, der eine unermeßliche Menge China vergebens brauchte, und der endlich nicht eher von dieser Disposition befreyet wurde, bis er zum Pyrmonter Wasser schritt. Es bleibt demohngeachtet aber doch gewiß, daß ein Wechselfieber durch den Gebrauch des Brunnens zuweilen

wieder

wieder erwecket werden könne, wenn man zu eilig damit kommt.

Ich sah jährlich wiederkommende fieberhafte Zufälle, die etwas von auszehrender Art zu seyn schienen, und auf vorhergegangene Brustbeschwerden folgten, welche sich völlig nach dem Gebrauche des Pyrmonter Wassers verloren.

Wider die Neigung zu Verkältungen ist das Pyrmonter Bad, wie ich unten sagen werde, ein sehr gutes Mittel, und dadurch wird also dem häufigen Schnupfen, dem Halsweh, dem Husten, den Zahnschmerzen und andern ähnlichen Uebeln vorgebogen, und der innerliche Gebrauch des Pyrmonter Wassers, wenn er übrigens angemessen ist, soll wol als ein allgemeines Stärkungsmittel auch etwas zu diesem Zwecke thun können. In sofern er den Nerven zu ihrer natürlichen Beschaffenheit wieder verhilft, mindert er auch die kränkliche Empfindlichkeit gegen die Kälte und die daraus entspringenden Krämpfe und andern Uebel.

Hiermit kann ich nun diesen langen Abschnitt dieses Werks endigen. Es ist sehr möglich, daß ich irgend etwas ausgelassen habe, daß ich eine

Krank-

Krankheit nicht nannte, bey der das Pyrmonter Waſſer doch heilſam wäre; aber eine gar zu große Vollſtändigkeit iſt nur ermübend, und ich glaube doch wol, daß ich die Gründe niedergelegt habe, aus welchen das Fehlende hinlänglich ergänzt werden kann.

Beſchrei=

Beschreibung von Pyrmont.

Viertes Buch.
Brunnenregeln und Anmerkungen über die Cur überhaupt.

Erstes Capitel.
Von der Vorbereitung zur Brunnencur; Einleitung.

Man trachtet durch den Gebrauch des Pyrmonter Wassers verschiedene Absichten zu erreichen, man trinkt es an der Quelle oder zu Hause, viel oder wenig, auf lange oder kurze Zeit: alles dieses kann in dem Verfahren bey der Cur und der Art, wie man trinken soll, Aenderungen machen. Ich will von allen reden, obwol meine vornehmste Absicht dahin geht, zu zeigen, wie man bey der Quelle zu verfahren habe. Ohne mein Erinnern wird man leicht sehn, daß dieses ganze vierte Buch mehr für den

Unterricht der Brunnengäste, als für Aerzte geschrieben sey.

Sehr nützlich ist es, wenn die Kranken gute und vollständige Aufsätze von ihren Aerzten über ihren bisherigen Gesundheitszustand und die gebrauchten Arzneymittel mitbringen, und nicht gar zu genau bestimmte Vorschriften von ihrem Verhalten bey der Cur.

Die eigentliche medicinische, der Natur der Krankheit gemäße, und also bey verschiedenen Arten von Krankheiten ganz verschiedene Vorbereitung zur Brunnencur, gehört nicht in dieses Buch; es ist auch davon im dritten Buche bey der Abhandlung der Krankheiten genug geredet worden; sie besteht in der zweckmäßigen Behandlung des Gesundheitszustandes und der besondern Beschaffenheit des vorhabenden Körpers, und ich glaube zur Gnüge gezeigt zu haben, wie nöthig sie in vielen Fällen sey, und wie nachtheilig es werden kann, sie zu unterlassen.

In der That ist es eine große Unannehmlichkeit für die Aerzte, welche in Pyrmont Rath geben sollen, daß so viele Curgäste ohne die nöthige Vorbereitung zur Quelle kommen, und denn da in kurzer Zeit gesund werden wollen.

Es

Es ist nicht ungewöhnlich, daß Brunnenärzte ihre Gesundquelle so vergöttern, daß sie ihr eine gewisse Allmacht zuschreiben, nach welcher sie allen Arten und allen Stufen der Krankheiten gewachsen ist und alle Vorbereitung unnütz macht. Sie haben hierinn auch neulich in England einen lebhaften Verfechter dieses Glaubens gefunden, der bey vieler Geschicklichkeit und Talenten sehr paradox ist, und vermuthlich hier von besondern, mir unbekannten Ursachen, getrieben wurde, durch eine lange Reihe von seichten Gründen und Sophismen in logischer Form, darzuthun: es sey ohngefehr eben so lächerlich, sich zum Gebrauch des eisenhaltigen Wassers zu Bath durch Arzneyen vorzubereiten, als durch eine gute Mahlzeit zum Mittagsessen.

Die Unvernunft solcher Behauptungen, sobald die Rede von Gesundbrunnen ist, die mehr als bloßes Wasser sind, und Kräfte haben, wie sie das Pyrmonter Wasser hat, liegt so klar am Tage, und das ganze dritte Buch enthält so viel Gründe dawider, daß ich hier kein Wort weiter davon sagen will. Wenn ich auch ein eigentlicher Brunnenarzt wäre, welches ich nicht bin, so könnte ich doch gewiß nicht umhin, mich dagegen aufzulehnen.

Von den allgemeinern und vielleicht gar zu allgemein eingeführten Vorbereitungen zur Cur zu Pyrmont, dem Aderlassen und den Abführungen zu Anfange des Wassertrinkens, wird aber hier etwas zu reden seyn.

Vom Aderlassen darf ich nach langem Beobachten dies sagen: wer sonst Aderlässe ohne unangenehme Folgen recht wohl vertragen kann, und bey wem die Krankheitsart dagegen keinen Einwurf macht, der solle sich eine kurze Zeit vorher, ehe er die Cur anfängt, eine mäßige Menge Blut lassen. Wofern nicht Umstände vorhanden sind, die etwas anders fodern, so sollte dieses Blut aus den untern Theilen des Leibes weggenommen werden; entweder durch einen Aderlaß am Fuß, oder, manchmal mit grossem Nutzen, durch Blutigel am Mastdarm. Das letztere vornehmlich bey Personen, die von hämorrhoidalischen Blutanhäufungen im Unterleibe leiden, oder denen das Blut gern nach oben zu treibt. Der Pyrmonter Brunnen giebt dem Blute mehr Feuer und der Circulation mehr Kraft und Nachdruck, ob man gleich nicht sagen darf, daß er das Blut erhitze, denn er macht den Puls nicht schneller, aber der Erfahrung zu Folge treibt er auf die Blutflüsse. Man
schwächt

schwächt also durch einen der Cur vorhergehenden Aderlaß seine Wirkung auf das Blut etwas, und weicht wol manchmal dadurch möglichen unangenehmen Wirkungen desselben aus, ohne die nützlichen zu verhindern. Manchmal oder wol mehrentheils sollte man diese Blutlüftung schon vorher vornehmen, ehe man von Hause abreiset.

Wer das Aderlassen überhaupt nicht gut ertragen kann, wie manche Podagristen und Gichtische, wem es Krämpfe und Hypochondrie verursacht, wer ein ärmliches, blasses, wäßriges Blut hat, wer blos in der Absicht den Brunnen trinkt, um sich zu stärken, um seinem schaalen Blute mehr Geist und Feuer zu geben, und seine schlaffen Nerven ein wenig aufzuwinden, wer Blutverlüste erlitten hat, oder wer Gefahr läuft, regelmäßige und unschädliche Blutflüsse dadurch in Ordnung zu bringen; der würde ein thörichtes Ding thun, wenn er sich vorher, blos wegen einer Brunnenregel, Blut ließe. Er könnte sich ohngefehr eben so viel oder mehr damit schaden, als etwa der vierwöchige Gebrauch des Pyrmonter Wassers wieder gut machte.

Die Abführungen zu Anfange der Cur sind gar keine allgemein nothwendige Sache. Wer gern purgirt,

purgirt, oder wem es gut bekommt, wer etwan unterwegens zu viel gegessen hat, der kann mit dem ersten Glase Brunnen wol ein Paar Loth Salz, oder wieviel er braucht, auflösen lassen, und damit dem Brunnen den Weg weisen, oder die vorhandenen Unreinigkeiten fortschaffen. Wer hauptsächlich der Schwäche halber den Brunnen trinkt, der sollte gewiß ohne besondere Ursachen ja nichts abzuführen nehmen, weder vorher noch nachher. Wer Blutanhäufungen im Unterleibe hat, der muß allemal mit Abführen, sonderlich mit starkwirkenden sehr vorsichtig seyn. Am wenigsten ist es nöthig, die Cur mit einer Purganz zu schließen, wodurch oftmals von der guten stärkenden Wirkung des Brunnens wieder etwas verloren geht. Es ist auch um deßwillen unnütz, die am Ende gewöhnliche Abführung zu nehmen, weil der Pyrmonter Brunnen, wenn er recht gut wirkt, mehrentheils etwas weichen Leib macht, und also was sich von Unreinigkeiten sammlet, von Zeit zu Zeit selbst schon ausführt. Man muß freylich hoffen und voraussetzen, daß der Brunnengast während der Cur eine gute Diät gehalten habe, und wegen des Ueberfressens wenigstens am Ende keine Abführungen brauche. Lächerlich ist der Grund für das Purgiren zu Ende der Cur, den man zuweilen im

Ernste

Ernste anführt: es sey nöthig, den Stahl wieder aus dem Leibe zu jagen, welches man das Abpurgiren genannt hat. Es muß doch aber angemerkt werden, daß da, wo man den Brunnen mehr Auflösens halber braucht, und wo er diese Wirkung thut, zwischendurch Abführungsmittel nöthig sind, um das Aufgelösete, das oft in Gestalt wunderbar beschaffener Materie abgeht, fortzuschaffen; in solchen Fällen kann es denn auch zu Ende der Cur zuweilen heilsam seyn.

Ich möchte hier aber nicht so verstanden seyn, als ob ich behaupte, man solle vor der Brunnencur her in keinem Falle abführende Mittel brauchen. Wer das vorhergehende dritte Buch gelesen hat, der wird sich erinnern, wie häufig die vorhergebrauchten auflösenden und ausführenden Mittel den Pyrmonter Brunnen erst recht nützlich machen; aber dergleichen gehört zu den Vorbereitungscuren, und hier ist nur die Rede von den Purganzen, womit man, ohne Rücksicht auf irgend etwas, blos des Herkommens wegen, die Cur anzufangen pflegt. Eine solche einzelne Purganz, wie man sie gewöhnlich nimmt, wird schwerlich so viel wirken, als Seip davon hofft, um die Därme und Gekrösäderlein von dem vielen

alten

alten zähen Schleim und Galle zu befreyen. Indessen ist sie oft sehr zuträglich, so wie auch manchmal ein Brechmittel diensam seyn kann, sonderlich bey der geringern Classe von Menschen, die den Magen mit schweren und rohen Speisen belapen.

Wenn man nun Grund hat, am ersten Tage der Cur eine solche Abführung zu nehmen, so wählt man dazu am allerschicklichsten nach Verhältniß der Kräfte ein oder einige Loth des Pyrmonter Bittersalzes, das sich hier am besten schickt, weil es von einerley Natur mit dem ist, was der Brunnen schon enthält. Die Brunnenknechte wissen dieses sehr geschickt im ersten, oder vertheilt in den zwey ersten Gläsern Wasser aufzulösen, und daher giebt mans ihnen hin, wenn man zur Quelle kommt. Man kann aber auch andre Salze, oder andre Arten von abführenden Mitteln nehmen, wenn der Kranke daran gewöhnt ist, und sie vorzieht.

Nach der Ankunft zu Pyrmont sollte man nicht so gleich erhitzt und ermüdet von der Reise anfangen, das Wasser zu trinken. Von Rechtswegen ruht man einen oder zwey Tage aus; dieses thun auch fast alle, einige wenige ausgenommen, die gar zu hitzig und erpicht auf die Cur sind.

Nichts

Nichts bekommt so gut, wenn man von einer Reise durch Hitze und Ermüdung angegriffen ist, und erquickt so sehr, als ein lauliges Bad, nach der Weise der Alten und der Orientaler. Ich möchte daher allen, die nach Pyrmont kommen, und denen nicht aus Gesundheitsursachen die Bäder verboten sind, anrathen, am ersten Tage nach der Ankunft, ein Bad aus gemeinem Wasser, denn das Mineralwasser schickt sich nicht für Jeden zu nehmen, wozu man in allen Häusern die nöthige Bequemlichkeit findet.

※※※※※※※※※※※※※※※※※※※※

Zweytes Capitel.
Von der Einrichtung der Cur, in Absicht auf die Jahrs- und Tagszeit, und die Dauer derselben.

Man trinkt das Pyrmonter Wasser an der Quelle nur in den Sommermonathen, nicht weil es zu andern Zeiten weniger Kräfte hätte, sondern weil man es der schlechten Witterung wegen im Zimmer trinken müßte, zu Pyrmont wie zu Hause, und weil es gänzlich an Gesellschaft fehlen würde. Die Zeit vom Jahre, wo man Brunnentrinker zu Pyrmont antrift, erstreckt sich vom May bis in den September,

ber. In den letzten Jahren aber ist es in den frühern und spätern Monathen weniger besucht worden, und hingegen hat sich alles in die Mitte der Curzeit zusammengedrängt vom Ende Junius bis zu Anfang des Augusts; und hierin haben viele großes Unrecht. Wer nicht nach Pyrmont kommt seiner Gesundheit wegen, sondern um sich zu belustigen, der thut freylich sehr wohl, die Zeit auszuwählen, wo die größte Gesellschaft da und Pyrmont am glänzendsten ist. Wer aber für seine Gesundheit ernstlich sorgt, der sollte lieber die Zeit auswählen, wo es nicht gar zu voll ist, weil er alsdenn mit mehr Sorgfalt, Ruhe und Bequemlichkeit seinem Hauptzweck nachgehn kann, und ob er gleich in den frühern oder spätern Monathen immer einige Gesellschaft findet, doch nicht in Gefahr ist, in einen Wirbel zu gerathen, der ihn zu seinem Nachtheil mit fortreißt, und allerley von ihm heischt, was seine Absichten stört. Nicht Jeder hat Festigkeit und Stärke genug, gegen den Strom zu schwimmen, und den Gelegenheiten zu widerstehn, die ihn verführen, etwas vorzunehmen, das der Cur nachtheilig ist.

Sehr kränklichen und leidenden Personen ist oft das unangenehm, was andern Vergnügen macht,

und

und eine große Versammlung von vielen Menschen um sich her, macht ihnen, sonderlich wenn sie an den Nerven leiden, Schwindel, Angst und Krämpfe von allerley Art. Für solche ist es also offenbar nicht allein nützlicher, sondern auch angenehmer, wenn sie ihre Cur, entweder vor oder nach der glänzendsten Zeit von Pyrmont vornehmen, und diese daurt eigentlich von Johannis an den ganzen Julius hindurch. Sie haben alsdenn eine größere Wahl in Absicht auf die Wohnungen, die am meisten nach ihren kränkelnden Neigungen sind, an denen es doch aber noch niemals gefehlt hat, auch können die Speisewirthe mit dem Essen sich genauer nach ihrem Verlangen richten. Außerdem fällt auch die stärkste Frequenz von Pyrmont in die wärmste Zeit, und für schwächliche ist es doch besser, bey gelinder Witterung zu trinken, als in großer Hitze; aber kalt muß es freylich auch nicht seyn.

Im Anfange des Mays ist es in unsern Gegenden oft noch ziemlich rauhe Luft, und es ist gewöhnlich der Wonnemonath nicht, den die Dichter wähnen, zumal seit Einführung des verbesserten Kalenders. Er hat mehrentheils zwar heitern Himmel, aber vielfältig kalte schneidende Ostwinde, und bey

kaltem

kaltem Wetter bekommt der Brunnen selten so gut, als bey sanfter Luft. Nach der Mitte des Monaths wird es gewöhnlich angenehmer. Was uns aber im Frühjahr nicht gegeben wird, das bringt oft der Herbst ein, und der September ist fast gewöhnlich einer der schönsten Monathe im ganzen Jahre. Wer es nun seinem Zustande oder Neigungen nicht angemessen findet, in der Zeit zu Pyrmont die Cur zu brauchen, wenn die meiste Gesellschaft da ist, dem würde ich also anrathen, seine Zeit zwischen der Mitte des Mays bis zum Ende des Junius, oder zwischen dem Anfange des Augusts bis zum Ende des Septembers zu wählen. Die Witterung ist unter unsrer Breite immer sehr unzuverlässig, und weil es doch in den Sommermonathen noch am ersten schön Wetter giebt, so sucht sich derjenige, der die Wahl hat, diese Zeit am liebsten aus. Wer die Wahl nicht hat, der muß es machen so gut er kann, und oftmals ist doch eine nöthige Brunnencur im April und October in Ruhe und mit zufriedenem Gemüthe besser als im Junius unter Sorgen und Unruhe, oder als gar keine. Mir ist ein Beyspiel von einem Manne bekannt, der sogar im December und Januar sechs Wochen lang bey starker Kälte mit dem größten Nutzen zu Pyrmont bey der Quelle trank.

Viele

Viele Brunnengäste haben in Pyrmont die Cur in einem Sommer zweymal mit vortrefflichem Erfolge gebraucht. Solchen wäre denn zu rathen, im Junius die erste vorzunehmen, im Julius zwey, drey oder vier Wochen auszuruhen, und entweder von Pyrmont so lange wegzureisen, oder sich da blos zum Vergnügen aufzuhalten, jedoch so, daß das Vergnügen nicht die Sorge für die Gesundheit erdrossele; und denn im August zur zweyten Cur zu schreiten.

Wer das Pyrmonter Wasser nicht an der Quelle, sondern abwärts trinkt, und zwar nicht in kleinen Portionen, sondern als eine ordentliche Cur, der wählt dazu ebenfalls die warme Jahrszeit, weil für die meisten sanfte Bewegung in freyer Luft fast unumgänglich nöthig dabey ist. Aber besser ist doch immer gemäßigte Luft dabey als große Hitze. Hiernach kann sich also jedermann die Zeit nach der Witterung seines Landes bestimmen. Um entfernt von seinen Geschäften zu seyn, und um seine Sorgen leichter zu vergessen, ist es auch sehr nützlich, während der Cur von Hause abwesend und nicht ganz einsam zu seyn, sich bey Freunden aufzuhalten, und am besten auf dem Lande.

Man kann aber auch das Pyrmonter Wasser das ganze Jahr hindurch im December und im Januar, zu Hause, beym Ofen, oder beym Camin, oder des Morgens im Bette trinken, wenn man es in kleiner Menge nimmt. Alle Morgen ein halbes, ein ganzes, anderthalb bis zwey Gläser voll, nach den verschiedenen Umständen, ist, einzelne Fälle ausgenommen, nicht so viel, daß es den Kopf einnimmt, oder in der gewöhnlichen Lebensart und Beschäftigungen eine Aenderung foderte, wofern diese sonst dem Gesundheitszustande angemessen ist. Eine solche Cur ist nicht so etwas unerhebliches, als es beym ersten Anblicke scheinen möchte, wenn sie lange genug fortgesetzt wird. Ich kenne Fälle, daß durch solche Curen, die Jahrelang immerfort gebraucht wurden, große und lästige Krankheiten gehoben wurden, die alle andere versuchten Mittel nicht bezwingen konnten.

Die Dauer der Curen an der Quelle wird mehrentheils zu kurz zugeschnitten. Vierzehn, höchstens ein und zwanzig Tage war vormals der längste Termin, und ist es bey vielen noch jetzt. Bey geringen Uebeln, insonderheit wenn der Kranke schon vorher zu Hause, nach den nöthigen Vorbereitungen, Pyrmonter oder ein schwächeres Stahlwasser getrunken hat,

hat, kann eine Cur von vierzehn Tagen oder drey Wochen alle Wünsche erfüllen. Aber für eingewurzelte und hartnäckige Fälle ist diese Zeit viel zu kurz. Nicht schnelle und starke Mittel können da helfen, sondern sanfte und oft wiederholte kleine Wirkungen, und man muß da froh seyn, wenn die Hülfe in vier oder sechs Wochen erfolgt. Mit welchem Nutzen man auch zuweilen eine gedoppelte Cur von zweymal vier Wochen in einem Sommer gebraucht hat, das ist vorhin bemerkt worden. So lange man Besserung spürt, sollte man die Cur fortsetzen, wenn es möglich zu machen steht; aber manchmal zeigt sich erst die Besserung nach geendigter Cur. Viele Kranken werden zu früh bey der Cur mißmüthig, wenn sie nicht geschwind Besserung spüren, oder gar vom Brunnen irritirt werden, andre lassen sich die empfundene Besserung bewegen, die Cur zu bald zu schließen. Aber von Aerzten ist es immer sehr ungewissenhaft und sehr unredlich, wenn sie gegen ihre Ueberzeugung Personen bey dem Brunnen aufhalten, von denen sie begreifen, daß er ihnen nichts nützen werde.

Der frühe Morgen vor dem Morgenbrodte ist unstreitig die rechte und beste Zeit für eine Wassercur;
man

man entgeht alsdenn der Hitze des Tages. Denn obgleich die schöne Allee von Pyrmont genug gegen die Sonne schützt, so bringt doch die heiße Luft auch durch die dichtesten Schatten. Wenn der Magen ledig, der Körper durch die Nachtruhe erquickt, und die Menge der Feuchtigkeiten durch Ausdünstung und andre Ausleerungen vermindert sind, so ist das frische Wasser erquickend und angenehm, es wird begierig von den einsaugenden Gefäßen eingeschluckt und von den Säften aufgenommen, daher macht es seinen Weg ohne Beschwerde und kann ohne Hinderniß erwünschte Wirkungen hervorbringen.

Sehr empfindliche und schwache Personen ertragen zuweilen den Pyrmonter Brunnen besser, wenn sie des Morgens vorher etwas frühstücken. Ich fand vor langer Zeit einmal diese Bemerkung von allen geistigen Stahlwassern in einem englischen Buche, in dem sonst nicht viel gescheutes stand. Ein Vorfall, bey dem ich diese Regel anzuwenden Gelegenheit hatte, belehrte mich, daß es ein guter Kunstgriff sey, manchem das Wasser erträglich zu machen, und seitdem gebe ich häufig den Rath, vorher etwan eine Tasse Chocolate zu trinken, worauf das Wasser weder den Kopf so sehr einzunehmen, noch überhaupt so stark zu irritiren pflegt, als vorher geschah. Mancher wurde schon bey dieser Methode so stark, daß er nachher den Brunnen nüchtern ohne Beschwerde trinken konnte.

Es ist seit einigen Jahren in Pyrmont gewöhnlich geworden, daß viele Brunnengäste täglich des Nachmittags aufs neue eine ordentliche Cur getrunken haben. Ich habe nichts dawider, daß Jemand, den dürstet, des Nachmittags um fünf oder sechs Uhr ein Glas Brunnen trinke: aber die ordentlichen Curen von sechs bis acht Gläsern billige ich keinesweges. Ich glaube, man thue genug, wenn man die Cur des Morgens gehörig abwartet. Zuerst muß ich dawider anführen, daß man offenbar sehe, daß solche Nachmittagscuren allerley Magenbeschwerden, Unverdaulichkeiten, Auftreiben des Unterleibes, Durchfälle und Coliken veranlaßt haben. Hiernächst ist es aber auch unläugbar, daß die Verdauungswerkzeuge durch eine solche Nachmittagsüberschwemmung in ihrem Geschäft gestört werden müssen. Wenn man vier oder fünf Stunden nach der Mahlzeit schon wieder ein Mittel nimmt, das abführt, das heißt der Constitution Gewalt anthun, indem man die zur Verdauung bestimmten Säfte, welche

die

die Natur verwendet hatte, um die Nahrungsmittel völlig zuzubereiten und den Säften ähnlich zu machen, schon wieder forttreibt, nachdem ihr Endzweck noch nicht halb erreicht ist, oder sie doch aus ihrer gehörigen Mischung bringt, indem man sie mit Mineralwasser überschwemmt. Mir kam es immer vor, man fühle eine unangenehme Veränderung im Leibe, wenn man des Nachmittags wieder ordentlich Brunnen trinkt, und ich habe von verschiedenen andern die nemliche Bemerkung machen hören. Gewöhnlich glaubt man, die Zeit seines Aufenthalts in Pyrmont zu verdoppeln, wenn man Morgens und Nachmittags trinkt, und also aus vierzehn Tagen vier Wochen zu machen; aber ich halte drey Wochen täglich einmal getrunken, und den Eingeweiden ihre gehörige Ruhe gelassen, nützlicher, als jene erkünstelten vier, bey denen man sie übernimmt.

Drittes Capitel.
Von dem, was bey dem Trinken des Brunnen selbst zu beobachten ist.

Wer nicht schon mit dem Pyrmonter Wasser aus Erfahrung, und aus der Wirkung, die es auf seinen Körper hat, bekannt ist, der thut wohl, wenn er es am ersten Tage der Cur bey wenigem läßt. Für schwache und reizbare Personen ist es genug, wenn sie drey bis vier halbe Gläser trinken; dieses däucht mir besser, als wenn man ganze Gläser trinkt. Wer nicht empfindlich ist, und wer nicht leicht purgirt, der kann wol gleich drey oder vier ganze Gläser trinken und auch mehr, nach Befinden der Umstände. Am zweyten und dritten Tage legt man immer etwas zu, und am vierten und fünften mag man mehrentheils schon die ganze Portion trinken. Ohne besondere Ursachen hat man gar nicht nöthig, diese Menge gegen das Ende der Cur zu vermindern.

Wie viel Gläser oder Becher Brunnen eine Portion ausmache, das ist verschieden, nach der Größe dieser Gläser und nach der Natur des Brunnengastes. Eine ziemlich allgemeine Regel aber giebt es doch, die das Maaß des Brunnens bey einer ordentlichen Cur bestimmt und nur wenige Ausnahmen leidet, nemlich so viel Brunnen zu trinken, daß er nicht blos durch den Urin abgeht, sondern daß auch darauf ein - oder ein Paar mal weicher Leib folgt. Es ist eine Bemerkung, die von den meisten Brunnentrinkern gemacht wird, daß ihnen alsdenn das Pyrmonter Wasser am besten bekomme, wenn sie jeden Morgen ein Paar weiche Stühle danach haben. Vielen nehmen die ersten Gläser den Kopf ein, machen sie schwer und unbehaglich, aber sobald sie ein - oder einige male abführen, wird ihnen wieder leicht, munter und wohl, und die Eßlust stellt sich stark ein; dahingegen der Appetit fehlt, wenn keine Oeffnung erfolgt. Einige klagen über Schwindel und Uebelbefinden, wenn sie wenig trinken, und befinden sich bey starken Portionen vortrefflich, weil er alsdenn durchschlägt. Zuweilen wirkt er die ersten Tage nicht auf den Stuhl, und verstopft vielmehr, aber in der Folge führt er denn doch noch ab; und wenn sich zuvor der Curgast nicht nach Wunsche befand, so folgt dann alsdenn trefftiches Befinden. Aus diesem allen ist zu schließen, daß man, wie gesagt, mehrentheils so viel Wasser trinken möge, als nöthig ist, um weichen Leib zu erhalten, in so fern nicht

nicht eine gar zu übermäßige Menge dazu vonnöthen wäre.

Ganz allgemein ist indessen diese Regel doch nicht, denn es giebt Naturen, die schwer zu bewegen sind, die vom Brunnen niemals eine Oeffnung haben, wieviel sie auch trinken; und ihnen ist daher durch nebenher gebrauchte kleine Mittel dieser Endzweck zu erreichen. Bey andern wäre es gradesweges dem Endzweck zuwider, wenn sie so viel tränken, daß sie abführten.

Es ist aber nicht ganz gleichgültig, wie die Beschaffenheit des Abganges nach dem Brunnen ist. Ich muß hier deutlich von diesen Dingen sprechen. Ein blos wäßriger Stuhlgang kann keinen Nutzen haben. Soll der Abgang wohlthätig wirken, so muß er eine gebundene, breyartige Beschaffenheit haben, und Hefen und Materien aus dem Körper wegführen. Eines solchen Abganges hat Niemand zu viel, er greift nicht an, und schwächt nicht; dahingegen der dünne wäßrige Abgang oft die Kräfte mitnimmt. Zuweilen läßt sich dieses freylich nicht zwingen, und wenn die Kranken sich gut dabey befinden, so kann man es damit gehn lassen. Aber oft läßt sich

sich doch durch nebengebrauchte Mittel hierin etwas nützliches schaffen.

Die Gläser, deren man sich bey der Quelle bedient, pflegen ohngefehr von fünf bis zu sieben Unzen zu halten: für die größere Anzahl von Brunnengästen wird es nun ohngefehr hinreichend seyn, wenn sie zwischen fünf und zehn Gläsern bleiben; es giebt Naturen, die nicht vier ertragen können, und andre, denen fünf und zwanzig nichts machen, aber dieses sind seltne Ausnahmen. Sich an eine gewisse Anzahl Gläser jeden Morgen zu binden, wäre Pedanterey, und hingegen ist es vernünftig, nach Befinden der Umstände damit abzuändern. Wirkt er stark, so nimmt man weniger, wirkt er nicht viel, so nimmt man ein oder etliche Gläser mehr. Man befindet sich nicht den einen Tag wie den andern, man trinkt zuweilen mit Vergnügen ein Glas mehr, ein andermal, sonderlich bey kaltem Wetter, ist vieles Trinken unangenehm, drückt im Magen, oder verursacht sonst Unlust; man muß da das Gefühl mitsprechen lassen.

Das unmäßige Saufen des Pyrmonter Wassers, das Hofmann schon unter die Pferdecuren zählt, ist nicht zu billigen. Ich habe gesehn, daß man bis zu zu dreyßig und mehr Gläsern gestiegen ist; was davon zu halten sey, davon rede ich gelegentlich noch im folgenden fünften Buche. Mancher glaubt etwas recht nützliches für seine Gesundheit zu thun, wenn er seinen Bauch mit Strömen von Brunnen überschwemmt, und meynt, sich das ganze Blut damit auszuwaschen; aber wie irrig dieses sey, ist oben im sechsten Capitel des dritten Buchs gezeigt worden. Ein solcher Ueberfluß kann ja nicht viel mehr thun, als die Canäle des kurzen Weges, den er wieder aus dem Leibe geht, übernehmen und ermüden.

Mehr als sechs bis sieben Pfunde Wasser, das wären ohngefehr vierzehn bis sechzehn Gläser, sollte fast niemand an jedem Morgen trinken; die Fälle wenigstens sind sehr selten, daß eine größere Menge noch etwas Gutes schaffte, wenn es die sechzehn Gläser nicht thun. Die einzige Bedingung, unter der ich mehr zugestehn wollte, wäre, wenn eine größere Menge abführte, indessen die sieben Pfunde es nicht thäten.

Die Ordnung, welche man in Pyrmont beym Trinken gewöhnlich beobachtet, ist in den meisten Stücken gut. Während der warmen Witterung fängt man früh an, schon vor sechs Uhr des Morgens,

damit

damit man der Hitze ausweiche. Es scheint kaum nöthig, zu erinnern, daß man sich hierbey für Erkältungen zu hüten habe, und nicht zu eilig aus dem Bette, mit noch ausdünstendem Leibe, und ohne Bekleidung, wie es die vorhandene Beschaffenheit der Luft erfodert, hinaus zur Quelle gehn müsse. Aber jeden Sommer werden durch zugezogene Verkältungen die schönsten Curen unterbrochen, und durch Unvorsichtigkeit alle darauf gewandten Kosten verloren; daher kann man nicht oft und ernstlich genug dafür warnen.

Wenn man ein Glas an der Quelle getrunken hat, so pflegt man von dem Brunnenhause ab die große Allee langsam hinab und wieder heraufzugehn, und dieses giebt denn ohngefehr des Morgens den Anblick, der auf den Kupfern No. I. und II. abgebildet ist, nur daß in der Natur der Menschen mehr sind. Ein solcher Gang auf und ab, nimmt etwas weniger als eine Viertelstunde weg, und macht einen schicklichen Zwischenraum von Zeit zwischen zweyen Gläsern. Wer nicht mehr als acht oder neun Gläser trinkt, der kann hiebey bleiben, so wird er in zwey Stunden mit der Cur fertig. Hätte er also um sechs Uhr angefangen, so wäre um acht abgetrunken,

trunken, und er könnte eine Stunde nachher, niemals frühe, aber wol späte, also um neun Uhr sein Frühstück genießen, und behielte alsdenn Vormittags noch Zeit genug zum Baden, Bewegung zu Pferde zu machen, oder sonst etwas vorzunehmen, das sich für Brunnentrinker schickt, und damit die Mahlzeit nicht zu bald auf Cur und Frühstück folge. Bey regnigtem Wetter hält sich die Gesellschaft in den beyden großen Sälen an der Allee auf, aus denen man trocken zur Quelle und zu den heimlichen Gemächern kommen kann, und wenn es kalt ist, so findet man in diesen Sälen Camin-Feuer.

Wer weniger als acht Gläser trinkt, der kann wol etwas langsamer trinken, wer aber eine stärkere Anzahl zu nehmen hat, der muß etwas geschwinder trinken. Manchem bekommt es überhaupt gut, die Gläser etwas hastiger auf einander folgen zu lassen; und ich habe vielfältig gesehn, daß der Brunnen besser und eher auf den Stuhl wirkte, wenn die ersten Gläser etwas schneller hinter einander getrunken wurden. Wäre aber auch dieses nicht, so müßte man doch etwas mehr eilen, damit man ohngefehr in zwey Stunden mit der Cur fertig wäre. Längere Zeit dazu anzuwenden, ist nicht rathsam: das viele

Umher-

Umherwandeln, was der Brunnen bey den meisten während des Trinkens fodert, ermüdet gar zu sehr, und die Sache wird sonst auch überdieß langweilig, gebiehrt Gähnen und Vapeurs.

Sanfte Bewegung des Körpers durch langsames Gehn bekommt den meisten Brunnentrinkern sehr gut, und ist beynahe eine allgemeine Regel beym Brunnen geworden. Daß starke Bewegung während des Trinkens gar nicht zuträglich sey, daß es schade, sich mit dem Bauche voll Wassers aufs Pferd zu setzen und herumzutraben, oder sich in Schweiß zu laufen und das Blut in Wallung zu setzen, läugnet wol niemand ab, oder vielmehr, man hat oft genug gesehn, daß es nicht taugt, wie alle Uebertreibungen; vorzüglich sollte man starkes Schwitzen, so lange man trinkt, sehr vermeiden. Aber es scheint mir beynahe, daß man in Pyrmont auch das gemäßigtere Spazierengehn während des Trinkens übertreibe. Man hatte gesehn, daß der Pyrmonter Brunnen übel bekam, wenn man immer dabey saß, und hieraus machte man den Schluß, es sey nöthig, unaufhörlich dabey zu gehn. Für Leute, die viel Gehn und Stehn gewohnt sind, wie den Hofleuten, mag es auszuhalten seyn, einige Stunden, ohne ein Knie zu beugen,

beugen, umher zu wandeln. Aber man sieht doch nicht ein, wozu es gut sey, sich so jämmerlich, oft bey sehr warmen Wetter, zu ermüden, wenn man das nicht gewohnt ist. Mir und vielen andern bekommt der Brunnen besser, wenn wir mäßig dabey umher gehn, und auch zwischendurch ein wenig sitzen, als wenn wir unabläßig auf den Beinen bleiben, wie es in Pyrmont die Regel will; manchem ist der Kopf niemals ärger dabey eingenommen, als bey dem beständigen Umherwandeln. Wie wenig allgemein aber die Nothwendigkeit des beständigen Laufens sey, habe ich an einigen Personen gesehn, denen grade das Pyrmonter Wasser in alle Wege am besten wirkt, wenn sie es früh Morgens im Bette trinken, und dabey ruhig liegen bleiben. Mit einigem Vergnügen finde ich, daß schon der englische Arzt Slare vor mehr als sechzig Jahren die nemliche Bemerkung gemacht hat.

Ein Glas Brunnen sollte man trinken, wie andre Flüssigkeiten, und nicht so gewaltsam hineinstürzen, wie es manche mit einer Art von Geiz thun, um nichts von dem geistigen Wesen zu verlieren. Es ist unnatürlich, mit solcher Heftigkeit zu trinken, und es bekommt oft sehr übel, man kann danach Beschwerden

schwerden in der Speiseröhre und im Magen erleben, Krampf und allerley Spannungen.

Die Furcht ist freylich nicht ungegründet, daß von dem geistigen Wesen des Brunnens etwas verdünste, und Seip behauptet mit Unrecht und mit schwachen Gründen, daß es mit dem Verdunsten dessen, was er den mineralischen Spiritus der Sauerbrunnen nannte, und was wir heut zu Tage unter dem Namen der Luftsäure näher kennen, nichts zu bedeuten habe. Allerdings hat es damit etwas zu bedeuten. Aber es giebt schon andre Mittel, damit man nichts davon verliere, ohne daß man nöthig habe, es mit so großer Eilfertigkeit in den Magen zu gießen. Das Pyrmonter Wasser ist, wie im zweyten Buche gezeigt ist, so ausnehmend reich an Luftsäure, daß es an der Quelle in jedem Cubiczolle Wasser nicht weniger als nahe an anderthalb Cubiczolle von diesem flüchtigen Wesen enthält. Dieses ist mehr, als irgend ein bekanntes Wasser hat, mehr, als man dem Wasser durch die Kunst und sinnreichsten Maschinen geben kann, endlich auch mehr, als irgend ein Wasser festhalten kann, wenn es mit der freyen Luft in Berührung kommt. Daher, sobald ein Glas Wasser zu Pyrmont geschöpft wird, sprudeln

eine

eine unzählbare Menge kleiner Bläschen mit Gewalt in die Höhe, und sprützen Zolle hoch aus dem Glase in die Höhe. Lässet man nun einige Zeit zwischen dem Schöpfen und Trinken verstreichen, so verliert man allerdings etwas von diesem geistigen Wesen, das unter die wirksamsten Theile des Mineralwassers gehört; man merkt es auch sehr deutlich, daß schon das unterste im Glase gegen das oberste beträchtlich absticht.

Wer nun gern so viel von diesem geistigen Wesen mit trinken will, als möglich ist, der hat folgende drey Stücke zu beobachten: er muß allemal selbst an die Quelle gehn, um das Glas sogleich aus der Hand dessen, der schöpft, zu empfangen, und es nicht durch seinen Diener sich bis vor das Brunnenhaus bringen lassen, wie es viele Frauenzimmer zu ihrem Schaden thun, die sich nicht unter die Menge mischen wollen; ferner, hält er den Brunnenknecht an, daß er ihm das Glas nicht mit einem Stoße, sondern leise schöpfe, weil durch die Erschütterung des Wassers das Aufbrausen noch stärker, folglich der Verlust noch größer wird; endlich trinkt er sein Glas nur halb aus, gießt das übrige weg, läßt es noch einmal füllen, und trinkt auch davon die Hälfte; alsdann hat er

zugleich den Vortheil, daß er mit einem Absatze, und
also gemächlicher trinkt. Wer diese drey Stücke
beobachtet, der bekommt ohngefehr alle Luftsäure, die
das Pyrmonter Wasser hält, das ist, mehr als man
auf irgend eine andere Weise verschlucken kann.

Wer die Cur zu Hause aus Flaschen braucht, der
verliert auch beträchtlich von der Luftsäure, wenn er
seine Flasche allein bis auf den Boden austrinkt.
Um dieses zu verhüten, ist es sehr nützlich, wenn sich
mehr Brunnentrinker zusammenthun, und zusammen
eine Flasche nach der andern ausleeren; es bekommt
alsdenn jeder mehr erste Gläser, und auch aus den
folgenden geht nicht so viel geistiges Wesen verloren,
weil sie geschwinder ausgeleeret werden.

Die große Menge des geistigen Wesens im Pyr=
monter Wasser macht, daß man nicht nöthig hat,
während dem Trinken, wie zu Spa und bey andern
Quellen, etwas Magenstärkendes zu nehmen. Ue=
berzuckerten Anis, Wacholderbeeren, oder Orangen
und dergleichen bedarf man hier nicht, um dem Ma=
gen dadurch gegen das viele Wasser beyzustehn, Ue=
belkeit, Blähungen und Auftreiben des Leibes zu he=
ben. Das Pyrmonter Wasser hat seinen Corrector
schon bey sich, in seiner großen Menge Luftsäure.

Die

Die Vermischung der Milch mit dem Pyrmonter Wasser ist etwas sehr Gebräuchliches, und in vielen Fällen etwas sehr Nützliches. Es scheint zwar beym ersten Anblicke, daß diese Vermischung widernatürlich sey, weil dieser Brunnen an seinem geistigen Wesen eine wahre Säure enthält. Aber diese sanfte Säure hat die ganz besondere Eigenschaft, daß sie nicht auf die Milch wirkt, wie andre Säuren, und nicht nur ihre Bestandtheile nicht trennt, oder sie gerinnen macht, sondern sie vielmehr länger zusammenflüssig erhält. Die Erfahrung zeigt aber auch zur Gnüge, daß diese Vermischung überall keine nachtheilige Wirkung habe, wenn sonst die Beschaffenheit des Körpers so ist, daß die beyden Dinge sich dafür schicken. Wo man Ursach hat, den Pyrmonter Brunnen ein wenig einzuwickeln, wo man wegen der Reizbarkeit des ganzen Körpers oder einzelner Theile in Furcht steht, wo die Lungen empfindlich sind, wo Schärfe der Säfte vorhanden ist, und man gern milde Feuchtigkeiten in den Körper bringen will, wo überhaupt wegen empfindlicher Nerven die Milch heilsam wirken kann durch ihre besänftigende mildernde Kraft, also bey den meisten Brunnencuren der Kinder, ist die Vermischung mit Milch höchstens zu empfehlen. Man kann sie kalt oder warm dazu gießen.

gießen, wie es die Umstände fodern, es kommt mir vor, die warme Milch sey angenehmer dazu. Durch die Milch wird einigermaßen verhindert, daß die Wärme die Luftsäure nicht beträchtlich verjagt, wie es bey der Vermischung des warmen Wassers mit dem Brunnen geschieht. Man kann wohl die Hälfte Milch zugießen, aber eine angenehmere Mischung ist es, wenn man nur ein Drittel oder ein Viertel dazu gießt.

Das Wärmen des Brunnens, oder die Zumischung des heißgemachten Brunnens zu dem frischen, ist auch in Pyrmont sehr gewöhnlich, aber nur noch meist unter den Landleuten, die die alten Gewohnheiten am längsten beybehalten, und ist bey weitem nicht so häufig zu empfehlen, wie die Vermischung mit Milch, ob es gleich auch in manchem Falle seinen Nutzen hat. Grade für die härteste und stärkste Classe von Menschen, die Landleute, paßt es ohne Zweifel am häufigsten warm zu trinken. Bey ihnen ist gewöhnlich nicht sowol das Bedürfniß gestärkt, als vielmehr aufgelöst, erweicht und herabgespannt zu werden; ihre Fasern haben mehrentheils zu große Derbheit und Härte, darum sitzen auch ihre Krankheiten so fest. Seip hat das Wärmen des Pyrmonter Wassers sehr hochgehalten, und zu seiner Zeit zu allgemein

gemein gemacht, weil er, ich weiß nicht, was alles für Uebel aus dem Kalttrinken des Brunnens fürchtete. Durch das Wärmen des Wassers, auch schon durch das Zugießen des warmen Wassers, geht übrigens beträchtlich viel von der Luftsäure verloren, und überdies ist es nicht angenehm zu trinken, auch gewinnt das Wasser durch die Wärme nicht an stärkenden Kräften. Indessen ist einigen schwachen, empfindlichen Naturen das Warme leiblicher als das Kalte, weil dieses sie reizt, jenes aber beruhigt. Deswegen geht einigen das warme Wasser geschwinder durch, als das kalte; andern macht das kalte Getränk Husten. In solchen Fällen mag man immerhin das Wasser wärmen. Aber ob ich gleich nicht alles warme Getränk verwerfe, und alles kalte erhebe, wie man es jetzt viel zu allgemein thut, so rathe ich doch, wer das Pyrmonter Wasser kalt vertragen kann, kalt zu trinken. Doch dieses ist nur gesagt von denen, die an der Quelle trinken, deren Kälte sehr gemäßigt ist. Wer zu Hause die Flaschen in einem kalten Keller verwahrt, der könnte, sonderlich im Winter, ohne einige Erwärmung das Wasser nicht füglich hinunterbringen; aber es ist alsbenn genug, die Flasche eine Weile vorher in einem temperirten Zimmer zu haben.

Daß man niemals zur Quelle gehn müsse und trinken, wenn man erhitzt ist, versteht sich von selbst; einen kalten Trunk im erhitzten Körper verträgt nicht einmal ein Pferd ohne Schaden, und die allerstärksten Menschen erfahren oft Nachtheil davon. Wenn man genau nachfragt, so wird man finden, daß die größte Zahl der langwierigen Krankheiten, die unter den Landleuten vorkommen, ihren Grund in einem unvorsichtigen kalten Trunk habe. Es ist begreiflich, daß Stockungen in den Eingeweiden entstehn müssen, wenn diese zarten und empfindlichen Theile, die sehr ausgedehnt sind von Wärme, auf einmal plötzlich durch Kälte zusammengezogen, und das in den feinsten Canälen durchfließende Blut und übrigen Säfte dadurch erstarren.

Wer schöne Zähne hat, der thut wohl, wenn er, nachdem er des Morgens seinen Brunnen abgetrunken hat, hingeht, und sich mit einem guten Zahnpulver, oder allenfalls auch nur mit dem Schwamm oder der Bürste seine Zähne abreibt. Man kann zwar nicht eigentlich sagen, daß die Luftsäure des Brunnens die Zähne angreife, aber so viel spürt ein jeder, daß sie etwas stumpf danach werden; und wenn man jene Vorsicht nicht beobachtet, so können sie doch wol etwas von ihrer Schönheit und Weiße danach verlieren.

Viertes

Viertes Capitel.
Von der Lebensordnung bey der Brunnencur.

Ein Brunnengaſt muß ſtrenge ſeyn in der Lebensordnung, nicht blos im Eſſen und Trinken, ſondern im ganzen Verhalten. Man ſey lieber ein wenig pedantiſch in dieſem Stücke, als ungebunden und leichtſinnig. Wer geſund werden will, der muß es ernſtlich wollen, ſo erreicht er manchmal ſeinen Endzweck. Wer immer hin und her ſchwankt, wie ein ſchwaches Rohr, zwiſchen dem, was ihm angenehm, und zwiſchen dem, was ihm nützlich iſt, der kommt nicht zum Ziel, der hat ſeine Krankheit lieb, und mit Misvergnügen iſt man ſein Arzt.

Es wäre unmöglich, in dieſem Capitel allgemein geltende Vorſchriften zu geben, denn nicht allen bekommt einerley, und beynahe ein jeder Menſch brauchte eine eigene Diätetic. Ich kann alſo hier nur etwas über die Lebensordnung ſagen, und mich dabey an das halten, was am gewöhnlichſten iſt, aber keine allgemeine und vollſtändige Lebensordnung entwerfen, und am wenigſten das ganze Regiſter der Nahrungsmittel critiſch durchgehn.

Nachdem man des Morgens in der Frühe beh Brunnen ordentlich, unter Abwechselung von Bewegung und Ruhe, getrunken, und wenigstens eine gute Stunde darauf gewartet hat, so darf man das Frühstück nehmen, wenn man ein Bedürfniß fühlt. Wen nicht hungert, der sollte nichts genießen, wenn er es bequem bis Mittag aushalten kann. Es giebt Leute, die niemals frühstücken, wenn sie diese Gewohnheit auch bey der Cur ohne Beschwerde beybehalten können, so thun sie nicht übel, wenn ihnen vielleicht der Brunnen nicht auf den Stuhl wirkt; oder sie ihn in kleiner Menge trinken. Bey den meisten ist aber nach dem Brunnen das Verlangen etwas zu genießen sehr groß, und viele würden ohnmächtig, wo sie nichts zu sich nähmen. Diese mögen denn frühstücken, was sie sonst gewohnt sind, wenn es sich beym Brunnen paßt. Mehrentheils wird Kaffe und Chocolate mit oder ohne Milch getrunken. Thee schickt sich so bald nach dem Brunnen nicht recht, weil er mit den Ueberresten des Brunnens wegen des Eisens im Leibe zu Dinte wird. Wasser und Milch wäre ein unverwerfliches Frühstück für den, der Milch beym Brunnen verträgt. Wer weder Kaffe, noch Chocolate, noch Milch leiden kann, der müßte versuchen, ob ihm geglühter Wein ohne Gewürz, oder

eine

eine Weinsuppe aus Wasser, Wein und Zucker, und ein wenig Eygelb, bekommt, oder Habersuppe, oder eine Panade, oder etwas Bouillon. Mancher befindet sich am allerbesten bey einem halben Glase guten, allenfalls auch süßen Wein, der nicht zu hitzig ist, und der mit etwas gutem leichten Biscuit genossen wird. Ein jeder suche sich hier aus, was er brauchen kann, oder erfinde sich was Bessers, wenn er sinnreich ist; ich denke, ein Glas recht gutes englisch Bier, oder Braunschweiger Mumme könnte manchen Morgen recht angenehm seyn, und einigen sollte wol Milch bekommen, die mit einem Löffel voll Franzbranntwein vermischt wäre.

Mancher will auch zum Frühstück essen; das muß denn aber etwas recht leichtes seyn, Zwieback oder recht gaares, nicht ganz frisches Waizenbrodt, am liebsten ohne Butter. In Pyrmont hat man die Kaffebrodte, die recht gut sind. Ich sage darum so viel vom Frühstück, weil sich viele Brunnengäste, wegen der großen Eßlust, die das Pyrmonter Wasser macht, schon eine Stunde nach der Cur so jämmerlich verderben. Ich weiß wohl, daß es Straußenmagen giebt, die alles verdauen, aber diese können nicht zum Muster dienen. Wenn eine solche Magen-

heldinn

heldinn bey dir an dem großen Dejeune' sitzt, und viele Taßen Kaffe mit fetter Milch, eine Anzahl pappiger Citronenbrodte mit Butter, dann wieder Erdbeeren mit Milch, darauf Kirschen ißt, und sich endlich den Magen mit etlichen Orangenschaalen stärkt, und versichert, daß ihr die Cur gut anschlage: so denke du, die Gaben der Menschen sind mancherley, dem einen ists zu Theil worden, tüchtig zu essen und gut zu verdauen, der andere erhielt die Tugend der Enthaltsamkeit.

Nach dem Frühstück, bey dem man sich ohngefehr eine Stunde ausruht, und bey dem auch allenfalls die Tobakraucher eine Pfeife Tobak in freyer Luft rauchen mögen, wenn sie es nicht laßen, und es beym Brunnen vertragen können, macht man noch wieder einige Bewegung, wenn die Luft angenehm ist, geht zu Pferde, wenn man nicht badet, oder findet sonst eine angenehme Unterhaltung in der Gesellschaft, die sich gewöhnlich noch in der Allee in den Boutiquen, und in den beyden Ballhäusern verweilet. Schreiben, und mit einiger Anstrengung lesen, rathe ich Niemanden an. Es giebt etliche, die es vertragen, aber die meisten spüren unangenehme Empfindungen davon im Kopfe, und fühlen, daß es

die

die Augen merklich angreift und schwächt. Wer das Kartenspiel blos zum Vergnügen treibt, und glaubt sich genug bewegt zu haben, der mag auch allenfalls ein Stündchen spielen. Aber so, wie einige thun, gleich nach dem Frühstück an den Spieltisch fallen, und wie angeleimt daran sitzen, glauben, nach dem Frühstück seyen sie keine Curgäste mehr, die gar durch hohes Spiel unangenehme Leidenschaften in Bewegung bringen: das heißt gewiß schlecht für die Gesundheit gesorgt. Aller Wahrscheinlichkeit nach sahen wir einmal in Pyrmont, eine tödtliche Verhaltung des Urins, vom unabläßigen Sitzen und Zurückhalten dieser Ausleerung beym Spieltische während der Cur.

Vor dem Mittagsessen sollte man sich eine Weile ruhig halten, und denn, mit Maaßen, und mit gesunden Speisen, den Hunger befriedigen, der auf den Brunnen zu folgen pflegt. Jedermann weiß beynahe, was Brunnendiät und Brunnenkost ist. Gute Fleischbrühen ohne Gewürz, wenn nicht besondere Naturen, Gewohnheiten und Landesarten etwas anders fodern; junge, leicht verdauliche, zarte, und nicht zu sehr blähende Gemüse, sonderlich Wurzelwerk, gutes, zartes, mürbs gekochtes, und am liebsten

liebsten gebratenes Fleisch, leichte gesunde Fische und gutes Brodt, sind die besten Nahrungsmittel für einen Brunnengast. Alles fette, alles geräucherte und gepöckelte Fleisch, Schweinefleisch, das zähe Hirschfleisch, und überhaupt alles Fleisch, was nicht mürbe ist, taugt gar nichts, so wenig wie frisches pappiges Brodt, Buttergebackenes und Blätterteig, für einen Magen, der durch die Cur verändert ist. Kohl verträgt nicht jeder dabey; rohe Salate mit Essig und Oel passen sich für gewöhnliche Magen nicht bey der Cur, daher man sie auch in Pyrmont den Curgästen niemals schickt. Gekochte Früchte vertragen die Meisten beym Brunnen, aber rohe Erdbeeren und Kirschen, so herrliche Früchte es sind, kann nicht jeder Magen dabey leiden; man sieht alle Jahr die heftigsten Coliken und Durchfälle danach entstehn; obgleich wieder andre sie in Menge und ohne Nachtheil essen. Gefrornes vertragen viele recht gut, sowol in Früchten als in Milch, und die Cur an sich macht dagegen keinen Einwurf; ein Jeder muß sich probieren, und wissen, was er leiden kann.

Zum Getränke bey Tische ist guter Wein und mässig getrunken pur und mit Wasser vermischt das Beste. Deutsches Bier bekommt wenigen beym Brunnen,

Brunnen, weil es meistens viel bläht. Pyrmonter Waſſer bey Tiſche mit dem Weine zu trinken, däucht mir für einen, der die Cur trinkt, nicht recht ſchicklich. Wer etwas Schmackhafteres mit dem Weine trinken will, als gemeines Waſſer, der thut in Pyrmont beſſer, von dem lieblichen Säuerling zu nehmen, der ein ſo außerordentlich leichtes und feines Waſſer iſt, und mit dem Weine vermiſcht ſehr angenehm ſchmeckt.

Nach dem Eſſen mag man auch eine Taſſe Kaffe trinken, wer ihn vertragen kann, nur von nichts zu viel; Kenner verſichern, der Kaffe ſolle mit dem Pyrmonter Stahlbrunnenwaſſer gekocht ganz vorzüglich gut ſchmecken.

Den Nachmittag ſoll man ſuchen angenehm hinzubringen, und dazu iſt in Pyrmont Gelegenheit genug, die mannichfaltige Geſellſchaft, die ſchöne Gegend, die herrlichen Spaziergänge, Muſic, Schauſpiel, die Bälle und das Spiel ſind Quellen genug fürs Vergnügen ſelbſt für ganz verſchiedene und entgegenſtehende Neigungen; man ſollte auch die Bewegungen und mäſſigen Leibesübungen nicht verſäumen. Des Nachmittags, wenn man nicht wieder Brunnen getrunken hat, darf man wol Thee nehmen,

wer

wer ihn liebt, oder daran gewöhnt ist; man findet auch sonst angenehme und sehr gut bereitete Getränke in der Allee, als Limonade, Bavaroise und andere, auch fast beständig Gefrornes.

Das Abendessen muß sehr mässig seyn, und aus leichten Speisen bestehn, damit die Nachtruhe gut sey, und man des folgenden Morgens mit leichtem Körper die Cur nehme. Wassersuppen, auch Fruchtsuppen, die leichtesten Gemüse, die feinsten Fische und zartes Fleisch, sonderlich Geflügel, sind die besten Gerichte dazu. Butterbrodt ist immer ein schweres Abendessen, aber für einen Brunnengast taugt es gar nichts. Viele befinden sich am besten, wenn sie des Abends gar nicht essen, andere, wenn sie blos etwas gekochtes Obst nehmen, einige bey Milchsuppe oder bey Habersuppe.

Ich wollte, daß ich Beredsamkeit und Salbung hätte, um die Mässigkeit im Essen so zu predigen, daß jeder Brunnengast sich daran kehrte. Man glaubt kaum, wie viel Gutes, das die Cur wirken würde, täglich gestört wird, blos wegen der immer wiederkommenden Unverdaulichkeiten. Der Hunger, den das Pyrmonter Wasser bey den meisten verursacht, ist zwar eine sehr schöne und selbst eine

ange-

angenehme Wirkung. Einige Epicuräer wissen dieses recht gut, und trinken gern alle Morgen ein Glas Pyrmonter Brunnen, blos um sich Appetit zu verschaffen. Aber diese an sich gute Wirkung wird, sonderlich bey der Cur, nachtheilig, wenn nicht die Mäßigkeit ihr einen Zaum anlegt.

Des Abends ist es sehr nöthig, sich bey guter Zeit zur Ruhe zu legen, damit man am folgenden Morgen frisch und leicht sey, wenn man früh zum Brunnen geht. Es ist des Abends spät oft neblig, vom Thau feucht, auch nach einem warmen Tage zuweilen ziemlich kühl: so daß man sich leicht verkältet, wenn man spät ausgeht. Außerdem sind auch die Brunnengäste vom frühen Aufstehn und vielen Bewegungen gemeiniglich ziemlich ermüdet. Ich halte daher nicht gar viel von den späten Abendpromenaden für Brunnengäste, ausgenommen, wenn das Wetter bey Tage so heiß war, daß man sich nicht viel bewegen konnte, sondern viel saß, und denn ein schöner Abend folgt.

Es ist eine der nothwendigsten Vorsichtigkeitsregeln für Curgäste, daß sie sich vor Verkältungen hüten. Daher müssen sie jeden Tag und jede Tagszeit ihre Bekleidung nach der Witterung und nach der

Beschaf-

Beschaffenheit und Temperatur der Atmosphäre einrichten und verändern, und nicht nach der Mode. Daher müssen sie nicht blos Sommerkleider, sondern auch wärmeres Zeug mit sich bringen, denn zwischen den Bergen von Pyrmont, so wie überhaupt in diesen Gegenden von Deutschland, giebt es zuweilen mitten im Sommer einen Tag, der empfindlich kalt ist, so wie es manchmal im December und Januar einen angenehmen Frühlingstag giebt. Man hält sich wol über die Furcht vor Verkältungen auf. Wenn nun aber ein Curgast sich ein Flußfieber, oder einen beträchtlichen Husten, Halsweh und dergleichen zuzieht, wie es doch alle Sommer in Pyrmont geschieht, verliert er nicht alsdenn zuweilen acht bis zehn und mehrere Tage von seiner Cur, um die er viele Meilen hergereiset war? Und ist nicht die Verhütung eines solchen Verlusts der Vorsicht wol werth? Ich habe erlebt, daß durch solche Verkältungen die ganze Cur, die sich sehr gut anließ, völlig vernichtet wurde. Wer also wohl für sich sorgt, der hüte sich dafür bey Tage, und sonderlich an kühlen Abenden.

Bewegung und Leibesübung ist ein sehr wichtiges Stück in der Lebensordnung eines Brunnengasts, und

und soll einen großen Raum der Curzeit ausfüllen, die nun einmal ganz der Gesundheitspflege gewidmet seyn muß. Ich sagte zwar oben, es sey gar nicht nöthig, daß man während des Wassertrinkens am Morgen so unablässig auf- und ablaufe, man thue besser, auch zuweilen ein wenig zu ruhen, und das Reiten, zum wenigsten starkes Reiten, tauge gar nicht zwischen dem Trinken. Man muß aber hieraus nicht schließen, ich verkenne den Nutzen der Bewegung bey der Brunnencur. Meine Meinung ist, man sollte sich den ganzen Tag hindurch viel Bewegung machen, und sovlel, als nur irgend mit Vergnügen geschehen kann. Selbst diejenigen, welchen es besser bekommt, den Brunnen des Morgens im Bett zu trinken, sollten an den übrigen Theilen des Tages sich doch fleißig bewegen. Aber nicht zur Unzeit, und bis zur Ermüdung, oder gar bis zur Erhitzung und zum Uebernehmen der Kräfte, sollte man bey der Cur die Leibesübung nie treiben, man muß oft die Bewegung unterbrechen durch Ruhe. Das Beklettern der Berge ist nur für wenige Brunnentrinker rathsam; so wie überhaupt alles, was den Schweiß sehr hervortreibt, dem man so viel als möglich bey der Cur ausweichen sollte, besonders so lange man das Wasser im Leibe hat; denn in vielen zerstört er offenbar die guten Wirkungen der Cur, und arbeitet den Entzwecken derselben entgegen. Etwas vortrefflich heilsames und gedeihliches für die Gesundheit liegt in der Bewegung des Körpers. Nichts stärkt so gewiß, und auf eine so gute Weise; nichts erhebt die Thätigkeit aller Organen des Körpers so nachdrücklich, und nöthigt sie ihre Pflicht zu thun: jedermann fühlt auch, wie wohlthätig und nützlich sie ist, und zumal bey einer Brunnencur. Jedes Ding aber hat sein Maaß, und man muß sich erinnern, daß auch Leibesübungen übertrieben und alsdenn nachtheilig werden können. Ein sehr verächtliches und frivoles Leben ist gewiß das Leben derjenigen, deren ganze Existenz hauptsächlich aus schlafen, essen, und Exercice besteht. Dieses ist wirklich der Lebenslauf von manchem sogenannten Vornehmen. Der Körper mag dabey eine Zeitlang ziemlich gesund seyn, aber die arme Seele muß dabey, wie man auch genug sieht, jämmerlich zusammenschrumpfen.

In Pyrmont übertreiben, wenigstens die Curgäste weiblichen Geschlechts, die Leibesübung nicht, vielmehr ist es meine große Klage, daß sie nicht genug darin thun; und hieran ist nichts anders Schuld, als

als die ganz und gar weibliche Lust am Kleiderputz. Ein nach heutiger Weise angezogenes Frauenzimmer, das eingeschnürt und eingezwängt ist, in deren Kleidung und Kopfputz der geringste Wind schon erhebliche Verwüstungen anrichtet, ist zu Leibesübungen völlig ungeschickt. Es kann bey stiller Luft in den Alleen ein wenig umher schweben, aber unmöglich sich recht bewegen, wie es sollte, und ein Gang nach dem Königsberge wäre schon viel zu weit in einem solchen Zustande zu gehn.

Ich habe zwar schon im vierten Capitel des ersten Buchs vom Putz geredet, aber ich muß hier noch einmal dahin zurückkommen, und alle verständigen Frauenzimmer um Rath fragen: wie dem Dinge abzuhelfen sey? Denn zu meinem Leidwesen muß ich bekennen, daß doch im Sommer 1784 wieder etwas zu viel Kleiderprunk, wenigstens bey einigen, im Schwange war; und es ist ein Unglück, daß hierin zuweilen so viel von dem Beyspiel einiger wenigen steifen und putzergebenen Damen abhängt.

Wenn ich sage, daß der jetzige Anzug im Grunde heßlich sey, daß er allen Weibern die Gestalt von Wespen gebe, und die schöne Gestalt des menschlichen

lichen Leibes gänz verstelle und verschimpfe: so hilft dieses nichts; denn die Mode will es so, und die heßlichste Mode ist schön, so lange sie währt. Wenn die Mode wollte, alle Damen sollten aussehn wie Scorpionen, wie Nachteulen, oder wie Seepferde, so wäre sie doch schön. Ich muß daher suchen andere Gründe vorzubringen, wodurch ich während der Cur zu Pyrmont den Putz abrathe.

Gewiß, wer sich durch seinen steifen Anzug unfähig macht, ausserhalb der Alleen zu kommen, der verliert für ein schaales Vergnügen ungemein viel, indem er so wenig von den Schönheiten dieser Gegend genießt; da doch wirklich die Natur hier ausnehmend schön und reizend ist. Es reisen zuweilen Frauenzimmer von Pyrmont ab, die nichts von Pyrmont gesehn haben als die, freylich herrlichen Alleen. Gar wenige denken an Landparthieen, auf die man nach dem Frühstücke ausfahren sollte, um im Grünen zu essen, und gegen Abend wieder zu Hause zu kommen. Was aber nützt uns der Aufenthalt in einer schönen Gegend auf dem Lande, wenn man ihn nicht auf solche Weise, oder durch etwas weite Spaziergänge in guter Gesellschaft genießt. Das Frauenzimmer reitet auch viel zu wenig in Pyrmont. Und mit

mit Recht darf ich doch wol sagen, daß der Anzug sehr häufig von allem diesem abhalte.

Wenn doch alle Jahr eine Dame hier wäre, deren Beyspiel gölte und Eindruck genug machte, und die so viel bewirkte, daß man immer Nachmittags in einem eleganten Neglige' erschiene, und nur einmal in der Woche im völligen Putz, um doch von Zeit zu Zeit dieser weiblichen Passion Luft zu machen.

Es ist der Gedanke eines Frauenzimmers, daß man allem Unwesen, das aus dem Anzuge herkommt, auf einmal abhelfen könnte, wenn eine bequeme Badeuniform eingeführt würde. Der Vorschlag däucht mir vortrefflich, aber ich bescheide mich wohl, daß ich hierin keine Stimme habe. Man möchte alles einrichten, wie man wollte, wenn nur in Zukunft das Frauenzimmer mehr Bewegung macht, als es bisher viele, freylich nicht alle, gethan haben.

Unter den Leibesübungen für Curgäste steht nun auch das Tanzen wie Unkraut unter dem Waizen. Doch nicht ganz so arg; denn ich habe wirklich Brunnengäste, insonderheit unter dem Frauenzimmer, gekannt, die behaupteten, das Tanzen bekomme ihnen gut. Nervenkrankheiten haben manchmal sehr viel Eigenes, und auch darin, daß Dinge dabey gut bekommen,

kommen, die allen andern Menschen schaden. Beynahe auf diese Art allein begreift man, wie die Erhitzungen des Tanzes im Sommer und bey der Brunnencur zuträglich seyn können. Zum Glücke fällt in Pyrmont auch wenig Brunnengästen ein zu tanzen, und die Bälle und Masqueraden haben doch darum ihren guten Fortgang; denn es sind immer so viel Gesunde hier, daß man in langen Reihen tanzen kann, ohne eines Brunnengasts dazu zu bedürfen. Uebrigens ist die Einrichtung der Bälle zu Pyrmont sehr vernünftig, und der Gesundheit sehr gemäß, denn gewöhnlich tanzt man nie lang, nie in der heissen Tageszeit, und nie spät in die Nacht. Um acht Uhr Abends fängt man an, und um zehn Uhr geht jeder nach Hause; und ich wünsche, daß niemals ein Schwindelgeist von einem Tanzgenie nach Pyrmont kommen möge, der so viel Einfluß habe, daß er diese gute Ordnung störe.

Die Gemüthsführung (Regimen mentis), so wenig sich die meisten Menschen darum bekümmern, ist ein sehr richtiger Punkt bey der Linderung und Heilung vieler Krankheiten, und gehört daher auch in die Lebensordnung bey der Brunnencur. Die Seele hat ihre Diät wie der Leib, und beynahe ein

jedes

jedes Individuum hat seine eigene. Wer nicht gedankenlos über alles hingeht, sondern sich beobachtet und prüfet, der wird auch hierin finden, was ihm heilsam sey.

Es giebt einige feste Constitutionen, die es recht wohl vertragen, bey der Brunnencur ihre Geisteskräfte anzustrengen, mit dem Kopfe zu arbeiten, zu studieren, und anhaltend zu denken. Mir ist ein großer Gelehrter bekannt, der im Stande ist, während seiner Brunnencur Abhandlungen zu schreiben; aber sehr wenige haben solche Kräfte. Mehrentheils ist der Körper bey dieser Cur empfindlicher, wird leichter überspannt; mancher kann nicht ohne Nachtheil dabey einen Brief schreiben, er leidet danach Kopfschmerz, Schwindel und Unbehaglichkeit. Solche kleine Beschäftigungen vertragen indeß doch die meisten, wenn sie nicht eine unschickliche Zeit dazu wählen, wie etwa unmittelbar nach dem Brunnen, oder gleich nach der Mahlzeit. Aber große Anstrengung der Seelenkräfte, sie mag mit Arbeit oder mit der Wollust des Enthusiasmus verbunden seyn, verträgt nicht leicht jemand, ohne üble Folgen und unangenehme körperliche Empfindungen davon zu leiden. Also auch die angenehme Schwelgerey des Geistes (debauche d'esprit), wenn sie auch noch hinreissender wäre, als die der Sinne, kann bey der Brunnencur keine Statt finden.

Die Einbildungskraft und die Leidenschaften bestimmen eigentlich die Zufriedenheit, das Glück oder das Unglück des Menschen, von seiner geistigen Seite her. Und weil sich schwerlich große Fortschritte, zur Herstellung von körperlichen Krankheiten, machen lassen, so lange von innen her, von der moralischen Hälfte des Menschen etwas entgegen wirkt: so ist es also nothwendig, zu einer, für unsre Zwecke vernünftigen Gemüthsführung, hierauf die vornehmste und größte Aufmerksamkeit zu richten.

Ein zufriedener, ruhiger und heiterer Zustand des Gemüths, ist von der größten und augenscheinlichsten Wirkung auf den Körper, sonderlich bey empfindlichen Temperamenten. Bey solchen gehn alle Functionen des Körpers, in der schönsten Ordnung, in der völligsten Harmonie vor sich, so lange ihr Gemüth in einer angenehmen Stimmung ist, Einbildungskraft und Leidenschaften nichts darin verwirren. Hingegen verschwindet aller dieser Einklang, entsteht an allen Enden lauter Unordnung, ohe daß ein

wahrer

wahrer Krankheitszustand da wäre, sobald diese Heiterkeit der Seele aufhört.

Sehr vieles hängt hierin von den Dingen ausser uns ab, von dem, was uns umgiebt. Daher sollte man bey Krankheiten auf alle mögliche Weise besorgt seyn, diejenigen Dinge wirken zu lassen, welche das Gemüth in eine günstige Verfassung setzen können, und sich selbst wohl beobachten, was dazu beytragen könne. Bey einigen thut die Music viel hierin, wenigstens auf eine Zeitlang, bey andern der Umgang, angenehme Zerstreuung durch ergötzende und mannichfaltige Gegenstände, freundschaftliches Anhängen an andern Menschen, und hundert andere Dinge bey verschiedenen Sinnesarten und Dispositionen. Daher hat auch ein Curort wie Pyrmont, der in einer schönen Gegend liegt, der angenehme Gesellschaft, Unterhaltung und Zerstreuung gewährt, wo nicht blos Krüppel und lahme hinkommen, sondern auch fröhliche Menschen, die Vergnügen suchen, und im Stande sind, Vergnügen zu geben, so viel Vorzüge vor den Bädern, die den ganzen Inbegriff des menschlichen Elends in einer Nuß enthalten.

Was aber auch immer in dieser Hinsicht von den Dingen ausser uns abhängen mag, so beruht doch das wichtigste Stück einer guten medicinischen Gemüthsführung auf der Regierung der Einbildungskraft und der Leidenschaften.

Wie weit überhaupt die Gewalt der Einbildungskraft über den Menschen gehe, wie ihr Leib und Seele könne unterworfen werden, davon hat man leider! nur gar zu viele Beyspiele. Die Gaukler und Charlatane zeigten es unter andern von allen Zeiten her sehr deutlich, und noch jetzt zeigt es der Erz-Charlatan und Gaukler Mesmer, der Convulsionen hervorbringt, wo er will, blos durch Hülfe der Einbildungskraft. Auch zeigen die Gewalt der Einbildungskraft über die Vernunft der Menschen, das ganze Heer der im Finstern in Deutschland umher schleichenden, geheime Weisheit und übernatürliche Künste treibenden Betrüger, an allen den Dummköpfen, die daran glauben, die alles sehn, alles fühlen und alles für wahr annehmen, was ihnen ein listiger Schelm weiß macht.

Doch von dieser Seite geht mich hier die Einbildungskraft nicht an.

Aber mit seiner Einbildungskraft fertig zu werden, und über sie herrschen, muß ein jeder Nervenkranke lernen, um gesund zu werden. Sie allein,

ohne

ohne der Mitwirkung äusserer Dinge zu bedürfen, kann den Menschen in elysische Glückseligkeiten hinträumen. Aber wehe dem, mit welchem sie den entgegenstehenden Weg fortrennt: sie stürzt ihn tiefer als die Hölle, und führt ihn nur aus einem Schrecknißheraus, um ihn in ein noch größeres zu stoßen. Fast alle Hypochondristen erfahren die Wahrheit von dem, was ich sage; sie fürchten alles Uebel, und hoffen nichts Gutes, alles stellen sie sich schwer und unübersteiglich vor, mit Sorge stehn sie auf, und mit Furcht legen sie sich schlafen; daher haben sie keinen Genuß von ihrem Daseyn, sie haben nur Gefühl für die Bitterkeiten des Lebens, und nicht für seine Freuden.

Schon im gemeinen Leben und bey gesunden Menschen hält die Furcht vor dem Uebel größer, als das Uebel selbst (metus mali malo major), und die Vorstellung ärger, als die Pestilenz: wie viel schlimmer muß sie also wol nicht wirken, wo die Nerven, die Werkzeuge der Empfindung und der leidenschaftlichen Gefühle schon verstimmt waren, und schon zum Unangenehmen hinüber hiengen. Wie manchen Hypochondristen sah ich, der Todesangst ausstand, weil er sich ohne allen Grund einbildete, es werde ihn

ihn jetzt gleich ein Blutspeyen überfallen, oder ein Schlagfluß, oder die Schwindsucht und Auszehrung stehe ihm bevor, oder irgend eine andere Krankheit. Doch hierbey bleibt kein ächter, einigermaaßen tiefer Hypochondrist stehen. Das Geringste, was der sich vorstellt, ist, er werde nie in seinem ganzen Leben wieder eine frohe Stunde haben, er werde seinen Verstand verlieren, und so noch etwas Schrecklichers ist, so bildet er sich auch das ein, und glaubt über dieses alles schon den Anfang davon zu spüren. Die unersättliche, durch traurige Empfindungen in den Nerven in Bewegung gesetzte Imagination hat hieran noch nicht genug, sie überschreitet die Grenzen dieses Lebens, und sieht Schrecknisse in der Zukunft.

So lange man nicht, wenigstens einigermaaßen, über solche Vorstellungen herrschen lernt, und von dieser Seite der Cur um etwas zu Hülfe kommt, läßt sichs fast nicht erwarten, daß man gesund werden könnte; von der einen Seite reißt sich immer wieder nieder, was auf der andern gewonnen ist. Es ist deswegen unvermeidlich nothwendig, daß man sich in solchen Fällen bestrebe, seine Einbildungskraft zu bändigen oder zu besänftigen; daß man begreife und glaube, sie hintergehe uns mit Täuschungen und Un-
wahr-

wahrheit; daß man ihrem Fluge nicht blindlings folge, sondern sie abzuleiten suche, durch Wegwendung der Gedanken, von dem, was sie Schreckliches zeigt, und Richtung derselben auf einfache, ruhige und angenehme Gegenstände, oder durch Zerstreuung ohne gar zu großes Geräusch. Aber nichts mäßigt die Ausschweifungen der Einbildungskraft unter solchen Umständen besser, als das geduldige Ausharren dessen, was die Vorsehung geschickt hat, und die stille Ergebung und Unterwerfung unter alles, was sie noch schicken wird.

Ohne daß man sich durch solche Mittel einen Einfluß auf die Einbildungskraft erwirbt, und ihr wenigstens das Alleinherrschen verwehrt, kann man von manchen Krankheiten, selbst durch die besten Curen und Arzneyen, nicht befreyet werden, denn sie vermehrt und verschlimmert manches gegenwärtige Uebel, und schafft noch neue dazu. Aber eins von den besten Beruhigungsmitteln der aufgebrachten Phantasie gewährt die Mittheilung seiner Vorstellung an andere. Es ist ein Glück, wenn man jemanden findet, der uns versteht, der zuverläßig genug ist, um sich ihm anzuvertrauen, und um ihm seine Sorge und Noth in den Schoos zu schütten, der auch

Seelen-

Seelenarzt genug ist, um zuzureden, zu trösten, die Einbildungen in ihr wahres Licht zu stellen, und mit vernünftigen und sanften Mitteln die Wunden des Gemüths zu verbinden, und nicht durch seichtes Geschwätz, oder durch Toben.

Ein noch wichtigerer Gegenstand als die Einbildungskraft sind die Leidenschaften für die Seelendiät. Bey einer Cur, durch welche man Fortschritte zur Gesundheit machen will, müssen nothwendig alle unangenehmen Leidenschaften vermieden und entfernt werden, soviel es möglich ist. So lange diese die Herrschaft behaupten, kann keine Zufriedenheit und kein Vergnügen in der Brust aufkeimen, man mag anfangen, was man will. Zum Glück aber vermag der Mensch hierin sehr viel über sich, wenn er es ernstlich will. Wer in dem Falle ist, daß seine Uebel die Folgen moralischer Ursachen sind, die öfter, als man es glaubt, die Gesundheit zerstören, der versuche ja alles, was er kann, und kämpfe mit Fleiß; es verlohnt sich wol der Mühe, denn ohne das ist hier kein Heil. Wessen Elend sogar von bösen Leidenschaften herrührt, wessen Herz voll Bitterkeit, Rachsucht oder Neid ist, und im vergrellten Sinn hinlebt, wer immer arges denkt, und deswegen immer

sorgt-

sorgt: der quält umsonst den Arzt, die Quelle seines
Elends versiegt nicht, und er entflieht ihr nirgends
als im Kampfe mit sich selbst; er muß wissen, daß
kein Gesundbrunnen in der Welt vermögend sey die
Flecken der Seele wegzuwaschen, wie einige Fehler
des Körpers.

Aber mit Mitleid, und mit innigem Bedauren
seines Unvermögens, sieht man diejenigen leiden,
welche ein steter und gerechter Kummer über fortdau-
rende wahre Uebel nagt, denen nicht auszuweichen ist,
und die höchstens nur die Geduld lindern kann. Man
ergrimmt in seinem Sinne, wenn man sieht, daß sie
das Werk böser Menschen, zuweilen mächtiger Böse-
wichter sind, und wünscht sich für einen Augenblick
größere Gewalt. Beruhigung des Gemüths, Stillung der Aufwallungen und geduldiges Ausharren,
sind, in solchen Fällen, die einzigen moralischen
Hülfsmittel, welche auch die vernunftmässige Religion aus bekannten und schönen Gründen empfiehlt.

So viel, däucht mich, müßte hier über diese
Dinge gesagt werden, es möchte etwa jemanden
aufmerksam machen, daß er fragte: ist dieß nicht
mein Fall?

Man

Man erregt zuweilen heftige Leidenschaften durch das Kartenspiel, zumal durch Hazardspiele; und dieses kann Brunnengästen nicht anders als schädlich und ihren Absichten widersprechend seyn. Es ist wahr, und ich habe es schon oben gesagt, daß in Pyrmont das Spiel nicht bis zur Ausschweifung getrieben werde. Man sagt, das Spiel sey ein nothwendiges Uebel an einem solchen Orte, und hierwider kann ich nichts einwenden; ein jeder mag spielen, so lange es ihn wirklich ergötzt. Aber sobald es die Leidenschaften in Unruhe bringt, so wird es ein schlechtes Mittel sich zu ergötzen, und alsdenn sollte es ein jeder fliehen. Beträchtlichen Verlust erträgt nicht leicht jemand ohne Misvergnügen, wenn er auch etwas zuzusetzen hat. Wer aber nicht viel zu verlieren hat, und wer gar noch dazu krank ist, und dadurch empfindlicher, der handelt wie ein Narr, wenn er sich durch den ausgelegten Köder anlocken läßt, am Pharotisch zu verlieren, was er mit sich gebracht hatte, um sich dadurch Gesundheit zu erkaufen; denn man muß allemal bedenken, daß die Gefahr zu verlieren bey diesem Spiele größer sey, als die Wahrscheinlichkeit zu gewinnen. Selten geschieht es freylich, daß durch das Spiel in Pyrmont Unglück gestiftet wird; aber den lebhaften Unwillen soll

mir

mir auch niemand ausreden, den ich empfinde, wenn etwan jemand um des schnöden Spiels willen, mißvergnügt weggeht, und dadurch vielleicht elender zu Hause kommt, als er ausgereiset war. Unbegreiflich ist es mir, wie jemand so unklug seyn könne, und wol gar es für ehrenvoll hält, sein Geld hier wegzuwerfen, das er hernach den Nothwendigkeiten entziehen muß.

Kein Brunnengast, und kein vernünftiger Mensch, sollte sich einfallen lassen, eine Karte zum Hazardspiel anzufassen, wofern er nicht seiner Sache ganz gewiß ist, daß er aufhören kann, wenn er will, und daß er niemals weiter gehn werde, als es seine erste Absicht war.

Hiermit beschließe ich dieses Capitel von der Lebensordnung, so unvollständig es auch seyn mag; eine Anmerkung will ich nur noch hinzufügen.

Wer da glaubt, Alles hinreichend gethan zu haben, indem er während der Cur eine leibliche Lebensordnung beobachtet hat, und nun meynt, daß er nach Ausleerung des letzten Glases wiederum aller Ordnung in seinem Verhalten entsagen dürfe, der irret sehr, und dem muß man zurufen: um diesen Preis kaufst du die Gesundheit nicht.

langwierige und eingewurzelte Uebel fodern nicht allein langwierige Curen, sondern auch ein fortgesetztes, den Umständen gemäßes gutes Verhalten, das sich nicht auf wenige Wochen einschränken läßt.

Fünftes Capitel.
Von einigen Zufällen, die sich bey der Cur einfinden können, und von einigen Arzneyen, deren man zuweilen dabey nöthig hat.

Wer seine Cur ordentlich und vernünftig gebrauche, sich vor allen Fehlern hütet, von welchen im letzten Capitel geredet ist, der führt dieselbe oft bis ans Ende fort ohne die geringste Beschwerde. Obwol aber viele Zufälle bey der Brunnencur die Folgen von übeln Verhalten sind, so zeigen sich doch auch zuweilen Zufälle, die nicht davon abhängen, und von diesen habe ich hier zu reden.

Eine von den gewöhnlichsten Klagen der Brunnengäste ist, daß sie die Cur im Anfange angreift. Dieses ist aber nicht etwa so zu verstehn, als ob sie viel abführten, und dadurch ermatten, sondern sie fühlen sich ermüdet, unlustig, und haben allerley
kleine

kleine Empfindungen, welche sie unter dem Worte angegriffen seyn, zusammenfassen; manche verstehn auch die Eingenommenheit des Kopfs während des Trinkens mit darunter, oder den Brunnenrausch, den beynahe alle danach spüren.

Wem weiter nichts nach dem Brunnen fehlt, der kann nur getrost forttrinken, wenn für seine Umstände sonst das Wasser sich schickt. Vielfältig ist diese Klage über Angegriffenheit, blos eine Folge der veränderten Lebensart; man steht früher auf, man bewegt sich mehr und länger, ist häufiger auf den Beinen, und dieß macht müde und angegriffen. Bey andern wirkt in der That der Brunnen allerley solche und noch andere Empfindungen, ohne daß dennoch das Geringste daraus zu fürchten wäre, und dieses geschieht bey sehr reizbaren Menschen. Man weiß genug, und hat es oben im siebenden Capitel des dritten Buchs lesen können, wie klein oft die Ursachen sind, die große Bewegungen in reizbaren Körpern hervorbringen; es ist daher kein Wunder, daß ein so kräftiges Mittel, wie das Pyrmonter Wasser, auch in empfindlichen Constitutionen Bewegungen macht, und wie ein Reiz wirkt. Ich werde sogar unten im fünften Buche zeigen, daß es gewisse Fälle gebe,

gebe, wo es eben des Reizes wegen sehr vorsichtig muß gebraucht werden; aber bey andern Fällen hat man aus solchen Reizen nichts zu machen, und etwa nur dabey zur Ruhe zu sprechen, oder wo es angeht, sie zu lindern; und das thut zuweilen ein lauliges Bad aus süßem Wasser.

Nervenkranke aber von der empfindlichsten Gattung irritirt alles, woran sie nicht gewöhnt sind, auch die heilsamste Arzney, und sie müssen durch diesen Weg gehn, oder alles lassen. Es giebt indessen doch allerdings hierin Grade, bey welchen man nachgeben muß. Zuweilen bestehen die Folgen der Irritation in Empfindungen, für welche die Krankeit keine Namen haben, und man muß selbst solche Gefühle gehabt haben, um sie zu verstehn. Dergleichen Empfindungen aufrührischer Nerven können im höchsten Grade unerträglich seyn, und man würde sie gern mit ziemlich starken Schmerzen vertauschen, dieweil man äusserlich dem Nervenkranken nicht das Geringste ansieht. Man kann sich also vorstellen, wie es auf einen dergestalt Leidenden wirken müsse, wenn zuweilen dumme vierschrötige Aerzte, die von so was sich keinen Begriff machen können, dergleichen für Einbildungen nehmen, und durchaus ihren Weg

fort=

fortgehn wollen. Man hat in solchen Fällen, wie auch schon oben im siebenden Capitel des dritten Buchs, wo von der kränklichen Reizbarkeit gehandelt wird, gesagt ist, nicht blos zu versuchen, ob man die Irritabilität mässigen, und dadurch den Gebrauch des Brunnens erträglich machen könne, sondern zuweilen blos und schlechterdings deshalb ganz davon abzustehn, so lange dieser Zustand dauert.

Ich muß aber hier doch auch warnen, daß sich nicht etwa Leute von lebhafter Einbildungskraft gar zu leicht vorstellen, das Pyrmonter Wasser irritire sie unerträglich, und sie müssen es daher nicht trinken. Für solche habe ich schon im neunten Capitel des dritten Buchs einiges zur Beruhigung gesagt, worauf ich hiermit verweise.

Ebenfalls aus der Reizbarkeit des Körpers, oder eigentlich der Nerven, entstehn häufig bey dem Pyrmonter Brunnen kleine Zufälle, die nicht so unausstehlich und gar nicht von Folgen sind. Hieher gehören allerley kleine Krämpfe hin und wieder im Körper, mit und ohne Schmerz, Springen der Muskeln und der Sehnen, auch Kopfschmerz und Schlaflosigkeit; aber hauptsächlich hört man häufig über krampfhafte Schmerzen, Spannen und Ziehn in den Waden und Beinen und an andern Theilen des Leibes klagen, aus denen man gar nichts zu machen hat, und die sich oft nach einem Fußbad aus süßem Wasser, oder nach dem Waschen mit einem äusserlich durchdringenden und stärkenden Mittel verlieren; aber selten ist es so stark, daß Mittel dagegen verlanget werden. Merkwürdig ists, daß das warme Mineralbad sie gar nicht vermindert, sondern eher vermehrt, und sehr oft die wahre Ursach davon zu seyn scheint. Diese Arten von Klagen höre ich eben nicht ungern, denn sie geben immer Hoffnung, daß die Cur auf den Körper etwas wirken möchte.

Wahre Schwindel und unnatürliche Schläfrigkeit, nicht die von Ermüdung nothwendig entsteht, können auch oft blos aus gereizten Nerven aus krampfhaften Ursachen entstehn, und wenn man hiervon gewiß ist, so darf man deswegen bey der Cur ausser Sorgen seyn. Sollten Unreinigkeiten im Unterleibe davon die Ursach seyn, die lange gesessen haben, und nun durch den Brunnen in Bewegung kommen, aber nicht hinlänglich ausgeführt werden; so sieht man leicht ein, wie zu helfen ist, nemlich indem man gute ausleerende Mittel zu Hülfe nimmt.]

Kopf-

Kopfschmerzen und Schlaflosigkeit können allerdings auch noch andere Ursachen, als gereizte Nerven, zum Grunde haben, und von erhiztem Blute und andern Unordnungen herkommen, die alsdenn die nöthigen Arzneymittel bestimmen müssen.

Es kommt selten vor, daß das Pyrmonter Wasser, wie man sagt, stehn bleibt, und weder durch den Stuhl noch durch den Harn gehörig abgeht. Die große Menge des geistigen Wesens, was er bey sich führt, giebt ihm eine Regsamkeit und Durchdringlichkeit, die sich Wege schafft, wo es auch sonst schwer hält. Zuweilen kommt es aber doch vor, sonderlich bey schlechtem Wetter, nach Diätfehlern, vielem Sitzen, Gemüthsbewegungen, Anstrengung des Kopfes, oder mehrern dieser Ursachen zusammen. Alsdenn erregt es Aufblähung und Spannen im Unterleibe, Uebelkeit, Angst, Krämpfe und allerley unangenehme Empfindungen im Kopfe und an andern Theilen des Körpers. Mehrentheils ist das Stehnbleiben des Wassers die Folge eines krampfhaften Zustandes, deswegen hilft ein lauigtes Halbbad von süßem Wasser oft sehr schön dabey, und oft wird es durch erweichende Clystiere und innerliche besänftigende und krampfstillende Mittel abgeholfen, oder

durch

durch das Reiben des Unterleibes mit der warmen Hand oder mit warmen Flanell. Manchmal liegt die Schuld an einer Trägheit und Fühllosigkeit der Organen, und alsdenn schärft man die Wirkung des Brunnens vortrefflich durch nebengebrauchte Mittelsalze, die mit ihrem Reize zu Hülfe kommen. Bey einigen vereinigt man den Gebrauch stärkender Mittel mit Nutzen, und aus Ursachen, von denen ich bald, noch in diesem Capitel, reden werde. Wenn auf keine Weise der Brunnen die gehörigen Wege gehn wollte, das hieße so viel, man vertrage ihn nicht, und müsse die Cur nicht brauchen; aber ich gestehe, daß mir dieser Fall in manchem Sommer nicht vorgekommen ist, und selten ist er also gewiß.

Selten ist es auch, daß der Gebrauch des Brunnens Brechen verursacht, wenn er sonst gehörig durchgeht. Es geschieht doch zuweilen zu Anfange der Cur, wenn Unreinigkeiten von Ueberladungen, oder Schleim im Magen sind. In einem solchen Falle wäre es gut gewesen, die Cur mit einem Brechmittel zu beginnen. Das warme Wasser wirkt eher Uebelkeit und Brechen, als das kalte, und daher hat das erstre also den Vorzug in solchen Fällen. Es giebt manchmal seltene Eigenheiten des Magens,

und

und noch seltener Localfehler in demselben, die keine Ausdehnung von Waſſer vertragen, und ſolchen muß man lieber nachgeben. Ich ſah einſt in Pyrmont eine Frau, die ſeit vielen Jahren, wie ſich nachher gezeigt hat, einen äuſſerſt unnatürlich beſchaffenen Magen, und an einer Seite eine Erweiterung hatte, die in einer großen und überaus dünnen Blaſe beſtand, wovon ſie unſäglich litt. Sie vertrug den Brunnen nicht gut, und hatte doch ziemlich viel, zu ihrem Nachtheile, davon trinken müſſen. Aber ein Hypochondriſt, der dies lieſet, muß ſich nun nicht gleich einbilden, er habe auch einen ſolchen Magen, und dürfe deswegen keinen Brunnen gebrauchen, weil ihm etwan eben ſeine Blähungen eine krampfhafte Empfindung in der Gegend des Magens verurſachen, die ihm genau vorkommt wie jene oben beſchriebene Blaſe, woran er nun gleich auch den Geiſt aufgeben werde.

Gegen eine große Neigung zum Brechen, um welcher willen kein Brunnen bey dem Kranken bleiben wollte, verſuchte ein gelehrter und ſcharfſinniger Freund, der Herr Hofrath Gieſeken, eine kleine Gabe Laudanum, des Morgens vor dem Brunnen, mit erwünſchtem Erfolg. Aber ich werde mich wohl hüten,

hüten; diesen Kunstgriff, so trefflich er in diesem Falle seyn möchte, allgemein anzurathen, wo etwan jemand den Brunnen wieder ausbräche. Das Opium überhaupt wirkt schön und unschädlich, wo bloße Reizbarkeit zu haben ist, und solche Bewegungen, die keinen tiefen Grund haben. Aber es ist ein gefährliches und nachtheiliges Mittel, wenn es Bewegungen stillt, die aus beträchtlichen und materiellen Ursachen herrühren, die ganz andere Hülfe fodern, und die durch die Wirkung des Opium unkenntlich werden.

Stahlwasser, die nicht so viel Magnesia und Salze enthalten, wie das Pyrmonter, können deswegen von vielen nicht ertragen werden, weil sie den Leib verschließen und die nöthigen Oeffnungen verhindern; dieses ist eine Klage, die man in Schwalbach und in Spaa sehr häufig hört. In Pyrmont sind die Klagen über Verstopfungen viel seltener, aber sie kommen doch zuweilen vor. Zuweilen hilft man ihnen ab, durch bloße Diät, durch schlüpfrige Speisen, gekochten Obst und Fruchtsuppen, manchmal durch eröffnende oder erweichende Mittel, Salze, auch nach den Umständen durch Schwefelmilch, und endlich auch zuweilen durch stärkende Arzneyen, von welchen ich bald reden werde.

Etwas

Etwas häufiger entstehn zu Pyrmont Durchfälle, weil das Wasser von einigen in zu großer Menge, nach Verhältniß der Umstände, getrunken wird, oder weil Diätfehler begangen sind. Sonst kann man nicht sagen, daß vom Pyrmonter Wasser für sich Durchfälle entstünden, wenn nicht manchmal die höchste Empfindlichkeit der Eingeweide dazu Anlaß giebt; die reizenden Materialien, welche dieses Wasser enthält, wären auch dazu nicht hinlänglich. Die Durchfälle, die aus Diätfehlern, so wie manchmal Coliken und Blähungen entstehn, heilt man natürlicher Weise durch Wegschaffung des verdorbenen am besten, oft blos mit ein wenig Rhabarbertinctur. Wen seiner Empfindlichkeit wegen der Brunnen auch in kleiner Menge übermäßig abführt, indessen ihm diese Wirkung nachtheilig sey, und nicht durch anhaltende Mittel zu hemmen wäre, der trinke ihn nicht.

Es entstehn zuweilen bey der Cur, zumal wenn sie etwas stark abführt, schmerzhafte Empfindungen im Mastdarm, die blos vom Reiz herrühren können, aber auch oftmals vom Abgange scharfer verhalten gewesener Materien, und auch bisweilen von hämorrhoidalischen Ursachen. Die Umstände müssen ergeben, was dabey zu thun sey.

Schmerz-

Schmerzhaftes Urinlassen entsteht zuweilen bey dem Brunnen, wenn er stark auf diese Ausleerung wirkt. Zuweilen rühret dieses ebenfalls vom Abgange scharfer Materien her; und dann kann es ein sehr guter Vorbote seyn. Bey einigen ist der fortgetriebene Grieß die Ursach; aber oft sind diese Schmerzen Folgen von nicht ganz geheilten venerischen Krankheiten. Man sieht leicht, was etwa hierbey nöthig seyn möchte, wenn ja etwas dabey nöthig seyn sollte.

Es ist eine merkwürdige Beobachtung, die schon vor mir gemacht ist, die ich aber auch selbst gemacht habe, daß bey dem innern Gebrauch des Pyrmonter Wassers, zuweilen alte Wunden wieder aufbrechen, wenn auch gar kein Bad äusserlich gebraucht wurde. Man sieht daraus deutlich, wie nachdrücklich dieses Wasser auf den Körper wirke. Man braucht sich dieserhalb eben keine Sorge zu machen. Daß man aber noch häufiger bey der Cur Empfindungen in ehemals verletzt gewesenen Theilen und gichtischen Gliedern habe, läßt sich aus jenem leicht abnehmen.

Ich kann hier nicht von allen Krankheiten reden, und von allen Zufällen, die einen Brunnengast so gut befallen können, wie jeden andern, zu Pyrmont,

wie

Viertes Buch Fünftes Capitel

wie zu Constantinopel. Meine Absicht führt mich nur auf einige Zufälle, die in etwas näherer Verbindung mit der Cur stehen, und deswegen bin ich auch schon meist damit fertig: denn von den Hämorrhoidalzufällen überhaupt, die freylich auch bey der Cur entstehn können, handle ich genug im fünften Capitel des dritten Buchs. Von den Ausschlägen bey der Cur oder dem sogenannten Badfriesel wird unten in dem sechsten Buche von den Bädern geredet, weil er häufiger eine Wirkung des Bades als des Brunnens ist. Sonst kann doch auch der Brunnen zuweilen vor sich einen kleinen Ausschlag auf der Haut hervorbringen, und den Körper solchergestalt, indem er die Kräfte der Natur stärkt, von gewissen Schärfen befreyen. Behülflich ist allemal das Bad hierzu sehr, indem es die Haut dahin disponirt, solche Auswürfe leichter zuzulassen.

Es ist nur noch ein kleiner Zufall übrig, der etliche mal in Pyrmont vorgekommen ist, nemlich das Unterlaufen eines Auges, oder einer Stelle im Gesicht, oder an andern Theilen mit Blut. Es ist wahr, ich habe ihn ohne alle Folgen übergehn sehn; und bey alten Körpern ist er etwas ganz gewöhnliches, auch ohne daß sie etwas in ihrer Lebensordnung verän-

verändern. Indeſſen, wenn er bey jüngern Perſonen und beym Brunnen vorkommt, ſo ſcheint doch das Blut dabey in einiger Bewegung zu ſeyn, und ich würde deswegen allemal kühlende Mittel, oder wenn die Umſtände danach wären, einen Aderlaß dabey anrathen, auch wol die Cur einen Tag ausſetzen laſſen. Sollte auch die Aufmerkſamkeit, die ich auf dieſen Umſtand richte, zu groß ſeyn, ſo kann doch die Vorſicht nicht ſchaden.

Ich habe nun noch von einigen Arzneyen zu reden, deren man ſich oftmals bey der Cur mit Nutzen bedient. Das erſte ſollen die Magenmittel oder Magentropfen von bitterer Art ſeyn, die ſehr viele Curgäſte nehmen.

Man kann nicht ſagen, der Pyrmonter Brunnen ſchwäche den Magen, dieſes wäre lächerlich, weil man ihn oft mit dem größten Erfolge trinkt, um den Magen zu ſtärken. Indeſſen zeigt ſich doch, daß bey manchem während der Cur die Verdauung beſſer geht, wenn man bittere Mittel vor dem Eſſen nimmt. Der ſcheinbare Widerſpruch verſchwindet, wenn man bedenkt, daß in den Eingeweiden ſolcher Perſonen, die wenig und ſchwache Galle erzeugen, durch das viele getrunkne Waſſer, dieſer Saft zu ſehr verdünnt,

verſpühlt

verspühlt und abgeführt werde, weswegen eine Ersetzung desselben durch bittre Arzneyen nöthig ist. Alle bedürfen daher dieses Mittels nicht, wenn ihre Galle ohnehin kräftig, ihre Menge groß genug ist, und der Magen das nöthige Feuer hat. Bey einigen hat er es nicht, und diesen bekommen alsdenn die Magenmittel, welche nicht blos bitter, sondern auch etwas gewürzhaft und mit Wein bereitet sind, am besten.

Man sollte an jedem schicklichen Orte gegen den nachtheiligen Gebrauch der Magentropfen warnen, viele schaden sich damit mehr, als sie glauben. Wer deswegen schlecht verdaut, weil er Stockungen in den Eingeweiden hat, wie kann dem eine Essenz was helfen, die zwar den Magen für kurze Zeit reizt, und durch eine behagliche Empfindung von Wärme, ihm ein Gefühl giebt, als ob alles Uebel gehoben wäre, aber seine Stockungen aufräumen kann sie gewiß nicht, hingegen sehr wohl sie vermehren. Für manchen Magen wären die erschlaffenden Molken und die kältenden Mittelsalze weit gründlichere Stärkungsmittel als die kräftigste Wermuthessenz und der erwärmendste Aquavit.

Mit dem größten Nutzen kann man zuweilen den Gebrauch ganz verschiedener Arzneyen mit der
Wasser-

Wasserkur verbinden, je nach der Beschaffenheit des Körpers und der Krankheit, so wie man hingegen weit häufiger gar keine Mittel dabey zu nehmen hat. Nichts kann jedoch abgeschmackter seyn als der Grundsatz, den Erzdummköpfe in Pyrmont haben einführen wollen, daß man bey dem Brunnen keine andere Arzneyen brauchen müsse, damit man sehe, was der Brunnen wirke. Kranke gehn nach Pyrmont, nicht um Observationen über den Brunnen zu machen, sondern um gesund zu werden, und wenn sie vernünftig sind, so folgen sie vernünftigen Räthen, ohne sich durch solche erbärmliche Gründe irre machen zu lassen.

Es würde mich aber viel zu weit führen, wenn ich mich hier tief einlassen wollte, und versuchte, zu zeigen, wie der Arzt hier zuweilen sinnreich die Wirkung des Brunnen vermindern und vermehren könne, oder ihr diejenige Richtung geben, die nach den Umständen die vortheilhafteste ist, oder endlich beytragen, daß der Brunnen besser gelitten wird, wenn sich hier eine Schwierigkeit findet. Ich will hier nur von einer Verbindung reden, nemlich von dem Gebrauche einiger stärkenden oder tonischen Arzneyen neben dem Brunnen, wovon ich doch hier etwas zu sagen habe, das man sonst eben nicht in medicinischen Büchern findet.

Aerzte,

Aerzte, die aufmerksam sind, müssen oft genug bemerkt haben, daß abführende Arzneymittel in einigen Körpern grade das Gegentheil von ihrer gewöhnlichen Wirkung thun, und Verstopfung hervorbringen statt offnen Leibes. Weil dieses gewöhnlich mit andern krampfhaften Zufällen begleitet ist, so ist der größte Grund da, diese verkehrte Wirkung auf einen krampfhaften Zustand zu schieben, der durch das reizende Mittel in den allzu empfindlichen Därmen hervorbringt und sie zusammenschnürt, anstatt sie zu nöthigen, sich auszuleeren. Daß nun aber eben diese abführenden Mittel, in kleiner Menge, wenn sie mit stärkenden verbunden werden, in vielen Fällen stärker und sicherer abführen, ist ein nicht sehr bekannter Umstand.

Ich habe schon vor länger als zehn Jahren die Beobachtung gemacht, daß der Campher zuweilen die Ausleerungen, es sey durch Brechen, oder durch Abführen, sehr unterstütze, und ich habe dieses in einer Abhandlung, die verschiedentlich gedruckt ist,*) bekannt gemacht. Seitdem habe ich eben diese

---

*) S. meine medicinischen Versuche im zweyten Bande. S. 194.

diese Wirkungen vom Campher wiedergesehn, und so gar gefunden, daß er zuweilen Vorsicht erfodre, wenn ein Brechen durch Arzneyen oder von Natur unterwegens ist. Etwas ähnliches sah ich auch von der virginischen Schlangenwurzel. Seitdem lernte ich durch einen großen Arzt, meinen verehrungswürdigen Freund Zimmermann, von dem ich vieles gelernt habe, ein kleines, fast unbekanntes Buch kennen,*) worin die merkwürdige Erfahrung vorkommt, daß in vielen Fällen der Cremortartari, wenn er auch nur in ganz kleinen Gaben, aber mit zwey Drittheilen China Pulver versetzt, genommen wird, ungleich leichter und sicherer Oefnung verschafft, als wenn man ihn für sich allein gebraucht. Alle diese Thatsachen scheinen meine ehemalige Vermuthung zu bestätigen, daß wegen einer gewissen Schwäche, Reizbarkeit, oder Unthätigkeit der Därme, sie zuweilen dem Teige des abführenden Mittels nicht genug, oder unrichtig, oder allzustark antworten, und daß es daher nöthig sey in einigen Fällen ihre Kraft zugleich zu unterstützen, damit ihre Reaction nachdrücklicher und zweckmäßiger werde.

*) Pharmaca quaedam selecta. Auct. I. P. Vogler. Wetzlar. 1777.

werde. Vielleicht ist vornehmlich aus der Ursach ein Stahlwasser, das abführende Materialien auch nur in geringer Menge besitzt, abführend, weil diese Stoffe mit dem stärkenden Eisen und der Luftsäure verbunden sind.

Meine Erklärung kann irrig seyn, aber richtig ist es hingegen, daß bey einigen Personen der Pyrmonter Brunnen für sich nicht, oder nicht beträchtlich auf den Stuhl wirkt, und es dann doch thut, wenn stärkende Arzneyen daneben gebraucht werden. So sind mir verschiedne Curgäste vorgekommen, deren Umstände es nöthig machten, daß die Cur abführend sey, und bey denen dieser Endzweck hinlänglich erreicht wurde, wenn man neben dem Brunnen, Quassia Extract, oder Chinasalz, oder ähnliche Mittel gab. Es hat seinen Nutzen, dieses zu wissen, weil doch bey den meisten Curgästen der Brunnen am besten bekommt, wenn gehörige Oefnung dabey ist, wenn nur diese nicht blos von wäßriger Beschaffenheit, sondern breyhaft ist, und Materie mit wegnimmt.

In der That, nicht blos Brunnengästen, sondern einem jeden ist eine solche gute gebundene Oefnung

nung wünschenswerth, so oft sie sich einstellt, und bekommt ihm wohl. Zuweilen entsteht eine Verlegenheit bey Brunnengästen, wie man dieses am besten bewirken könnte, wenn etwa für Salze und andre eröfnende Mittel der Fall nicht ist, und alsdann kann der Gebrauch stärkender Arzneyen äusserst zuträglich seyn.

Man hat häufig zu beobachten geglaubt, daß der Pyrmonter Brunnen an der Quelle nicht so stark auf den Stuhl wirke, als abwärts. Ist dieses gegründet, so scheint wol die Ursach darin zu liegen, daß er an der Quelle zu viel von dem geistigen Wesen hätte, dem sehr leicht abzuhelfen wäre, wenn man ihn ein wenig verdunsten ließe. Ich habe aber noch einige Zweifel an der Richtigkeit dieser Bemerkung, und es ist etwas schwer, wenigstens gehört lange fortgesetzte und oft wiederholte Beobachtung einer und derselben Naturen und Körper dazu, ehe man von ihrer Zuverläßigkeit versichert seyn kann. Es ist so gewöhnlich, daß Körper sich in diesem Stücke sehr verändern, daß ihnen dieselben Mittel zu verschiedenen Zeiten ganz ungleich wirken. So geht es offenbar auch mit dem Brunnen, der nicht immer gleich an der Quelle wirkt, das eine mal wie

das

das andre, und nicht immer gleich abwärts.) Zufälligerweise entstand daher vielleicht jene Beobachtung irrig. Wenn aber die gleichen Personen viele Jahre an der Quelle und wechselsweise viele Jahre abwärts getrunken, und jedesmal bemerkt hätten, daß er sie an der Quelle weniger purgiere, und abwärts jedesmal mehr: so finden dann keine Zweifel mehr statt. Ich kann nicht sagen, zuverläßige Erfahrungen darüber zu haben, vielmehr däucht mich, es wechsle ab, bald sey die Wirkung an der Quelle stärker, bald abwärts, nach der verschiedenen gegenwärtigen Beschaffenheit des Körpers.

Sechstes Capitel.

Beantwortung einiger casuistischen Fragen, die Cur betreffend; Betrachtungen über die Nachwirkung.

Einige Kranken bedenken zu wenig, was ihnen dient, und andre treiben ihre Zweifel und Besorgnisse über alle Schranken hinaus. Für diese letztern eine Brunnencasuistic zu schreiben, wäre kein kleines Unternehmen, wozu der Raum hier viel zu eng seyn würde. Ich muß mich also begnügen, nur einige Fragen zu beantworten, die hauptsächlich oft vorkommen.

Es entstehn zuweilen Bedenklichkeiten, ob man Alters halber den Brunnen trinken dürfe, die sich nicht beantworten lassen, ohne daß man von der besondern Beschaffenheit desjenigen, den es betrifft, unterrichtet ist. Die Jahre entscheiden hier nicht, sondern der Gesundheitszustand. Mancher ist im sechzigsten Jahre schon ganz abgelebt, und ein anderer noch nicht im achtzigsten. Ist die Maschine abgelaufen und die Räder abgenutzt: so kann keine Arzney und kein Brunnen sie wiederherstellen und aufwinden. Wo aber ein Krankheitszustand vorhanden ist, für den sich der Pyrmonter Brunnen schickte; so machen auch die Jahre für sich hawider keinen Einwurf. Natürlich ist es, daß man bey einem alten Körper immer mit größerer Vorsicht zu Werke gehn muß, weil manchmal Fehler vorhanden seyn können, die man nicht wähnt, wie: große Stockungen in den Eingeweiden, Verschließungen der Canäle, dünngewordene Wände wesentlicher Gefäße, oder andere dergleichen wichtige Ursachen gefährlicher Zufälle, bey denen alle Mittel, die mit Nachdruck wir-

wirken, schädliche Folgen haben können. Daher ist es immer zu rathen, daß man im hohen Alter auch die Brunnencuren, so wie alle bedeutenden Curen, gelinde anstelle.

Daß Kinder von sehr zartem Alter den Brunnen mit der größten Sicherheit und oft mit herrlichem Nutzen gebrauchen können, ist durch so viele Beyspiele so wol erwiesen, daß aller Zweifel darüber wegfällt. Die Masse des Wassers, das man trinken läßt, muß allerdings mit dem Körper im Verhältniß stehen, und beynahe allgemein sollte man wol Kindern den Brunnen mit Milch vermischen, wenn nur irgend die Milch für den Krankheitszustand paßt. Es ist eine Freude zu sehn, in wie kurzer Zeit manchmal die Kinder bey der Cur an Kräften zunehmen, muntrer werden, wieder aufblühen, und unläugbar beweisen, daß der Brunnen stärkende Kräfte habe.

Schwangere Frauen bestehen zuweilen auf Brunnencuren, aber sie sollten nie daran denken. Sie wollen sich das Brechen, oder andre Zufälle der Schwangerschaft damit vertreiben, und behaupten, die Cur werde ihnen nicht so viel schaden, als das,

Y 4 was

was sie leiden: aber sie wissen nicht, daß der Pyrmonter Brunnen, durch den Trieb auf den Stuhl und den Urin, und durch die Wirkung, die er auf den Umlauf des Bluts hat, leicht einen Mißfall verursachen könne, und wirklich zuweilen verursacht hat. Es ist wahr, daß zuweilen ohne allen Nachtheil Pyrmonter Wasser von Schwangern getrunken wurde, indem sie noch nicht wußten, in welchen Umständen sie waren; indessen ist es doch der Vorsicht gemäß, solche Fälle nicht zum Muster zu nehmen, und vielmehr sollte man die wenigen Monate abwarten und die Natur ihre Wege geruhig gehn lassen. Wenn inzwischen sonst nichts dawider ist, so kann man denn doch wol erlauben, daß eine schwangere Frau, die sich nun eben bey der Quelle aufhält, des Morgens ein Glas Brunnen trinke. Dieses nehme ich nicht für eine Brunnencur, es wird schwerlich nachtheilig wirken, und kann doch, wenn man lange damit fortfährt, nützliche Veränderungen hervorbringen.

Frauen, die ihre Kinder an der Brust haben, dürfen hingegen sich dieserwegen keine Bedenklichkeit machen, das Pyrmonter Wasser zu trinken; man hat oft gesehn, daß sich Mutter und Kind sehr
wohl

wohl dabey befanden. Wenn die Cur nicht zu stark abführt, so vermindert sie die Milch nicht. Aber es ist dahin zu sehn, daß immer auf den Brunnen die gehörigen Ausleerungen durch den Stuhl folgen, sonst geht es hiermit, wie mit andern abführenden Mitteln, welche Säugende nehmen, sie purgiren die Kinder desto stärker.

In vorigen Zeiten ist man sehr bedenklich gewesen, ob man die Fortsetzung der Brunnencur zulassen sollte, wenn die Reinigung der Weiber sich einstellt. Man hat lieber ein Paar Tage innegehalten, oder doch wenigstens das Kalttrinken untersagt. Indessen hat doch schon der erste Arzt, der ein eigenes Buch über das Pyrmonter Wasser schrieb, der Doctor Bollmann, im Jahre 1661 aus langer Erfahrung behauptet, der Brunnen schadet der Reinigung nicht. Vielfältige Erfahrung hat seitdem genug gezeigt, daß Bollmann Recht habe; daß jene Regeln viel zu allgemein, und die Besorgniß sogar in den meisten Fällen ungegründet sey, daß man auch, sehr oft ohne Nutzen oder Nothwendigkeit, dadurch einige Tage von der kostbaren, zur Brunnencur bestimmten Zeit, verloren habe. Nur allein für diejenigen ist es rathsam, den Brunnen während

rend der Reinigung auszusetzen, die einem starken Flusse derselben, oder andern Zufällen dabey unterworfen sind. Alle andern, die aus jenem Grunde nichts zu besorgen haben, können ohne die geringste Bedenklichkeit, aber freylich mit einer gewissen Discretion und Aufmerksamkeit, ihre Cur ununterbrochen fortsetzen, und nach wie vor ihren Brunnen kalt trinken, wenn dieses ihre Cur mit sich bringt. Ebenfalls können sie auch laulige Bäder dabey fortsetzen, ohne die geringste Gefahr.

Es wird auch zuweilen gefragt, ob der Beyschlaf bey der Brunnencur schädlich sey? Alles Uebermaaß hierinn ist zu jeder Zeit schädlich, für jeden, der kein Hercules ist; also vornehmlich bey der Brunnencur. Daher sollten auch starke Personen, die nur für geringe Beschwerden den Brunnen trinken, sehr mäßig hierinn seyn. Schwache und Kranke aber thun vernünftig, wenn sie bey der Cur gänzlich unterlassen, was ihre ganze Maschine so sehr erschüttert. Wer empfindliche reizbare Nerven hat, oder wer seinen erbärmlichen Magen in Pyrmont herstellen will, der begeht eine große Thorheit und handelt grade seinen Absichten entgegen, wenn er sich nicht der äussersten Enthaltsamkeit befleißigt,

und

und durch eingebildete, oder wirkliche Triebe, die
er überwinden könnte, sich verführen läßt, in einem
Augenblicke niederzureissen, was er in verschiedenen
Tagen gebauet hat. Die meisten Curgäste, wenn
sie von zärtlichem Baue sind, befinden sich während
der Cur in einem etwas irritirten Zustande, in welchem diese Uebung am wenigsten anzurathen ist,
wenn auch eben darum die Begierde dazu größer
wäre. Im Durchschnitt schaden sich immer Männer mehr damit, als Weiber; und es wird angemerkt, daß Brunnentrinker oft Magendrücken, üble
Verdauung und Durchfälle unmittelbar nach dieser
Convulsion gespürt haben. Uebrigens kann man
über diesen Punkt im funfzehnten Capitel des dritten
Buchs mehr lesen, wo ich von den Geschlechtskrankheiten handle.

Der Gebrauch des Tobaks neben dem Brunnen
verursacht einen andern Zweifel, ob gleich der Rauchtobak, zum wenigsten jetzt nicht mehr, bey einer so
großen Classe von Menschen, wie vormals. Nachdem man den Brunnen abgetrunken hat, bey dem
Frühstück, mögen diejenigen, welche daran gewöhnt
sind, und es auch beym Brunnen vertragen können,
immerhin eine Pfeiffe Toback rauchen. Weil aber

doch

doch der Toback von narcotischer Natur ist und sehr nachdrücklich auf die Nerven wirkt, so sollten die empfindlichen Personen, und alle, die unangenehme Wirkungen und Empfindungen darauf spüren, denselben hier ganz weglassen; wenn sie ihn auch sonst leiden können. Das Uebermaaß aber auch in diesem Stücke kann man nicht anders als verwerfen. Das Tobackschnupfen während der Zeit, daß man des Morgens den Brunnen trinkt, ist gewiß gar nicht zu empfehlen; es vermehrt so leicht die Eingenommenheit des Kopfes nach dem Brunnen ohne Noth, und kann diese Empfindung bey zärtlichen Nerven bis zum Schwindel treiben. Indessen vertragen es doch auch einige Leute ohne die mindeste Folge, und wenn es nicht gleich schadet, so schadet es gar nicht.

Wegen der Nachmittagsruhe ist auch mancher in Ungewißheit, ob er sie bey der Cur abwarten dürfe. Wenn man sich sonst nicht daran gewöhnt hat, so ist es eben nicht zuträglich, bey dem Pyrmonter Wasser nach dem Essen zu schlafen, weil überhaupt der Schlaf uns überfällt, indem der Magen voll und das Blut durch essen und trinken, noch wol dazu ausgedehnt und erhitzt ist, stark nach dem Kopfe

Kopfe treibt, und gewöhnlich ein aufgetriebenes Gesicht, trübe Augen, Drücken über der Stirn und im Hinterkopfe, oder Kopfschmerzen, Trägheit und Magenbeschwerden, nachläßt.

Der Nachmittagsschlaf, der solche Folgen hat, ist Niemanden zuträglich, aber am wenigsten beym Pyrmonter Brunnen, der an sich schön, wie alle geistigen Eisenwasser, gern auf den Kopf wirkt, wenn sonst etwa schon im Körper ein Trieb zum Kopfe vorhanden ist. Am allerschlimmsten wäre es, wenn man sich durch Wein, oder durch Uebermaaß im Essen, diesen Nachmittagsschlaf veranlaßte. Wer die Nachtruhe gehörig abwartet, sich bey guter Zeit zu Bette legt und nicht in die Nacht schwärmt, der kann in unserm Clima, wenn nicht besondere Umstände eintreten, des Schlafs bey Tage wol entbehren. In Pyrmont verscheucht man die dazu einladende Müdigkeit nach dem Essen leicht, wenn man in die Luft geht, wie die meisten thun, oder durch Gesellschaft. Der Gewinn, den man davon wahrscheinlich zu gewarten hat, ist besserer und festerer Schlaf für die Nacht. Ueberhaupt also rathe ich den Schlaf des Nachmittags nicht an.

Es giebt aber Personen, die sehr daran gewöhnt sind, die sich wohl und munter auf eine kleine Sieste fühlen: diesen kann man es freylich nicht ganz untersagen. Bey der größten Sommerhitze, wenn man bald nach dem Essen noch nicht wieder in die Luft gehn kann, und gern des Abends noch etwas spät der Kühlung genießt, ist doch auch manchmal eine Ausnahme zu machen; nur sollte man daraus keine Regel machen, alle Tage danach zu leben. Daß der Nachmittagsschlaf nicht so gefährlich sey, wie wol einige geglaubt haben, zeigt uns der allgemeine Gebrauch der warmen Länder; jedoch ist hierbey anzumerken, daß man in warmen Ländern weniger zu Mittage esse als bey uns. Eine Lehre, die ich daher allen Brunnengästen geben will, die des Nachmittags zu schlafen denken, ist diese: daß sie alsdann vorzüglich mäßig im Essen und Trinken bey ihrer Mahlzeit sind, so werden sie am wenigsten Schaden davon haben, und vielleicht wandelt sie alsdann die Müdigkeit gar nicht an. Wer sich auch zum Schlaf ordentlich aufs Bette legen will, der sollte doch wenigstens sich nicht zu sehr bedecken, denn der Schweiß, der ohnehin so gern des Nachmittags, bey warmen Wetter, zumal bey der Cur, entsteht, wird alsdann über die Maaßen stark; und

viel

viel schwitzen ist bey der Cur keineswegs zuträglich.

Die letzte Frage, welche ich hier zu erörtern denke, betrifft die Wiederholungen der Cur in verschiedenen Jahren. Bey sehr hartnäckigen und tief eingewurzelten Krankheiten hat man zuweilen Beyspiele, daß im ersten Jahre noch nicht die völlige Genesung durch den Brunnen geschafft wird, und daß sie dann doch im zweyten oder dritten Jahr erfolgt, wenn man die Cur wiederholt. Für ungeduldige Kranken sind dieses unangenehme Aussichten, aber langwierige und rebellische Krankheiten gehn keinen andern Gang. Wenn man nun solcher Umstände halber, oder wegen erlittener Rückfälle, oder um die Gesundheit vollends zu befestigen, verschiedene Jahre hintereinander den Brunnen getrunken hat, und sich gewissermaaßen daran gewöhnt hat, so fragt sich, ob man ihn alsdann in der Folge weglassen dürfe?

Es müßte gewiß eine sehr betrachtliche Reihe von Jahren seyn, daß man sich dieses Wassers unausgesetzt bedient hätte, wenn daraus, wie man behauptet hat, eine Nothwendigkeit fließen sollte, es nun für die Zukunft alljährlich zu wiederholen.
Mir

Mir sind zum wenigsten manche Personen bekannt, die geraume Jahre hindurch den Pyrmonter Brunnen bey der Quelle und zu Hause getrunken hatten, und deren Lage sie in der Folge verhinderte, ihn verschiedene Jahre fortzusetzen, ohne daß ich daraus den mindesten Nachtheil wahrgenommen hätte.

Durch solche Curen will man die verlorne Gesundheit herstellen, die hergestellte befestigen, oder sich vor Krankheiten verwahren, zu denen man Anlage spürt. Ist man wieder gesund, und bemerkt keine Vorboten der befürchteten Uebel mehr, so fällt auch damit die Nothwendigkeit der Cur weg. Ganz ungegründet ist zwar überhaupt die Bemerkung nicht, daß zuweilen mit der Wiederkehr gewisser Jahrszeiten, das heißt wol, in dem nämlichen Laufe von Gelegenheitsursachen, auch die nämlichen vorjährigen Beschwerden sich wieder einfinden. Aber so schlechterdings astronomisch geht es denn doch mit der Gesundheit nicht, daß man bey Strafe und Gefahr sich darnach richten müßte, wir sind ja nicht immer mit unserm Befinden nach Ablauf des Jahrs da wieder, wo wir heute sind. Die Dispositionen des Körpers verändern sich, und die Natur geht nicht immer denselbigen Weg.

Wenn

Wenn man nicht krank ist, und nicht mit Grunde Krankheiten zu fürchten hat, so bedarf man keiner Arzney, wer auch vorher noch so viel gebraucht hätte. Mir däucht daher, der Pyrmonter Brunnen lasse sich manches Jahr unausgesetzt trinken, ohne daß daraus die Nothwendigkeit folge, ihn in Zukunft, so lange man lebt, jährlich fortzusetzen. Die Erfahrung sowol, als die angeführten Gründe bestätigen dieses überflüßig. Schon der vortreffliche Robert Boyle dachte vor hundert Jahren eben so über den Gebrauch der geistigen Stahlwasser.

Ich komme nun zum letzten Stücke, wovon in diesem Capitel zu reden ist, nemlich zu der Nachwirkung. Es ist eine ausgemachte Sache, daß vielfältig Kranke während der Brunnencur noch nicht alle gewünschte Besserung spüren, und denn doch nach Endigung derselben, nach einigen Wochen, ja nach Monaten gesund werden; und dieses hat man die Nachwirkung genannt.

Zuweilen fühlen die Kranken bey der Cur nur deswegen die Besserung nicht, weil sie immer in einem etwas gereizten Zustande sind, oder weil der beständige Wirbel, worin sie leben, das viele ungewohn=

wohnte Gehn, sie täglich ermüdet und angreift. Wenn diese alsdenn wieder nach Hause, in ihre gewohnte Lebensart und Ruhe kommen, so fühlen und bemerken sie denn erst recht, was sie gewonnen haben. Dieses kann man eigentlich nicht Nachwirkung nennen; aber andere Fälle, die jährlich vorkommen, verdienen ganz richtig diesen Namen.

Wenn fehlerhafte Eingeweide durch die Brunnencur so wieder hergestellt werden, daß sie nunmehro ihre Verrichtungen vollständig mit Kräften und Nachdruck thun und bessere Säfte bereiten können: so sieht man leicht, daß die ganze Folge dieser nützlichen Veränderung nicht auf einmal erscheinen könne. Es braucht Zeit, ehe sich die Wirkung davon in der ganzen Mischung der Säfte und auf die festen Theile äußern könne.

Dieses wäre die Erklärung der Nachwirkungen des Pyrmonter Wassers in einer Art von Fällen, aber es giebt deren mehrere. Es mag stärkend auf die festen Theile und die Nerven wirken, oder verbessernd auf die Säfte, so begreift man wohl, daß nicht immer die gesammten Folgen der heilsamen Verbesserungen auch so gleich alle da seyn können.

Die

Die Zufälle, die aus den gehobenen Fehlern entstanden, die eigentlich die Krankheit ausmachten, und zuweilen gar in übeln und hartnäckigen Gewohnheiten der Nerven bestehn, können oft noch eine Weile fortdauern. Wenn diese denn endlich verschwinden, so ist das denn die Nachwirkung, die man so vielfältig von dem Pyrmonter Brunnen sieht und rühmt. Ein ganz neues Beyspiel von solcher Nachwirkung habe ich oben auf der 43 Seite dieses Bandes erzählt.

Ende des zweyten Bandes.

Anzeige einiger Schreib- und Druckfehler dieses zweyten Bandes.

Seite 11. Z. 10. nach den Worten, dieses Buch setze vor dem Drucke
17. Z. 15. lies über Kopf statt über den Kopf
21. Z. 13. lies oder sie lesen statt oder lesen
34. Z. 18. Eichelncaffe, nicht caffé
47. Z. 16. lies Guarinonus anstatt Guarinonius
51. Z. 21. wird zu Anfange der Zeile das Wort zusammen ausgelöscht
74. Z. 21. lies Fiebern anstatt Fieber
76. Z. 18. lies und die gewiß statt und gewiß
87. Z. 23. lies Buche statt Capitel
118. Z. 10. lies heilte statt hielte
121. Z. 23. lies beruhigt statt beunruhigt
122. Z. 17. setze statt des Punkts ein Comma
122. Z. 19. lies er ertrage statt ertrage
134. Z. 22. wird das Wort zuweilen ausgelöscht
135. Z. 6. werden die Worte nebst dem ausgelöscht
152. Z. 8. nach dem Worte Tode setze aufhört
153. Z. 3. lies viel statt vielleicht
208. Z. 20. lies die ihm eigenen statt die eigenen
217. Z. 17. lies der seine statt seine
218. Z. 5. lies Werlhof statt Merlhof
297. Z. 10. lies manchem Magen statt manchen Morgen
329. Z. 21. lies mein statt ein

www.ingramcontent.com/pod-product-compliance
Lightning Source LLC
Chambersburg PA
CBHW020313240426
43673CB00039B/794